超人气网店设计素材展示

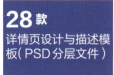    

28款 详情页设计与描述模板（PSD分层文件）

46款 搭配销售套餐模板

162款 秒杀团购模板

200套
首页装修模板

330个
精美店招模板

396个
关联多图推荐格子模板

大型多媒体教学光盘精彩内容展示

PART 1　做好准备
- 1.1　如何使用装修素材与设计模板
- 1.2　如何阅读电子书
- 1.3　如何观看视频教程

PART 2　练好基本功
PPT 课件，淘宝天猫店运营、推广、引流与转化从入门到精通

PART 3　10 招搞定"双 11""双 12"
- 第一招：无利不起早——"双 11"对你的重要意义
- 第二招：知己知彼——透视"双 11"活动流程
- 第三招：做个纯粹的行动派——报名"双 11"活动
- 第四招：粮草先行——"双 11"活动准备工作
- 第五招：打好热身仗——"双 11"活动热身、预售
- 第六招：一战定胜负——"双 11"活动进行时
- 第七招：善始善终——"双 11"活动售后服务
- 第八招：乘胜追击——"双 12"活动备战
- 第九招：出奇制胜——"双 11""双 12"营销策划与创意
- 第十招：他山之石——"双 11"成功营销案例透析

PART 4　不要让差评毁了你的店铺——应对差评的 10 种方案
- 方案 1：顾客没有问题——谦卑心态、积极应对
- 方案 2：对症下药——根据问题根源来针对处理
- 方案 3：拖沓不得——处理中差评要有时效性
- 方案 4：适当安抚——对情绪激动的顾客给予适当安抚
- 方案 5：客服处理——客服处理中差评的方法流程
- 方案 6：主动防御——运营严丝密缝，不留漏洞
- 方案 7：留存证据，自我保护——应对恶意中差评
- 方案 8：中差评转化推广——通过回评把差评转化为推广机会
- 方案 9：产品是商业之本——重视产品品质、描述一致
- 方案 10：有诺必践——承诺一定要兑现

PART 5　手把手教您把新品打造成爆款视频教程
- 第 1 步：爆款产品内功修炼
- 第 2 步：打造爆款基本功
- 第 3 步：打造爆款产品的流量武器
- 第 4 步：爆款产品转化全店盈利
- 第 5 步：爆款案例分析

PART 6　网店卖家必知的 12 大促销策略
- 策略 1：选择合适做促销的商品
- 策略 2：通过邮费赚取利润
- 策略 3：节假日销售促销策略
- 策略 4：利用赠品做促销活动
- 策略 5：通过拍卖方式促销
- 策略 6：低价出售部分商品
- 策略 7：通过购物积分促销
- 策略 8：巧妙进行包邮促销
- 策略 9：使用限时限量促销商品
- 策略 10：销售淡季的促销方法
- 策略 11：如何选择时间做促销效果才能最好
- 策略 12：避免店铺促销误区的技巧

PART 7　你不能不知道的 100 个卖家经验与赢利技巧

7.1　新手卖家开店认知与准备技巧
- 技巧 1　网店店主要具备的基本能力
- 技巧 2　个人开淘宝店要充当的角色
- 技巧 3　为店铺做好市场定位准备
- 技巧 4　新手开店产品的选择技巧
- 技巧 5　主打宝贝的市场需求调查
- 技巧 6　网店进货如何让利润最大化
- 技巧 7　新手开店的进货技巧
- 技巧 8　新手代销产品注意事项与技巧
- 技巧 9　掌握网上开店的流程
- 技巧 10　给网店取一个有卖点的名字

7.2　网店宝贝图片拍摄与优化的相关技巧
- 技巧 11　店铺宝贝图片的标准
- 技巧 12　注意商品细节的拍摄
- 技巧 13　利用自然光的拍摄技巧
- 技巧 14　不同商品拍摄时的用光技巧
- 技巧 15　新手拍照易犯的用光错误
- 技巧 16　用手机拍摄商品的技巧
- 技巧 17　服饰拍摄时的搭配技巧
- 技巧 18　裤子拍摄时的摆放技巧
- 技巧 19　宝贝图片美化的技巧与注意事项

7.3　网店装修的相关技巧
- 技巧 20　做好店铺装修的前期准备
- 技巧 21　新手装修店铺的注意事项
- 技巧 22　店铺装修的误区
- 技巧 23　设计一个出色的店招
- 技巧 24　把握好店铺的风格样式
- 技巧 25　添加店铺的收藏功能
- 技巧 26　做好宝贝的分类设计
- 技巧 27　做好店铺的公告栏设计
- 技巧 28　设置好广告模板
- 技巧 29　增加店铺的导航分类
- 技巧 30　做好宝贝推荐
- 技巧 31　设置好宝贝排行榜
- 技巧 32　设置好淘宝客服

7.4　宝贝产品的标题优化与定价技巧
- 技巧 33　宝贝标题的完整结构
- 技巧 34　宝贝标题命名原则
- 技巧 35　标题关键词的优化技巧
- 技巧 36　如何在标题中突出卖点
- 技巧 37　寻找更多关键词的方法
- 技巧 38　撰写商品描述的方法
- 技巧 39　写好宝贝描述提升销售转化率
- 技巧 40　认清影响"宝贝"排名的因素
- 技巧 41　商品发布的技巧
- 技巧 42　巧妙安排宝贝的发布时间

技巧 43　商品定价是必须考虑的要素
技巧 44　商品定价的基本方法
技巧 45　商品高价定位与低价定位法则
技巧 46　抓住消费心理巧用数字定价

7.5　网店营销推广的基本技巧
技巧 47　加入免费试用
技巧 48　参加淘金币营销
技巧 49　加入天天特价
技巧 50　加入供销平台
技巧 51　加入限时促销
技巧 52　使用宝贝搭配套餐促销
技巧 53　使用店铺红包促销
技巧 54　使用彩票拉熟方式促销
技巧 55　设置店铺 VIP 进行会员促销
技巧 56　运用信用评价做免费广告
技巧 57　加入网商联盟共享店铺流量
技巧 58　善加利用店铺优惠券
技巧 59　在淘宝论坛中宣传推广店铺
技巧 60　向各大搜索引擎提交店铺网址
技巧 61　让搜索引擎快速收录店铺网址
技巧 62　使用淘帮派推广
技巧 63　利用"淘帮派"卖疯主打产品
技巧 64　利用 QQ 软件推广店铺
技巧 65　利用微博进行推广
技巧 66　利用微信进行推广
技巧 67　微信朋友圈的营销技巧
技巧 68　利用百度进行免费推广
技巧 69　店铺推广中的 8 大误区

7.6　直通车推广的应用技巧
技巧 70　什么是淘宝直通车推广
技巧 71　直通车推广的功能和优势
技巧 72　直通车广告商品的展示位置
技巧 73　直通车中的淘宝类目推广
技巧 74　直通车中的淘宝搜索推广
技巧 75　直通车定向推广
技巧 76　直通车店铺推广
技巧 77　直通车站外推广
技巧 78　直通车活动推广
技巧 79　直通车无线端推广
技巧 80　让宝贝加入淘宝直通车
技巧 81　新建直通车推广计划
技巧 82　分配直通车推广计划
技巧 83　在直通车中正式推广新宝贝
技巧 84　直通车中管理推广中的宝贝
技巧 85　修改与设置推广计划
技巧 86　提升直通车推广效果的技巧

7.7　钻展位推广的应用技巧
技巧 87　钻石展位推广的特点
技巧 88　钻石展位推广的相关规则
技巧 89　钻石展位推广的黄金位置
技巧 90　决定钻石展位效果好坏的因素
技巧 91　用少量的钱购买最合适的钻石展位
技巧 92　用钻石展位打造爆款

7.8　淘宝客推广的应用技巧
技巧 93　做好淘宝客推广的黄金法则
技巧 94　主动寻找淘宝客帮助自己推广
技巧 95　通过店铺活动推广自己吸引淘客
技巧 96　通过社区活动增加曝光率 13
技巧 97　挖掘更多新手淘宝客 13
技巧 98　从 SNS 社会化媒体中寻觅淘宝客 14
技巧 99　让自己的商品加入导购类站点 14
技巧 100　通过 QQ 结交更多淘宝客 14

PART 8　淘宝与天猫开店的区别
1. 淘宝、天猫开店申请与入驻区别
2. 淘宝、天猫店铺装修及运营区别
3. 淘宝、天猫店铺售后服务及客户权益区别
4. 2016—2017 年淘宝重要规则新变化

PART 9　皇冠店家装修特训视频教程
9.1　300 分钟网店装修与设计视频教程
9.2　15 个网店宝贝优化必备技能视频教程
技能 01　调整倾斜的照片并突出主体
技能 02　去除多余对象
技能 03　宝贝图片照片降噪处理
技能 04　宝贝图片照片清晰度处理
技能 05　珠宝模特美白处理
技能 06　衣服模特上妆处理
技能 07　模特人物身材处理
技能 08　虚化宝贝的背景
技能 09　更换宝贝图片的背景
技能 10　宝贝图片的偏色处理
技能 11　修复偏暗的宝贝图片
技能 12　修复过曝的宝贝图片
技能 13　修复逆光的宝贝图片
技能 14　添加宣传水印效果
技能 15　宝贝场景展示合成

9.3　6 小时 Photoshop 照片处理视频教程

PART 10　超人气网店设计素材库
28 款详情页设计与描述模板（PSD 分层文件）
46 款搭配销售套餐模板
162 款秒杀团购模板
200 套首页装修模板
330 个精美店招模板
396 个关联多图推荐格子模板
660 款设计精品水印图案
2000 款漂亮店铺装修素材

淘宝天猫店
运营、推广、引流与转化
从入门到精通

凤凰高新教育◎编著

北京大学出版社
PEKING UNIVERSITY PRESS

内容提要

为什么我的网店没流量，为什么我的网店不赚钱，相信很多读者都有这一疑惑，而本书的推出，将彻底为你解决这些难点，让你轻松获得流量，实实在在地获得成交。

本书全面、系统地讲解了淘宝、天猫店铺运营、推广、引流与转化的基本方法和技巧。全书紧紧围绕"优势货源准备→店铺装修→商品发布秘诀→手机店铺引流→在淘宝免费推广→在淘宝店铺外进行推广→直通车推广→钻石展位推广→试用中心推广→淘宝客推广→供销平台推广→培养售前服务提高转化→把握售后经营扩大店铺影响力→店铺商品的促销策略"这条线索展开内容，采用图解及案例的方式详细地讲解了全套网店运营、推广、引流、转化的方法。

需要指出的是，虽然淘宝、天猫店两者的开店流程、营销推广方法基本相同，本书也是以淘宝为主线来进行讲解，但是还是有重要不同，针对这些不同的地方，本书特别在光盘中录制了视频录像，从申请与入驻、装修及运营、售后服务及客户权益3个维度全面介绍了淘宝与天猫开店、运营、推广的区别，让读者既精通淘宝开店，又精通天猫开店。

本书不仅适合想要全面了解淘宝天猫店铺经营各个细节的读者自学，还可作为各类院校或培训机构电子商务相关专业的教材。

图书在版编目(CIP)数据

淘宝天猫店运营、推广、引流与转化从入门到精通 / 凤凰高新教育编著. —北京：北京大学出版社，2016.9

ISBN 978-7-301-27380-7

Ⅰ.①淘… Ⅱ.①凤… Ⅲ.①电子商务—商业经营—中国 Ⅳ.①F724.6

中国版本图书馆CIP数据核字(2016)第186555号

书　　名	淘宝天猫店运营、推广、引流与转化从入门到精通 TAOBAO TIANMAODIAN YUNYING、TUIGUANG、YINLIU YU ZHUANHUA CONG RUMEN DAO JINGTONG
著作责任者	凤凰高新教育　编著
责任编辑	尹　毅
标准书号	ISBN 978-7-301-27380-7
出版发行	北京大学出版社
地　　址	北京市海淀区成府路205号　100871
网　　址	http://www.pup.cn　　　新浪微博：@北京大学出版社
电子信箱	pup7@pup.cn
电　　话	邮购部 010-62752015　发行部 010-62750672　编辑部 010-62570390
印刷者	三河市博文印刷有限公司
经销者	新华书店
	787毫米×1092毫米　16开本　彩插2　17.5印张　412千字 2016年9月第1版　2020年3月第5次印刷
印　　数	6001-7000册
定　　价	49.00元

未经许可，不得以任何方式复制或抄袭本书之部分或全部内容。
版权所有，侵权必究

举报电话：010-62752024　电子信箱：fd@pup.pku.edu.cn
图书如有印装质量问题，请与出版部联系。电话：010-62756370

Foreword

为什么我的网店没流量?

为什么我的店铺转化率低?

为什么我的店铺不赚钱?

相信很多淘宝、天猫卖家都有这些疑惑,而本书的推出,将彻底为你解决这些疑惑,让你轻松获得流量,快速提升店铺的转化率,并且实实在在地获得成交。

随着网上购物成为越来越多人选择的购物方式,所产生的影响是越来越多商家、个人选择在淘宝、天猫网上开店。当前,网上开店竞争越来越激烈,有些商品类别、商品数量都在几十万甚至上百万,很多店铺经常遇到一天没有几个问的顾客,甚至有的最终经营不下去选择关闭店铺。这是为什么呢?由于很多卖家缺乏网店的营销推广技能与方法,导致店铺停滞不前,要突破这种"瓶颈",必须掌握更多的店铺营销推广知识。为此,我们精心策划并编写了《淘宝天猫店运营、推广、引流与转化从入门到精通》一书。

◆ 本书特色

本书语言简洁、条理清晰,特别适合想在网上开店创业的初学者,以及已开网店但经营不理想的卖家学习使用。本书全面地讲解了店铺经营的各个细节、营销推广的方方面面,是一本零基础、零成本推广店铺的实战宝典。

● 内容全面实用,本书讲述了店铺营销推广的方方面面,网店的营销策划、推广宣传、引流转化、售后服务等都有介绍。真正做到只需这一本就可以解决网店经营中的所有问题,从此开店经营不用愁。

● 压箱底的秘籍传授,包括43个"皇冠支招"实战经验和14个"经典案例分享",让你一开始就站在巨人的肩膀上。

● 本书所讲推广技术与方法都是经过广大淘宝、天猫大卖家和专业研究者证明过的、确实有效的技术,是将他们之所以成功的宝贵技巧加以总结和提炼,帮助你提高产品的销售量,赚取更多的利润,让你少走弯路。

本书配套光盘内容丰富、实用,全是干货,不仅有与书中同步的操作视频录像,还有皇冠卖家运营实战经验的PPT演示等超值内容,能有效帮助淘宝卖家,尤其是新手卖家快速掌握如何在淘宝网与手机淘宝上开店运营。

(1)300分钟网店装修与设计视频教程,手把手教您装修出品质店铺。

(2)PPT课件,全程再现皇冠店家营销、推广、引流经验。

(3)6小时Photoshop照片处理视频教程。

(4)15个网店宝贝优化必备技能视频教程。

(5)超人气网店设计素材库。

- 28款——详情页设计与描述模板
- 46款——搭配销售套餐模板
- 162款——秒杀团购模板
- 200套——首页装修模板
- 330个——精美店招模板
- 396个——关联多图推荐格子模板
- 660款——设计精品水印图案
- 2000款——漂亮店铺装修素材

(6)手把手教你把新品打造成爆款视频教程。

(7)淘宝与天猫开店的区别视频教程。

(8)《10招搞定"双11""双12"》(电子书)。

(9)《你不能不知道的100个卖家经验与赢利技巧》(电子书)。

(10)《不要让差评毁了你的店铺——应对差评的10种方案》(电子书)。

以上资源也可关注封底"博雅读书社"微信公众账号获取,找到"资源下载"栏目,根据提示下载资源。

◆ 本书适合读者

- 想开淘宝,或天猫网店创业的新人。
- 想少走弯路,低成本或零成本创业的新人。
- 已有网店,但不熟悉和精通营销、推广、引流的卖家。
- 已有网店,但经营不好,业绩不理想的卖家。

本书由凤凰高新教育策划并组织编写。全书由开店经验丰富的网店店主编写,同时也得到了众多淘宝、天猫店主的支持,在此表示衷心的感谢。同时,由于互联网技术发展非常迅速,网上开店的相关规则也在不断地变化,书中疏漏和不足之处在所难免,敬请广大读者及专家指正。

读者信箱:2751801073@qq.com

投稿信箱:pup7@pup.cn

Contents 目录

第1章 开店第一步，寻找货源最重要

1.1 实地寻觅优质批发货源 /2
    1.1.1 依靠大型批发市场 /2
    1.1.2 寻找厂家货源 /3
    1.1.3 加盟品牌代理 /4
    1.1.4 关注外贸产品 /4
    1.1.5 在国外下订单 /5
    1.1.6 库存商品网上热销 /6
    1.1.7 搜寻有地域或民族特色的宝贝 /6
1.2 在线批发选购货源 /7
    1.2.1 关键字查找商品 /7
    1.2.2 分类查找商品 /8
    1.2.3 下单购买批发商品 /8
1.3 实物分销和虚拟销售 /10
    1.3.1 分销实物商品 /11
    1.3.2 代理虚拟软件平台 /15

皇冠支招
    招式01：网上热销产品都有哪些特点 /17
    招式02：网上热销产品都有哪些种类 /19
    招式03：通过淘宝排行榜获知哪些商品受欢迎 /20

案例分享 公务员辞职，淘宝开店两年赚50万 /21

第2章 万事开头难，开通与装修店铺

2.1 开通淘宝账号 /24
    2.1.1 申请与激活淘宝账号 /24
    2.1.2 使用会员账户登录淘宝网 /26
2.2 进行实名认证让交易更安全 /27
    2.2.1 激活支付宝账户 /27
    2.2.2 支付宝实名认证 /28
2.3 正式开张自己的淘宝网店 /31
    2.3.1 淘宝身份信息认证 /31
    2.3.2 完善店铺信息 /33
2.4 打造高大上的淘宝店铺 /34
    2.4.1 订购淘宝模板进行装修 /35
    2.4.2 订购第三方模板进行装修 /38

皇冠支招
    招式01：了解网银的一般申请流程 /42
    招式02：宝贝发布前该做哪些准备 /45
    招式03：如何将商品形象地展示出来 /46

案例分享 淘宝开店立志一年冲上五冠 /47

第3章 预热淘宝流量，商品发布的秘诀

3.1 商品标题的优化 / 50
　　3.1.1 商品标题的优化组合方式 / 50
　　3.1.2 如何在标题中突出卖点 / 51
　　3.1.3 寻找更多关键词的方法 / 52
3.2 商品描述的优化 / 54
　　3.2.1 撰写商品描述的步骤 / 54
　　3.2.2 写好宝贝描述，有效提升销售转化率 / 57
　　3.2.3 商品图片优化 / 59
3.3 商品发布的技巧 / 61
　　3.3.1 影响"宝贝"排名的因素 / 62
　　3.3.2 选择最佳的商品发布时间 / 63
　　3.3.3 使用橱窗推荐的方法 / 64
3.4 商品定价的"潜规则" / 65
　　3.4.1 商品定价必须考虑的要素 / 66
　　3.4.2 商品定价的诀窍 / 66
　　3.4.3 商品高价定位与低价定位法则 / 67
　　3.4.4 利用数字定价技巧 / 68

皇冠支招
招式01：合理地设置宝贝橱窗推荐 / 69
招式02：发布商品的定价策略 / 70
招式03：出售二手闲置商品 / 71

案例分享 淘宝小Z的在线甜品店 / 72

第4章 移动营销，手机引流心中有数

4.1 教你设置手机店铺 / 74
4.2 手机端商品发布技巧 / 75
4.3 装修手机淘宝店铺 / 77

皇冠支招
招式01：手机店铺的管理 / 80
招式02：手机店铺营销利器 / 82

案例分享 美女小花的淘宝创业故事 / 85

第5章 不花冤枉钱，在淘宝免费推广网店

5.1 在淘宝社区谱写精华帖 / 88
　　5.1.1 写好帖子的标题 / 88
　　5.1.2 写出精华帖的秘密 / 89
　　5.1.3 不但发帖还要懂得回帖、顶帖 / 90
　　5.1.4 在论坛高效发帖技巧 / 91
5.2 有效利用淘宝帮派的群策效力 / 92
　　5.2.1 如何创建和加入帮派 / 93
　　5.2.2 利用"淘帮派"卖疯主打产品 / 94

皇冠支招
招式01：运用信用评价做免费广告 / 94
招式02：加入网商联盟共享店铺流量 / 95
招式03：善加利用店铺优惠券 / 96
招式04：设置店铺VIP进行会员促销 / 97

案例分享 一个小卖家的回忆录 / 98

第6章 在淘宝店铺外进行推广的秘密

6.1 使用搜索引擎推广你的网店 / 101
　　6.1.1 登录搜索引擎 / 101
　　6.1.2 设置受欢迎的关键词 / 102
　　6.1.3 登录导航网站 / 103
6.2 利用博客吸引客户创造流量 / 103
　　6.2.1 什么是博客营销 / 103

6.2.2 博客文章写作技巧 / 104
  6.2.3 博客推广的秘诀 / 106
 6.3 使用网络广告推广店铺 / 106
  6.3.1 什么是网络广告 / 106
  6.3.2 网络广告的类型 / 107
  6.3.3 如何提高网络广告效果 / 109
 6.4 电子邮件推广 / 109
  6.4.1 电子邮件营销优势 / 109
  6.4.2 提高邮件推广效果的技巧 / 110
 6.5 传统网下营销 / 111
  6.5.1 传统的传单派发 / 111
  6.5.2 主流的杂志媒体 / 111
 皇冠支招
  招式01：通过QQ推广产品 / 112
  招式02：利用团购平台进行推广 / 113
 案例分享 小两口全职做淘宝的故事 / 114

第7章 烧车不是秘密，让直通车打造爆款

 7.1 浅析淘宝直通车 / 117
  7.1.1 淘宝直通车 / 117
  7.1.2 功能和推广优势 / 118
  7.1.3 广告商品展示位置 / 119
 7.2 直通车推广方式 / 121
  7.2.1 淘宝类目推广 / 121
  7.2.2 淘宝搜索推广 / 122
  7.2.3 直通车定向推广 / 123
  7.2.4 直通车店铺推广 / 123
  7.2.5 直通车站外推广 / 124
  7.2.6 直通车活动推广 / 125
  7.2.7 直通车无线推广 / 126
 7.3 使用直通车推广新宝贝 / 127
  7.3.1 加入淘宝直通车 / 127
  7.3.2 新建推广计划 / 128
  7.3.3 推广店里的宝贝 / 129

  7.3.4 管理推广中的宝贝 / 130
  7.3.5 "我的推广计划"投放设置 / 131
  7.3.6 进行关键词的添加 / 133
 皇冠支招
  招式01：关键词的选词方法 / 135
  招式02：直通车关键词精选 / 136
  招式03：直通车优化技巧 / 139
 案例分享 小尚的创业之路 / 142

第8章 钻石展位，解密店铺引爆的秘密

 8.1 了解钻石展位 / 144
  8.1.1 什么是钻石展位 / 144
  8.1.2 钻石展位的规则 / 145
  8.1.3 钻石展位的位置 / 145
 8.2 购买钻石展位 / 147
 8.3 钻展的广告投放模式 / 150
  8.3.1 明确推广目的 / 150
  8.3.2 爆款打造 / 151
  8.3.3 活动引流 / 152
  8.3.4 品牌广告 / 152
 8.4 钻石展位活学活用 / 153
  8.4.1 了解自己要推广什么 / 153
  8.4.2 选择什么位置进行投放 / 155
  8.4.3 打造关键的广告图片 / 156
 皇冠支招
  招式01：钻石展位的竞价技巧 / 156
  招式02：决定钻石展位效果好坏的因素 / 157
 案例分享 一个小混混的淘宝大道 / 159

第9章 加入试用中心，打造独家爆款

9.1 淘宝免费试用中心 / 162
   9.1.1 淘宝试用中心 / 162
   9.1.2 试用中心分类 / 162
   9.1.3 试用中心展示位置 / 163
   9.1.4 试用中心入口 / 165

9.2 试用中心的好处 / 165

9.3 加入淘宝免费试用 / 167
   9.3.1 卖家报名条件 / 167
   9.3.2 卖家宝贝要求 / 167
   9.3.3 卖家试用中心报名 / 168

皇冠支招
招式01：利用试用中心打造爆款 / 169
招式02：通过试用中心进行关联销售 / 170
招式03：试用中心的口碑效应 / 171
招式04：试用中心带来二次营销 / 172

案例分享 小王的铁观音茶铺之路 / 172

第10章 组建淘宝客大军，让广告遍布全国

10.1 财神淘宝客概述 / 175
   10.1.1 什么是淘宝客 / 175
   10.1.2 淘宝客的优势 / 176
   10.1.3 淘宝客的佣金 / 176

10.2 设置店铺淘宝客推广 / 177
   10.2.1 加入淘宝客推广的条件 / 177
   10.2.2 制订合理的佣金计划 / 178
   10.2.3 加入淘宝客推广的步骤 / 178

皇冠支招
招式01：给予淘宝客更多的利润空间 / 180
招式02：教你到哪里找淘宝客 / 181
招式03：教你吸引更多的淘宝客 / 183

案例分享 农家"80后"的辣椒之路 / 185

第11章 扩大网店的规模，参加供销平台

11.1 加入供销平台的好处 / 188

11.2 供销管理平台 / 190
   11.2.1 选择什么样的商品做网络供销 / 191
   11.2.2 如何扩大网络分销队伍 / 192

11.3 供应商如何入驻供销平台 / 193
   11.3.1 入驻条件 / 193
   11.3.2 成为供应商 / 193
   11.3.3 写好有吸引力的招募书 / 195

11.4 供应商后台操作 / 195
   11.4.1 设置产品线 / 196
   11.4.2 邀请分销商加入 / 196
   11.4.3 给分销商设置不同的采购价 / 197

皇冠支招
招式01：分销商如何寻找供应商 / 198
招式02：挑选适合自己的供应商 / 199
招式03：挑选适合自己的分销商 / 201

案例分享 "80后"小伙打造行业第一的无缝墙布 / 202

第12章 培养售前客服，提高商品转化率

12.1 打造专业的淘宝客服人员 / 205
   12.1.1 专业的知识 / 205
   12.1.2 谦和的服务态度 / 206
   12.1.3 良好的沟通技巧 / 208
   12.1.4 店主如何培训新手客服 / 210

12.2 如何应对不同类型的买家 / 210
   12.2.1 分析买家的购买心理 / 211
   12.2.2 应对各种类型的买家 / 213

皇冠支招

招式01：让买家的购买信心更坚定 / 215

招式02：巧妙应对喜欢砍价的买家 / 221

招式03：合理激发买家的购买欲望 / 226

案例分享 销量千万的淘宝低端女鞋店 / 228

第13章 把握网店售后经营，扩大店铺影响力

13.1 网店售后服务的具体工作 / 231
  13.1.1 树立售后服务的观念 / 231
  13.1.2 交易后及时沟通 / 231
  13.1.3 发货后告知买家已发货 / 232
  13.1.4 随时跟踪物流信息 / 232
  13.1.5 买家签收主动回访 / 232
  13.1.6 交易结束如实评价 / 232
  13.1.7 认真对待退换货 / 233
  13.1.8 以平和心态处理顾客投诉 / 233
  13.1.9 管理买家资料 / 233
  13.1.10 定期联系买家，并发展潜在的忠实买家 / 234

13.2 如何让新买家成为老客户 / 234
  13.2.1 多从买家角度着想 / 234
  13.2.2 介绍最合适的商品给新买家 / 235
  13.2.3 建立买家对卖家的信任 / 236

13.3 服务好老顾客，留住回头客 / 237
  13.3.1 建立会员制度 / 237
  13.3.2 定期举办优惠活动 / 238
  13.3.3 给老顾客设置不同的折扣 / 238

13.4 让老客户100%回头 / 239
  13.4.1 要熟悉本店商品的专业知识 / 239
  13.4.2 不要在生意好的时候降低服务标准 / 240
  13.4.3 改变消极懈怠的思想 / 240
  13.4.4 不要有意损害竞争对手的声誉 / 240
  13.4.5 要不断地学习 / 240
  13.4.6 打包要认真 / 240
  13.4.7 不要为自己的错误找借口 / 240
  13.4.8 货源一定要很可靠，让买家可信 / 241
  13.4.9 细节的处理 / 241

13.5 解决网店生意冷清问题 / 241
  13.5.1 选项目是否"偏门"市场需求不大？ / 241
  13.5.2 商品定价是否合理 / 241
  13.5.3 商品的照片有没有存在问题 / 241
  13.5.4 商品描述文字是否过于简单 / 242
  13.5.5 合理的排版 / 242
  13.5.6 商品是否存在单一的状况 / 242
  13.5.7 在线时间是否没有保障 / 242
  13.5.8 宣传手法是否实用 / 242
  13.5.9 同行或最新流行资讯是否经常关注 / 242
  13.5.10 服务水平是否有欠人性与灵活 / 243

皇冠支招

招式01：正确处理中差评 / 243

招式02：维护好客户关系 / 247

招式03：打造优秀的网络销售团队 / 249

案例分享 "80后"小伙的油焖大虾 / 250

第14章 皇冠卖家讲述常见的促销策略

14.1 促销对于淘宝店的作用 / 253
  14.1.1 提高新品知名度 / 253

　　14.1.2　激励新买家初次购买 / 253
　　14.1.3　建立顾客忠诚度 / 253
　　14.1.4　消化库存积压商品 / 253
　　14.1.5　提升店铺整体销量 / 254
　　14.1.6　带动店铺其他相关产品销售 / 254
14.2　在正确的时间进行促销 / 255
　　14.2.1　新品上架 / 255
　　14.2.2　节日促销 / 255
　　14.2.3　店庆活动 / 256
　　14.2.4　换季清仓 / 256
14.3　选什么商品来做促销 / 256
　　14.3.1　款式大众化 / 256
　　14.3.2　质量好的商品 / 257
　　14.3.3　店铺主营商品 / 257
14.4　店铺促销中常见的误区 / 257
　　14.4.1　价格越低越畅销 / 257
　　14.4.2　夸大商品优点隐藏缺点 / 257
　　14.4.3　对买家的促销错觉 / 258
　　14.4.4　售后服务差 / 258
　　14.4.5　与买家争利 / 259
　　14.4.6　想当然的推销商品 / 259
　　14.4.7　急功近利，忽视对忠诚顾客的培育 / 259
　　14.4.8　缺乏对目标买家的市场细分 / 259
14.5　销售旺季的促销方法 / 260
14.6　销售淡季的促销方法 / 261
14.7　节假日销售促销策略 / 262
　　14.7.1　提前策划，有备而战 / 262
　　14.7.2　做好宣传与推广 / 262
　　14.7.3　商品促销，让利买家 / 263
　　14.7.4　备货充足，迎接顾客 / 263
　　14.7.5　服务周到，诚信为本 / 263
　　14.7.6　物流信息，提醒买家 / 264

皇冠支招
　招式01：限时限量促销 / 264
　招式02：网上赠品促销 / 265
　招式03：购物积分促销 / 266
　招式04：打折促销 / 267
　招式05：包邮促销 / 268

案例分享　"80后"美女开淘宝店 / 269

第1章

开店第一步,寻找货源最重要

本章导读

货源是开网店的最大问题所在,如果自己没有熟悉的货源渠道,那么就很难找到合适的货源。而且网上店铺本来就很薄利,因此如何在进货方面降低成本,直接关系到网店的盈利问题。那么,该如何寻找价廉物美的进货渠道呢?下面就来介绍网店主要的货源途径,以及如何行之有效地寻找合适自己的货源。

知识要点

通过本章内容的学习,读者能够学习到如何寻觅实体货源,如何在线批发网店商品,了解如何寻找实物分销供货商和代理虚拟销售。需要掌握的相关技能知识如下。

- 实地寻觅优质批发货源
- 在线批发选购货源
- 实物分销和虚拟销售

1.1 实地寻觅优质批发货源

在网上开商铺最重要的一个问题就是解决产品供货渠道。在形形色色的批发商和商城之间，需要网店店主根据自己的经营状况来选择真正适合自己销售的货源渠道。

1.1.1 依靠大型批发市场

每个省级城市基本都有这样的批发市场，如浙江义乌的小商品批发市场、成都的荷花池批发市场、重庆的朝天门批发市场。这里云集了服装、化妆品、首饰、食品、餐饮用具、窗帘以及其他生活用品，基本涵盖了人们日常生活中涉及的所有领域。因此有一定经济基础的用户，可以选择批发市场进货，图1-1所示为成都大成服装批发市场。

图 1-1

推荐指数：★★★★☆
适合人群：位于批发市场附近或不远的用户，有一定经济基础能力的客户。
不适宜：离省城较偏远的人群。

一般批发市场开市时间很早，因此对于量小的新卖家而言，为了能够以适宜的价格购买到合适的产品，最好在凌晨4点左右就去市场探寻。因为这个时候批发商一般给出的价格都是批发价，而过了这个时间，商品的批发价格都会比较高甚至达到零售价格。

小二开店经验分享——批发商品时的装备不可少

这是很多新手卖家通常会遇到的事情，除了在凌晨去批货以外，还要进行一些必要的装备，最主要的是为自己配备一个大号的黑口袋，这样批发商才会知道你是批货而不是选时间淘便宜货。

另外，需要注意的是批货的时候口气神情也很重要，说话时要有底气，不要畏畏缩缩。就拿笔者来说，最开始淘货，就显得底气不足，问话也很蹩脚，如"请问这件衣服多少钱""不知道这个能不能换货"等，礼貌用语过多反而显得生疏，精明的批发商一眼就能看穿你是新手，所以给你的价格也不会很低。

而通过多次进货以后，我每次拿货都会转变说法，比如"这个多少""能换吧"等更简单明了的表达。要记住，这个时候不需要过于礼貌，你越是表达得高傲，批发商对你越是刮目相看。

除了语言表达、与商家洽谈外，在挑选货源的时候，大家还应该注意商品的质量。要知道淘宝价格是王道，但在价格便宜的基础上，不能忽视质量的作用，就算卖得再多，如果你质量很差，那么会造成很多退款和中差评，这样往往得不偿失，反而造成更严重的损失。

如果是现场进行实物批发，那么很好办，俗话说得好，耳听为虚眼见为实，任何东西，都经手后仔细地检查，比如衣服，重点看看面料如何、接缝处是否有漏洞、纽扣袖口是否掉落掉线等；如果是电器，可以看直接连接电源测试；如果是饰品，这个就得仔细看看了，掂掂重量、摩擦一下是否褪色等。

 小二开店经验分享——线上查询批发情况

如果是外地用户，可以先在网络中查询所在省级批发地点的地址，是否有官方网站介绍。如果有可能，最好直接查询批发城中对应的店铺号、店主联系方式、要批发的商品价格等信息，这样可以直接上门谈批发事宜，避免浪费时间精力。

1.1.2 寻找厂家货源

厂家货源永远是一手货源，通常情况下也是市面上能拿到的最便宜的价格。因此有实地店铺或者其他分销渠道的朋友，可以直接联系相关厂家进行货源的寻找，图1-2所示为某女鞋厂现货交易中心大楼。

正规的厂家货源充足，信用度高，如果长期合作的话，一般都能争取到产品调换或更低的进货价格。但是厂家的起批量较高，不适合小批发客户。如果有足够的资金储备，有分销渠道，并且不会有压货的风险或不怕压货，此种渠道就比较好。

推荐指数：★★☆☆☆
适合人群：有一定经济实力，有其他分销渠道（实体店铺）。
不适宜：厂家对于进货有一定数量要求，对拿货量小的卖家有限制。

图 1-2

1.1.3 加盟品牌代理

开网店不光可以卖普通的产品，同时也可以关注一些品牌专卖店，一般这些品牌产品价格都很稳定，而且利润高，越是大品牌，其折扣也就越高。当然，如果直接联系品牌经销商，还需要一定的进货量，如果自己的网店发展到一定规模，想走正规化路线，实体兼营网店，这将是不错的选择，图1-3所示为某玩具熊品牌经销商。

推荐指数：★★★☆☆
适合人群：有一定经济实力，有其他分销渠道（实体店铺）。
不适宜：对卖家要求高，对于进货有数量要求，对出货量小的网店店主不合适。

图 1-3

1.1.4 关注外贸产品

目前许多工厂在外贸订单之外或者为一些知名品牌贴牌生产之后会有一些剩余处理产品，价格通常十分低廉，为市场价格的2~3折，而且品质做工有保证。但一般要求进货者全部购进，所以要求有一定的资金实力，图1-4所示为某服装厂的库存外贸产品。

推荐指数：★★★☆☆
适合人群：有一定货源渠道，同时有一定的识别能力。
不适宜：对质量无法进行有效掌控的人群。

图 1-4

 小二开店经验分享——很多服饰商品是没有品牌挂牌的

外贸产品一般都是厂家根据国外客户需要生产的商品，因此有一定的产权。要在国内进行销售，就必然会引起侵权。所以一般的外贸商品都会去掉原有商品的品牌标志物。但是其质量与原货物是一致的。

1.1.5 在国外下订单

一般欧美和日韩的商品都走在流行前线，国内很多商品都是跟进或仿制的，因此如果能够在国外采购到第一手的商品，快速引进国内进行销售，生意通常会十分火爆，图1-5所示为国外某首饰精品店铺。

另外，国外的某些一线品牌在换季或节日前夕，价格非常便宜。如果卖家在国外有亲戚或朋友，可请他们帮忙拿到诱人的折扣在网上销售，即使售价是传统商场的4~7折，也还有10%~40%的利润空间。

推荐指数：★★★★☆
适合人群：有一定经济实力，国外有一定的人脉关系。
不适宜：没有国外人脉关系的人。

图 1-5

小二开店经验分享——了解海外代购

如果在海外有人脉或自己经常出国购物,除了在国外买东西回来自己销售,还可以直接做海外代购。通俗一点来说就是帮国内有需求的人在国外购买他所需要的商品。帮人从美国、日本、法国等国购买商品,然后通过快递发货或者直接携带回来。目前淘宝有很多这种代购服务,很值得推荐。

1.1.6 库存商品网上热销

有些品牌商品的库存积压很多,所以每到节假日的时候,都会在商场进行低价促销,如图1-6所示。所以每逢节假日,大家就可以留意自己所在城市,是否有商场进行促销打折,通过现场实地购货,然后转战网络中进行销售,相信有不少的利润空间。

推荐指数:★★☆☆☆
适合人群:有一定的经济能力,经常关注商场打折。
不适宜:数量有限、容易断码断色。

图 1-6

另外,每当冬夏换季,很多品牌服饰类商品也会打折促销,这个时候以超低的价格购回,等待来年第一时间上货出售,也是很多有本钱的卖家所推崇的。

 小二开店经验分享——不可忽视的打折商品

不少品牌虽然在某一地域属于积压品,但网络覆盖面广的特性,完全可使其在其他地域成为畅销品。只要把握好时机,一定能获得丰厚的利润。

1.1.7 搜寻有地域或民族特色的宝贝

此类商品的进货渠道有一定的限制,首先需要当地具备一定的民族文化底蕴,才可能有相对特色的民族商品;其次也需要卖家能够发掘和拓展出这些民族特色商品的独特性。有这两点作为基础,网上经营此类商品的利润是相当可观的,图1-7所示为四川阆中特产张飞牛肉,在淘宝网上销量一向很好。

推荐指数：★★★★☆
适合人群：当地有民族特色资源，有一定的市场洞察能力。
不适宜：没有一定的审美眼光。

图 1-7

1.2 在线批发选购货源

对于一些偏远地区用户，物流不方便，而且费用也比较高，这个时候就可以考虑通过在线批发货源的方式来寻找商品。相比较实体货源，除了省时省力，价格也是明码实价，不会遇见不良批发商乱报价的情况。

和淘宝网一样，在阿里巴巴网站上寻找商品的方式也是多种多样，比如关键字查询、分类查询、使用类型查询等。

1.2.1 关键字查找商品

关键字查找是比较简单方便的一种货物查找方法，具体操作步骤如下。

第1步 ❶在主页面上方输入搜索关键字；❷单击"搜索"按钮，如图1-8所示。

第2步 进入搜索结果页面，❸单击相关类目筛选搜索结果，如图1-9所示。

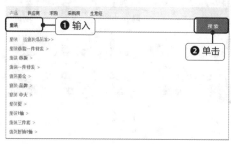

图 1-8

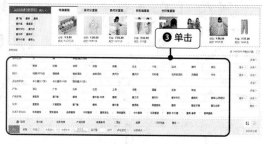

图 1-9

 小二开店经验分享——关键字搜索技巧

和所有的网络搜索一样，在使用关键字搜索需要的信息时，更佳的关键字组合可以获得更丰富的搜索结果。比如两个关键字之间加空格、使用热门关键字等。

第3步 稍等之后返回筛选结果列表，❹查看并单击需要的商品图标，如图1-10所示。

第4步 进入商品详情页面，查看相关信息，如图1-11所示。

图 1-10

图 1-11

1.2.2 分类查找商品

相比关键字查找来说，此类方式更适合不定向筛选商品时使用。同时，通过阿里巴巴网站的商品分类，也能看到现在热门的一些产品类型，对于自己的网店商品定位有帮助。

第1步 在首页找到网站商品分类栏，❶单击想要查看的商品分类名，如图1-12所示。

第2步 进入分类搜索结果页面，滑动右侧滑块浏览页面，寻找到合适的分类类目后，❷在右侧单击相关产品，如图1-13所示。

图 1-12

图 1-13

第3步 打开选择的商品详情页面，在这里可浏览该商品的详细信息。

1.2.3 下单购买批发商品

通过仔细的搜索和查看商品详情，确定好需要的产品以及价格后，即可进入和厂商的谈判，预备下单进货了。具体操作方法如下。

第1步 找到要购买的商品并查看详细的信息,如批发价格、数量、运费等,❶在右侧输入要批发的商品数量;❷单击"立即订购"按钮,如图1-14所示。

第2步 ❸输入姓名,进入收货地址确认页面,选择并设置详细地址信息;❹单击"确认收货信息"按钮,如图1-15所示。

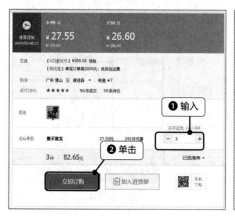

图 1-14

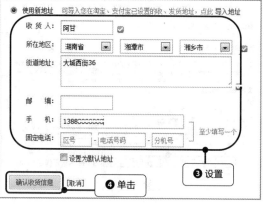

图 1-15

第3步 ❺确认商品数量、价格以及运费金额;❻单击"提交订单"按钮,如图1-16所示。

第4步 ❼在打开页面中,会提示用户进行支付宝的绑定,单击"登录支付宝账户"按钮,如图1-17所示。

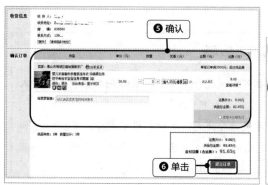

图 1-16

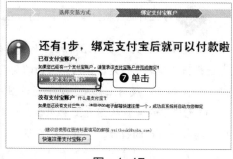

图 1-17

> **小二开店经验分享——与批发商家协调运费**
>
> 确定购买意向以后,可以通过阿里旺旺(与淘宝的阿里旺旺操作一样,在后面章节将单独进行介绍)与商家进行沟通,特别是运费,由于数量的不同,其价格也是有区别的,一定要提前和卖家商量好,让卖家在后台修改好价格。

第5步 ❽弹出支付宝绑定协议,单击"确认此协议,开始绑定支付宝"按钮,如图1-18所示。

第6步 ❾自动转到支付宝登录页面,输入支付宝账户名和密码等;❿单击"登录"按钮,如图1-19所示。

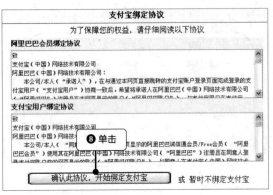

图 1-18

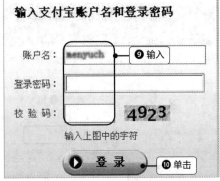

图 1-19

第7步 按照提示进行商品付款即可。

> 小二开店经验分享——这里的支付宝和淘宝支付宝是一样的
>
> 阿里巴巴是马云创建的主公司,淘宝则是阿里巴巴旗下的C2C在线交易网站,而支付宝作为阿里巴巴旗下的支付平台,两者是可以通用的。

> 小二开店经验分享——网上批发如何审查质量
>
> 基本上各大批发网站都大同小异,都可以通过分类查找、关键词搜索查找等方式进行商品筛选。但是具体网站里面的质量该如何把握呢?
>
> 要知道一般网上批发,只能通过图片来查看款式,质量却很难看得出来,10元和500元价格的宝贝从图片上看几乎是无差别的。这种时候,就需要注意价格了,一般市场都有自己的规律,一分钱一分货,这是永恒的真理。
>
> 所以,作为新手,在网络上进行实体货源批发时,一定要根据自己平时在市场中进货的价格来定,比如你平时在市场进货的价格是50~100元,那么网络上你在这个基础上往下降价5~10元拿货,如果低于这个价格,可能质量就不是你所期望的了。

1.3 实物分销和虚拟销售

除了传统的进货再销售的渠道,目前实物销售还可以进行分销,也就是免费代理其他公司或者个人的商品到淘宝进行出售,赚取利润后再进行提成。而如果想销售虚拟产品,也有各种简捷的方法。下面对这两种方式一一进行介绍。

1.3.1 分销实物商品

分销商品是指淘宝卖家通过上架供货商（商品提供者）的商品进行出售，然后从销售利润中提取差价的一种经营模式。目前淘宝新卖家大多是分销别人的产品，图1-20所示为代销流程。

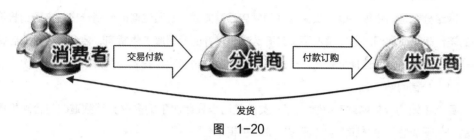

图 1-20

分销销售属于零投资零库存的销售方式，专门的供货商为代销的淘宝卖家们提供了商品货源、商品发货以及商品售后的服务，代销卖家只要在自己的店铺中发布所代理商品的信息，当有买家下单后，代销卖家同步与供货商下单，供货商就会根据代销卖家提供的地址将商品发送给买家。而这个过程中产生的利润差价，就是代销卖家所能够赚取的利润。

1. 网络代销的适合群体

在众多货源方式中，网店代销更适合以下人群采用。

● 上班人士：固定的工作场所与工作时间，能够经常上网但没有足够的时间寻找货源以及发货的人士。

● 货运不便的地区：城市郊区、小县城等快递不愿去接件或接件费用较高的地方。

● 不具备商品拍照条件的卖家：网店中商品拍照是非常重要的，如果卖家没有相机、不具备拍照技术以及不会处理图片，那么就无法展示出逼真的商品图片。而代理销售就不用考虑这个问题，卖家只要将代理商提供的图片放到自己网店中就行了。

2. 网店分销的劣势

虽然分销卖家无须投入任何成本，但代理销售还是存在一定风险的，因为在销售过程中，货物是不经过卖家的，卖家同样只能通过供货商提供的商品图片和描述来了解产品，而无法看到最终发给买家的商品实物，因此代理销售中，卖家可能对自己销售的商品并不是很了解。

另外，一些不稳定的供货商可能让卖家网店无法经营下去，如卖家根据供货商提供的商品信息在网店中上架后，有买家对指定商品下单购买，但卖家联系供货商时却告知缺货，或者商品质量与图片上相差非常大。这些对卖家来说都是非常致命的，不但需要和买家解释协商，而且可能因此获得差评，需要知道的是，在网店中差评的出现，将意味着买家的流失，是网店经营中的大忌。

> 小二开店经验分享——选择好的供货商将事半功倍
>
> 如果要代理分销商品,最好选择一些规模较大的供货商,并尽可能选择自己本地的供货商。这样卖家可以与供货商面谈并了解他们的具体情况,以后发生纠纷时,由于在同一个地区,相对来说也更便于稳妥解决。

3. 选择合作供货商

网络分销是如今很多兼职卖家选择的网店经营方式,它通过商品分销价格与市场销售价格的差价来赚取利润。通常情况下,只有选择一家好的分销服务供货商,才会为自己的店铺带来更好的销量。而选择分销商,一般而言有网站分销和软件托管两种方式。

(1)分销网站

目前主流的分销网站有3类,第一类就是阿里集团旗下的多家分销频道,包含阿里巴巴的"代理加盟"频道和淘宝(天猫)的"供销平台"。

阿里巴巴的"代理加盟"频道如图1-21所示,它并非完全的分销网站,这里的部分商家只提供线下加盟,而不支持网络代销发货。

图 1-21

淘宝(天猫)"供销平台",是淘宝独立的分销频道,如图1-22所示。这里包含的品牌齐全,一些淘宝大品牌选择在这里提供货源。不过供销平台里的供货商通常对分销商要求较高,对于钻石级别以下的新手买家基本不提供代理请求。

图 1-22

除了阿里集团的分销网站以外,还有很多其他网站提供分销行为,这类独立的分销网站又分为两类,一类是综合性推荐网站,这类网站通过介绍一些供货商的商品,帮助自己的会员实现分销;另一类是品牌供货商自己直接架设的分销网站,主要提供直接的货源让代理销售自己的产品,图 1-23 所示为爱分销网。

图 1-23

● 综合性分销网站一般是提供分销服务，类似于进宝网和淘宝分销，由供应商和代理商组成。

● 独立分销网站一般是由大型的公司或者厂家直接建立的分销网站，可以直接提供商品供自己的会员出售。

（2）托管软件

除了分销网站外，现在市面上还有一类提供实物货源分销的软件，这类软件针对网络创业的淘宝卖家，提供综合性的实物货源，如服饰、3C、小商品及其他生活用品等。

除了提供商品供给，这类软件还支持淘宝店铺托管，直接与淘宝卖家账户绑定，实现自动装修、商品自动上架、有订单自动下单发货，有些还提供自主推广等诸多店铺托管辅导功能，轻松解放淘宝卖家双手，图1-24所示为目前市场上最红火的，由李湘代言的店宝宝淘宝店铺托管软件。

图 1-24

软件主要功能如下。

● 海量货源：软件提供海量分销货源，卖家代理后可无限制发布使用里面的所有商品，无需自己库存，并支持一键铺货，无需拍照、图片处理等手动操作。

● 站外推广：将产品链接发布到各大门户网站，迅速扩展店铺和商品。

● 客户营销：收纳老用户信息，帮助卖家对已成交用户进行二次营销提供帮助。

● 宝贝批量修改：可以便捷批量修改宝贝名称、价格、描述、库存等信息。

● 自动下单/发货：解放卖家，软件自动监控订单状况，自动下单并发货。

更多功能如图1-25所示。

	店宝宝	传统软件
软件性质	货源+工具+平台	没有
开店铺助功能	自动实现从淘宝认证>>>成功开店	没有
店铺装修	全自动装修，多种模板，一键安装	手工装修，模板单一
数据包	无需下载数据包，软件自动生成	需要下载，操作费时
铺货	几万种商品，也可一键点击，自动铺货	手动逐个发布宝贝
批量修改	批量修改宝贝标题、描述、库存	手动逐个修改
实物下单	自动、无需人工操作	必须人工操作
实物发货	自动、无需人工操作	必须人工操作
营销推广	最新"流量推广系统"满足你的个性要求	没有
客户营销	记录过往成交用户的信息，方便二次销售	没有
库存数据管理	后台与店铺数据修改后，实时同步	没有
订单短信提醒	订单生产、发货状态皆有短信通知	没有
体检功能	店铺状况评分	没有

图 1-25

1.3.2 代理虚拟软件平台

曾几何时，要在网上开店，除了辛辛苦苦在批发市场中穿梭，就是在无数的网页中寻找合适的货源，而现在，一个平台就能够轻松搞定，它可以帮助用户轻松代理虚拟产品，进行话费、游戏、QQ产品甚至水电煤气的在线充值。

1. 销售虚拟充值商品

虚拟货源由于投资少、收款付款便捷、不用耗费人力时间，因此备受新手买家的青睐。那么该如何选择好的虚拟货源呢？

目前淘宝开店的卖家主要都是通过代理虚拟充值平台来实现话费、游戏、QQ产品的充值。而目前市场上最流行、最稳定安全的主要有捷易通和第五代两个产品，如图1-26所示。

图　1-26

（1）捷易通

捷易通是目前国内最为流行的虚拟充值系统平台，它集卖家自动发货、提交订单、顾客通知、自动评价、订单查询于一体。

它基本覆盖国内各省的运营网络，可以有效支持数字化游戏产品、各种虚拟业务充值以及话费代充等服务的交易支付，开启软件后实现全天24小时自动充值。

捷易通拥有完善的安全机制，要求用户申请的账号必须是自己的淘宝开店账号，有效杜绝了盗号情况的发生。同时它还拥有绑定手机、邮箱、电脑硬件等多重密码保护技术，以保证用户的平台资金安全。

（2）第五代

第五代充值平台基于淘宝、拍拍等电子商务平台，全天自动订单处理，产品覆盖国内各省的运营网络，支持移动、联通、电信话费充值；各种主流游戏点卡直充；QQ产品充值等各类数字化产品，操作简单快捷。

第五代与捷易通不同，它的注册账号要求是用户的手机，一些敏感操作都需要用户手机短信确认,因此在安全性上非常高。同时,相比捷易通,第五代能够同时绑定3个淘宝掌柜账号和拍拍掌柜账号,能够让用户开充值店铺的同时销售实物,非常人性化,同时也更加方便。

> **小二开店经验分享——购买时仔细筛别**
>
> 需要注意的是,目前这两个平台太过于流行,因此仿冒、造假的相关网站和代理商也非常多,大家要仔细筛选,不要误入不良人士的圈套。这里为了保障本书读者安全,我们与平台官方合作,只要是购买本书的读者朋友都可以联系QQ:17346975以便确认身份,同时能够以优惠价格获得第五代、捷易通官方授权代理资格。

2. 销售服务产品

随着网店的盛行,很多专门从事各种服务的团体也开始在淘宝网上提供相应服务,如为卖家提供商业摄影、装修服务、教育咨询等。总的来说,一般提供这种服务的都是有一定团队背景或者相应专业技术的卖家,如图1-27所示。

图 1-27

如果自身有这方面的技术专长,或者招揽到这方面的人才,那么就可以考虑开一家服务性的淘宝店铺。

最后要说明的是,不管是实物软件店宝宝,还是虚拟软件捷易通或第五代,其版本都比较多,不负责任的代理也不少,往往令新手朋友很受伤,因此建议要代理这两种货源的读者朋友可以到指定代理网站http://www.02zu.com/top获得相关咨询建议,以免上当受骗,如图1-28所示。

图 1-28

皇冠支招

都说热销的产品才能挣到钱，那么在网上该卖什么样的商品才能热销呢？这需要从现有的网购平台以及网购用户两个方面去综合考察。

▶ **招式01：网上热销产品都有哪些特点**

分析网上热销产品的特点，不仅有利于自己开店时参考选择网店定位，同时也能方便网店卖家及时调整自己的经营策略。目前，网上热销产品主要具有以下特点。

1. 价格便宜

网购用户的购买理念，很大程度上都要归功于网店产品价格的低廉。比如在淘宝网上的"特价""秒杀"商品，都体现着这样的特点。因此，从产品价格出发来寻找优质货源是最重要的方向，如图1-29所示。

图 1-29

2. 视觉效果好

网上购物对商品最直观的体验就是图片了。有真人试用、高清实物和经过美化处理后的产品图片,呈现出来的视觉效果通常会比较好,相比同类产品而言就会更畅销。图1-30所示就是淘宝淘女郎亲自穿戴拍摄的衣物,这样就可以有比同类商品更好的销售情况。

图 1-30

3. 无需售后服务

网购用户大多是异地购物,如果购买家用电器这类商品都会担心产品的售后问题。而如果是购买网游点卡、电话卡、电影票乃至餐饮外送服务等商品,则基本不需要买卖双方为了售后问题而苦恼,图1-31所示为淘宝游戏频道,专门售卖游戏相关虚拟商品。

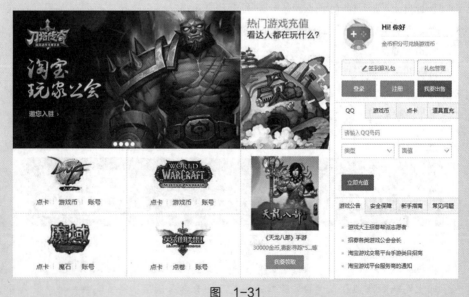

图 1-31

招式02：网上热销产品都有哪些种类

根据国内最具影响力的几个网购平台（淘宝网、京东、当当）统计来看，目前网上最畅销、最受人关注的商品种类有以下10类。

| 1. 化妆用品 | 2. 女装女鞋 | 3. 电子类产品 | 4. 女士箱包 | 5. 虚拟产品 |
| 6. 流行饰品 | 7. 男士精品 | 8. 地方特色产品 | 9. 各类书籍 | 10. 家居日用 |

这里我们挑选其中几类比较受关注的产品，进行相应的市场分析。

1. 化妆用品

女人爱美从古至今如此，而且在现今物质水平日益提高的状况下追求越发地在攀升。化妆用品也属于消耗品，随时都在用；而一旦觉得某店里的某品牌产品好用就会一直用下去。所以从客户群的消费力度上来说，化妆用品是网上最畅销的商品之一，图1-32所示为淘宝女人频道的化妆品分类。

图 1-32

> **小二开店经验分享——化妆品类商品的劣势**
>
> 化妆品类商品消费群体巨大，经营得好回头客就多，任何时候都属于畅销类产品。但不足之处在于存在过期变质的问题，而且物流发货也比较麻烦。

2. 电子类产品

电子类产品在网上热销最主要的原因是价格低廉，且消费群体非常巨大。电子类产品永远都是代表潮流的产品，自然可以随时保持"热销"的头衔。图1-33所示为电子产品类店铺。不过，此类产品的售后问题也是大家最担心的，只是由于相对低廉的价格让大家忽略了这部分开支而已。只要解决好售后服务，电子类产品的优势将更加明显。

图　1-33

3. 虚拟产品

电话充值卡、网游点卡、电子机票等，都属于虚拟产品。此类商品最大的优势就是不存在运输问题，而且也很少出现交易纠纷，即时交易即时消耗。只是此类商品的利润比较微薄，主要靠量取胜。图1-34所示为一家出售电话充值卡的店铺。

图　1-34

▶ **招式03：通过淘宝排行榜获知哪些商品受欢迎**

如果用户对于卖什么宝贝没有具体的想法，那么可以通过淘宝排行榜来查看目前网络中热搜的一些关键词，以便了解哪些产品可能更受欢迎。

第1步　❶输入http://top.taobao.com 打开淘宝排行榜网站，在这里查看当前全国网民在淘宝中搜索最多、最热门的一些宝贝关键词情况，如图1-35所示。

第2步　❷单击导航栏的产品种类，如"服饰"，切换到服饰页面进行查看，如图1-36所示。

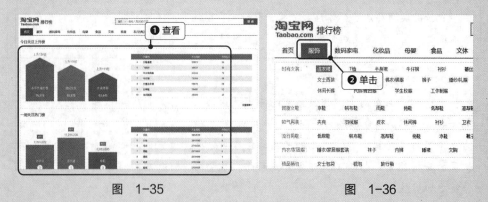

图　1-35　　　　　　　　　　　图　1-36

第3步 ❸单击"搜索热门排行"选项卡,这里按照搜索热度进行排列,从这里可以看出当前连衣裙和妈妈装非常受客户欢迎,如图1-37所示。

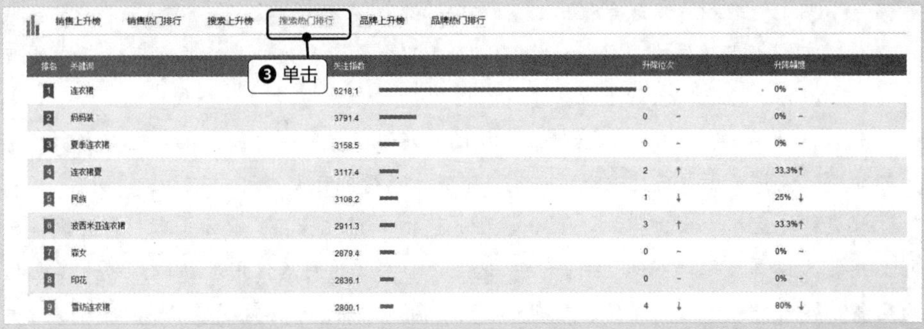

图 1-37

案例分享: 公务员辞职,淘宝开店两年赚50万

"如果给我一次重来的机会,我还是会选择自己创业。"张先生说。从2012年6月至今,短短几年的时间里,张先生已经从一名涉世未深的在读研究生,成长为一名注册公司的老板。回忆起自己这几年的创业经历,张先生感慨良多。

(1)当上公务员却辞职读研

张先生原本有着令一般人羡慕的职业。2010年7月,张先生从工业大学毕业后,进入市组织部,成了一名公务员,还认识了同是公务员的女友阿秀,两人约定一起到高校深造。2011年底,张先生和女友阿秀参加了当年的研究生考试,并且双双考取研究生。

然而,单位不能够带薪读研。经过商量,张先生和女朋友决心一起辞职,用工作积攒下的几万元存款交了学费,开始了半工半读的生活。

张先生回忆,靠着给中学生当家教、在外打零工,加上学校每人每个月的200元生活补助,两个人每个月的收入平均在2500元左右,日子还是过得紧巴巴的,于是张先生一直在寻找可以赚钱的机会。

(2)经验不足半年没有赚钱

"当时还是太冲动了,经营上欠缺实战经验。"张先生第一次创业是在研二。得知做化妆品生意比较赚钱后,他找了当时一个人气比较旺的化妆品品牌进行代理销售。

2012年6月,张先生第一次向家里伸手,找父亲借了3万元,在商场租了间几平米的小门面,做起了化妆品零售生意。

没有想到,由于知名度不高,再加上对化妆品行业完全陌生,他经营的品牌在商场里完全卖不动，第一个月就亏了1000多元。接下来的两个月，张先生成天忙着做宣传、向顾客推荐产品、学习化妆品的相关知识，虽然摆脱了亏损，但仍旧只能赚回成本钱。半年下来，基本没有盈利。当年年底张先生和阿秀商量后，决定结束营业。

（3）网上处理积货发现商机

但手里一批保质期有限的化妆用品留在手里怎么办？张先生打算在网上开店处理存货。2013年，他在淘宝网上注册了一家网店。

让人意外的是，由于商品价格比一般的网店都便宜，一时间，张先生手中积压的商品竟然被抢断了货，而且小赚了一笔。张先生感受到巨大商机。

于是张先生用卖出存货的近1万元又进了40多种化妆品，以近乎零利润的价格在网上销售，积累人气。不到2个月，张先生在淘宝上的网店信用度猛增，回头客也越来越多。第三个月开始，就有了微薄的利润。两年下来，竟然赚了50万元。

（4）获得爱情和事业双丰收

张先生没有安于现状，他在自己租住的小单间里面放上一个二手货柜，做起了网店的实体店经营，由阿秀负责日常事务。这让淘宝上的本地买家十分欣喜，上门光顾的顾客也越来越多。

2015年1月，张先生租下了一套三室一厅的写字楼做门店并聘请了两名营业员。同年5月，张先生注册了自己的公司，并有了自己的商标。

他们的网店在淘宝网上成了人气最旺的化妆品店之一。张先生告诉记者，他还准备发展连锁加盟经营模式。而他和阿秀7年的爱情长跑也将迎来收获，明年，他们将牵手进入结婚殿堂。

万事开头难,开通与装修店铺

本章导读

在淘宝网上开店,首先要做的工作就是开通相关的账户。除了注册淘宝,还需要进行支付宝认证、开通店铺以及完善店铺信息,当这些工作完成后,我们的店铺也就开通成功了。但是别以为这就完了,我们还需要对店铺进行装修,只有这些准备工作都做好了,才能更好地进行店铺运营。

知识要点

通过本章内容的学习,读者能够学习到淘宝账号的申请、支付宝激活与认证、网上店铺的开通与设置等。需要掌握的相关技能知识如下。

- 开通淘宝账号
- 进行支付宝实名认证
- 正式开展自己的淘宝网店
- 打造高大上的淘宝店铺

2.1 开通淘宝账号

要在淘宝网上开店,当然需要先注册成为淘宝会员,然后再以注册会员身份登录才能申请开店。本节内容即会介绍淘宝会员注册及登录的详细方法。

2.1.1 申请与激活淘宝账号

本小节将介绍申请与激活淘宝账号,具体操作内容如下。

第1步 打开 http://www.taobao.com/ 网址进入淘宝官方主页面,❶ 单击图 2-1 所示的"免费注册"按钮。

第2步 进入淘宝网账户注册界面,如使用手机注册,则在"手机号码"文本框中输入手机号码,这里我们使用邮箱注册,❷ 单击"使用邮箱注册"按钮,如图 2-2 所示。

图 2-1　　　　　　　图 2-2

第3步 ❸ 输入电子邮箱地址及验证码;❹ 单击"下一步"按钮,如图 2-3 所示。

第4步 ❺ 输入手机号码;❻ 单击"免费获取校验码"按钮,如图 2-4 所示。

第5步 淘宝网即可发送短信到所输入的手机号码上一个 6 位数的校验码,❼ 输入短信中的校验码;❽ 单击"下一步"按钮,如图 2-5 所示。

第6步 提示验证邮件已发送到邮箱，❾单击"立即查收邮件"按钮，如图2-6所示。

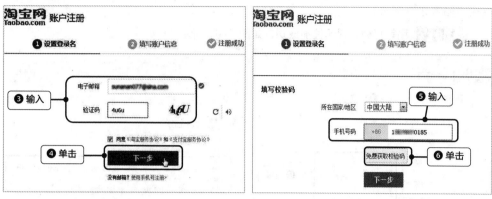

图 2-3　　　　　　　　　　　图 2-4

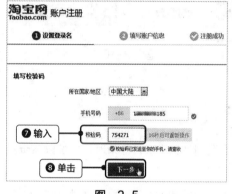

图 2-5

图 2-6

> 小二开店经验分享——什么是校检码
>
> 　　校检码是淘宝网推出的一种防恶意注册的方式，它通过手机进行认证，从而有效避免有人恶意注册淘宝账号，造成资源浪费。另外，这里输入的手机号码必须真实有效，否则无法接收淘宝网发送的校检短信，也就无法继续注册步骤。

第7步 进入我们申请的邮箱，查看收件箱中的邮件，❿单击图2-7所示的邮件链接。

第8步 打开信件，⓫单击下方的验证链接，如图2-8所示。

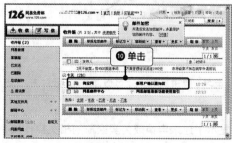

图 2-7

图 2-8

第9步 进入"填写账户信息"界面，⓬设置输入登录密码及会员名；⓭单击"确定"按钮，如图2-9所示。

第10步 稍等片刻，提示注册成功，如图2-10所示。

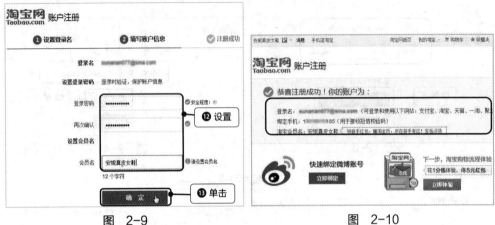

图 2-9   图 2-10

2.1.2 使用会员账户登录淘宝网

当完成淘宝会员注册后即会自动登录淘宝。当我们注销下次再登录时，应按以下步骤操作。

第1步 打开 http://www.taobao.com/ 网址进入淘宝官方主页面，❶单击图2-11所示的"登录"按钮。

第2步 ❷打开登录界面，输入账户和密码；❸单击"登录"按钮，如图2-12所示。

图 2-11   图 2-12

第3步 成功登录后，在页面左上方会显示登录名，要进行操作，可以单击页面右方"我的淘宝"链接，如图2-13所示。

第4步 进入淘宝网个人管理页面，在这里显示了还未申请成为卖家前的相关操作项，同时也有个人注册账户的相关信息，如图2-14所示。

图 2-13　　　　　　　　　　　　　图 2-14

2.2　进行实名认证让交易更安全

默认情况下，在申请淘宝账号以后，会自动为每位淘宝用户自动开通支付宝账户。但是对于经常网上购物，或者打算网上开店的用户来说，还需要进行支付宝认证。

2.2.1　激活支付宝账户

下面，我们来学习如何激活注册淘宝时自动开通的支付宝账户，其具体操作方法如下。

第1步　❶登录淘宝，在"我的淘宝"页面中，单击"实名认证"按钮，如图2-15所示。

第2步　进入"支付宝注册"页面，❷填写身份信息；❸单击"确定"按钮，如图2-16所示。

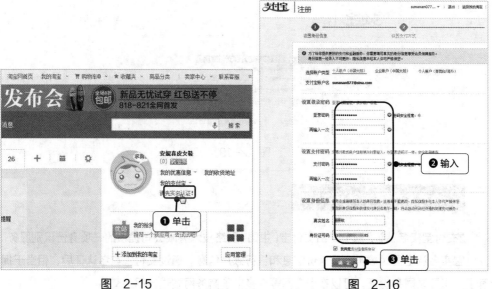

图 2-15　　　　　　　　　　　　　图 2-16

第3步 ❹设置支付方式；❺单击"同意协议并确定"按钮，如图2-17所示。

第4步 ❻输入手机收到的校验码；❼单击"确认，注册成功"按钮，如图2-18所示。

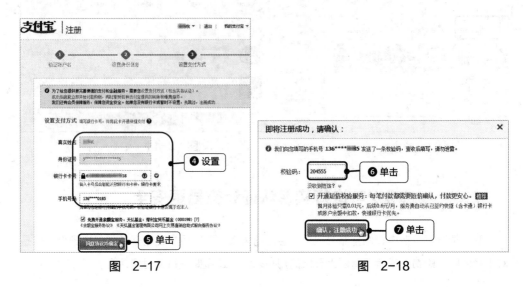

图 2-17　　　　　　　　　　　图 2-18

> 小二开店经验分享——身份证信息必须有效
>
> 需要注意的是，这里输入的身份证一定要是真实有效的，因为后面会向淘宝提交身份证扫描图像以进行确认，如果证件号不符合，就无法进行支付宝认证了。

第5步 稍等片刻，页面中即会出现提示页面，显示用户支付宝开通成功，如图2-19所示。

图 2-19

2.2.2　支付宝实名认证

"支付宝实名认证"服务是由支付宝（中国）网络技术有限公司提供的一项身份识别服务。支付宝实名认证同时核实会员身份信息和银行账户信息。通过支付宝实名认证后，相当于拥有了一张互联网身份证，可以在淘宝网等众多电子商务网站进行网上交易。

下面将介绍申请支付宝实名认证的方法，具体操作步骤如下。

第1步 登录支付宝，在首页单击"账户设置"选项卡。❶在该界面中单击左侧"基本信息"选项；❷单击"实名认证"栏中的"升级"链接，如图2-20所示。

第2步 进入"实名认证"页面，❸单击"个人信息所在面"右侧"点击上传"按钮，如图2-21所示。

图 2-20

图 2-21

第3步 ❹在打开的对话框中选择身份证正面图片；❺单击"打开"按钮，如图2-22所示。

第4步 开始上传，❻上传成功后，在弹出的对话框中单击"继续上传另一面"按钮，如图2-23所示。

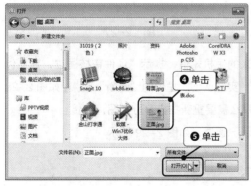

图 2-22

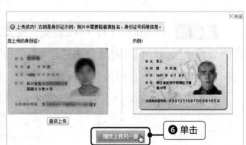

图 2-23

第5步 ❼在打开的对话框中选择身份证背面图片；❽单击"打开"按钮，如图2-24所示。

第6步 身份证背面的上传成功后，❾单击"确定"按钮，如图2-25所示。

第7步 ❿返回认证界面，填写身份证到期时间以及个人常用地址；⓫单击"提交"按钮，如图2-26所示。

第8步 证件进行人工审核，需要等待，如图2-27所示。

图 2-24　　　　　　　　　　图 2-25

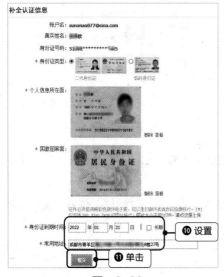

图 2-26

图 2-27

第9步　48 小时之内，会收到支付宝发来的手机短信，提示"证件审核通过，在支付宝查看详情"。此时，在基本信息选项下，单击"实名认证"栏中的"查看"链接，如图 2-28 所示。如果超过 48 小时没有收到短信提示，那么需要重新扫描身份证图片上传。

第10步　稍等片刻，即可查看到实名认证已通过，如图 2-29 所示。

图 2-28

图 2-29

小二开店经验分享——不用第一代身份证来验证

支付宝能够支持第一代和临时身份证的验证，但是通常银行现在已经不支持除第二代身份证以外的证件进行银行卡申请。而为了验证支付宝，后面必须通过银行卡来进行操作，因此如果没有银行卡的用户就不能使用第一代身份证进行支付宝认证了。

2.3 正式开张自己的淘宝网店

前期准备工作充分完成之后，我们淘宝开店的创业之路就可以正式启航了。首先要做的是向淘宝申请开通店铺营业资格，而这就需要完成身份信息认证和完善店铺信息。

2.3.1 淘宝身份信息认证

现在淘宝规定，除了支付宝认证，还增加了用户个人信息认证，而用户必须通过此认证才能进行开店操作。

第1步 登录淘宝网，进入到卖家中心。❶单击"马上开店"按钮，如图2-30所示。

第2步 进入"免费开店"界面，❷单击"淘宝开店认证"右侧的"立即认证"链接，如图2-31所示。

图 2-30

图 2-31

第3步 进入"淘宝开店认证"界面，❸填写与支付宝认证一致的真实姓名和身份证号码；❹单击"手持身份证照片"中的"上传并预览"按钮，如图2-32所示。

第4步 ❺在打开的对话框中选择事先拍好的手持身份证上半身照片；❻单击"打开"按钮，如图2-33所示。

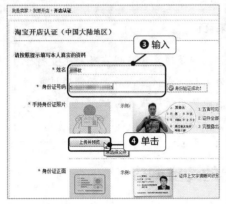

图 2-32

图 2-33

第5步 ❼在弹出的对话框中拖动浮框至身份证处，预览证件信息是否清晰可见；❽单击"确认"按钮，如图2-34所示。

第6步 ❾继续上传身份证正面，如图2-35所示。

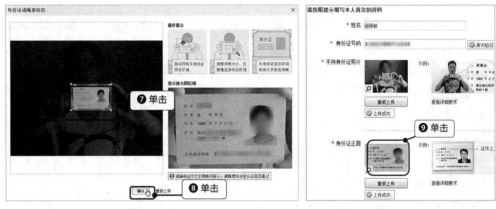

图 2-34　　　　　　　　　　　　图 2-35

第7步 ❿填写联系地址、手机及短信验证码；⓫单击"提交"按钮，如图2-36所示。

第8步 弹出"提示"对话框，⓬单击"确定"按钮，确认在认证过程中不修改本人真实资料，如图2-37所示。

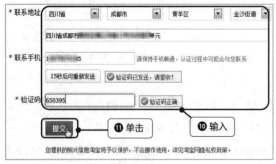

图 2-36

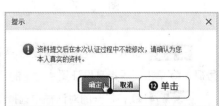

图 2-37

万事开头难，开通与装修店铺 第2章

第9步 等待人工审核，如图2-38所示。

第10步 审核完成后，即可查看到淘宝开店认证已通过，如图2-39所示。

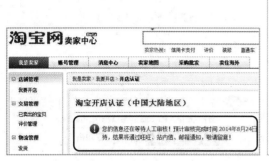

图 2-38

图 2-39

 小二开店经验分享——身份信息认证

身份信息认证可以更安全地验证身份证信息是否属实，是否是原证件本人使用，以防止他人冒用自己的身份信息进行店铺认证。

2.3.2 完善店铺信息

完成了淘宝认证以后，就可以进一步完善店铺信息，当用户完成店铺信息设置以后，也就能成功开店了。具体操作方法如下。

第1步 进入"淘宝网卖家中心"界面，❶单击"免费开店"选项下的"马上开店"按钮，如图2-40所示。

第2步 进入免费开店页面，❷单击"创建店铺"按钮，如图2-41所示。

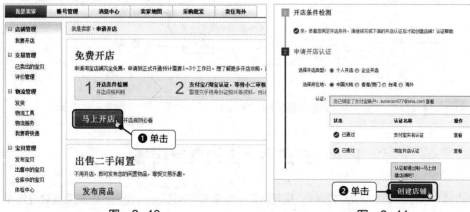

图 2-40　　　　　　　　　图 2-41

第3步 弹出"签署开店协议"对话框，❸单击"同意"按钮，如图2-42所示。

第4步 此时,即可成功创建店铺,❹单击"完善店铺基础信息"按钮,如图2-43所示。

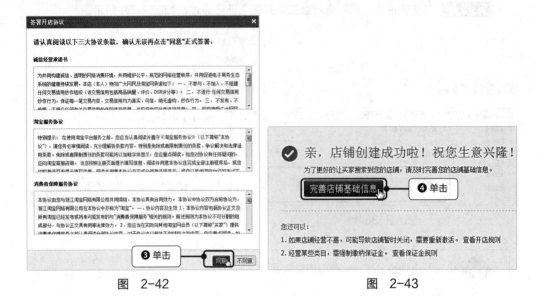

图 2-42　　　　　　　　　　　图 2-43

第5步 进入店铺基本设置界面,❺输入设置店铺名称、店铺简介;❻选择经营类型,如图2-44所示。

第6步 ❼继续输入联系地址、店铺介绍;❽单击选择主要货源、是否有实体店和是否有工厂或仓库等单选按钮;❾单击"保存"按钮,如图2-45所示。

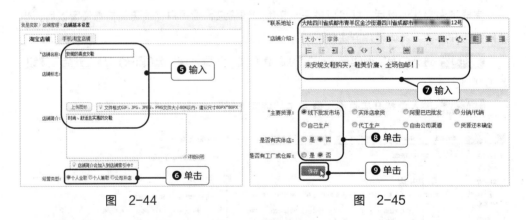

图 2-44　　　　　　　　　　　图 2-45

第7步 此时,"保存"按钮右侧出现"操作成功"字样,完成淘宝店铺开通。

2.4 打造高大上的淘宝店铺

店铺中各个页面的装修与设计,是旺铺设计中最重要的部分。我们可以灵活地对旺铺中各个页面的布局、显示模块进行调整,同时针对这些模块进行装修与设计,使店铺视觉效果更好,更能吸引买家的眼球。

2.4.1 订购淘宝模板进行装修

开通好淘宝店铺后，用户可以在网上订购淘宝店铺模板来装修店铺。通过模板可以快速装修与设计自己的店铺店招、店铺店标、整个页面布局、色彩搭配等相关装修元素。

第1步 ❶ 打开网址 http://taezx.taobao.com 进入淘宝装修市场，将指针放在自己喜欢的店铺模板上可查看其大图，单击中意的模板，如图2-46所示。

第2步 ❷ 打开当前模板购买界面，单击"马上试用"按钮可以进行店铺效果预览，这里单击"立即购买"按钮购买自己喜欢的店铺模板，如图2-47所示。

图 2-46

图 2-47

第3步 根据系统提示进行淘宝登录，并进行支付购买，完成淘宝店铺模板的购买流程。

第4步 ❸ 返回淘宝主页面，单击右上侧的"卖家中心"链接，如图2-48所示。

第5步 ❹ 进入卖家中心后，单击"店铺管理"下的"店铺装修"链接，如图2-49所示。

图 2-48

图 2-49

第6步 ❺ 打开淘宝店铺装修页面，在这里可预览当前店铺默认的装修效果，单击"模板管理"按钮，如图2-50所示。

第7步 ❻ 打开刚支付购买的淘宝旺铺模板，单击最下方的"马上使用"按钮，如图2-51所示。

第8步 应用当前模板效果，并在浏览器界面进行显示，如图2-52所示。

第9步 如果要对当前店铺模板进行修改，则可以选择要修改的模块，如这里修改店招，只需将鼠标指针移动到店招部分，单击右侧的"编辑"按钮，如图2-53所示。

图 2-50　　　　　　　　　　　　　　　图 2-51

图 2-52　　　　　　　　　　　　　　　图 2-53

第 10 步　❼ 根据说明对店铺进行自定义设置，如店招文字、公告内容、店招图片等；❽ 完成编辑后单击"确定"按钮，如图 2-54 所示。

第 11 步　❾ 用同样方式，可以对其他模块进行编辑，图 2-55 所示为编辑海报模块。

图 2-54　　　　　　　　　　　　　　　图 2-55

第 12 步　在编辑区左侧，❿ 单击"模块"选项，将显示淘宝默认的装修模块和购买的模板所附带的设计师模块，如图 2-56 所示。

第13步 ⑪选择一个模块，按住鼠标并将其拖曳到右侧装修界面里，即可进行模块的添加，如图 2-57 所示。

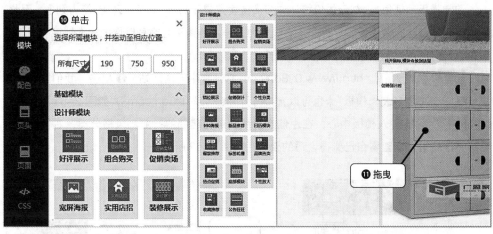

图 2-56　　　　　　　　　　　　　　图 2-57

第14步 ⑫完成编辑后，单击"发布"按钮，如图 2-58 所示。
第15步 ⑬发布成功，单击"确定"按钮，如图 2-59 所示。

图 2-58　　　　　　　　　　　　　　图 2-59

第16步 打开自己的店铺，查看店铺装修后的效果，如图 2-60 所示。

图 2-60

 小二开店经验分享——找更具性价比的淘宝店铺模板

淘宝店铺模板都是按月收费，价格从 5 元到 100 元不等，5 元的一般是比较简易的模板，功能性不强甚至没有；而拥有 JS 特效的模板则基本都是 50 元以上。相对而言，30 元左右的高级模板是较为划算的。

2.4.2 订购第三方模板进行装修

淘宝模板动辄每月 30 元的价格让许多淘宝卖家望而却步,毕竟新开店,能省则省。因此,一些第三方淘宝店铺模板就显得非常有吸引力,一次性购买可终身使用,非常划算。下面就来看看如何使用这类模板进行装修。

第 1 步 输入网址 http://www.028qn.com 打开青牛电商网站,❶ 单击"我们服务"链接;❷ 单击"淘宝装修模板"(也可以直接打开 http://zx.028qn.com),如图 2-61 所示。

第 2 步 ❸ 进入模板中心,在左侧选择所要装修店铺的行业、风格分类,右侧会显示当前筛选结果;❹ 查看自己觉得合适的模板,如图 2-62 所示。

图 2-61　　　　　　　　　　　图 2-62

第 3 步 ❺ 预览到合适模板后,将鼠标指针移动到模板图片位置,将出现模板放大效果图,确定后单击"马上试用"按钮,如图 2-63 所示。

第 4 步 ❻ 打开购买页面,这里再次单击"马上试用"按钮,如图 2-64 所示。

图 2-63　　　　　　　　　　　图 2-64

第5步 ❼ 打开模板预览页面，详细查看当前模板的预览效果，如图 2-65 所示。
第6步 ❽ 返回模板购买页面，单击"立即购买"按钮，如图 2-66 所示。

图 2-65

图 2-66

第7步 ❾ 由于是第一次使用青牛电商提供的模板，因此这里需要单独注册，输入注册资料；❿ 单击"下一步"按钮，如图 2-67 所示。

第8步 选择购买版本，90 元全集版模板无限使用，30 元普通版模板终身使用，⓫ 这里尝试先选择"普通版淘宝模板"，如图 2-68 所示。

图 2-67

图 2-68

第9步 ⓬ 确认订单信息，输入验证码；⓭ 单击"确认购买"按钮，如图 2-69 所示。
第10步 再次确认订单信息，⓮ 单击"去支付宝付款"按钮，如图 2-70 所示。

图 2-69

图 2-70

第11步 打开支付宝,按照提示进行支付,支付成功后会出现提示框,❶❺单击"关闭窗口"按钮,如图2-71所示。

第12步 ❶❻单击"我已付款成功"按钮,如图2-72所示。

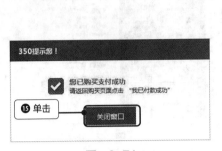

图 2-71

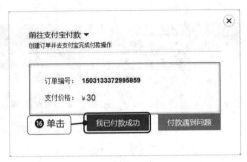

图 2-72

第13步 提示付款成功,❶❼单击"立即使用"按钮,如图2-73所示。

第14步 ❶❽进入用户管理后台,输入之前注册的账户用户名;❶❾单击"确认提交"按钮,如图2-74所示。

图 2-73

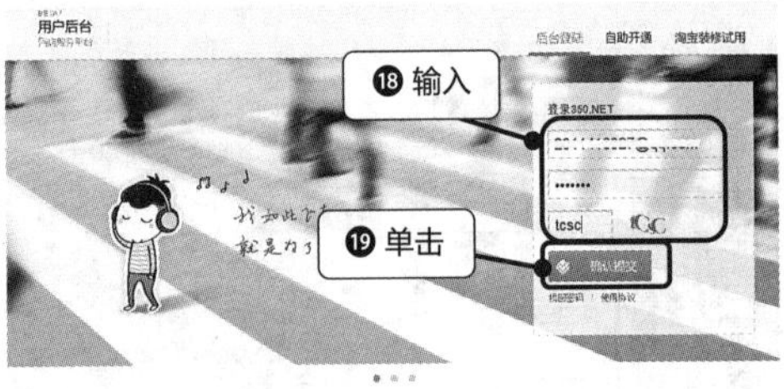

图 2-74

第15步 ❷❶输入自己要进行装修的淘宝店铺掌柜ID号;❷❶单击"验证"按钮,如图2-75所示。

第16步 ❷❷单击"查看店铺"按钮,打开店铺进行确认,以免授权错误,如图2-76所示。

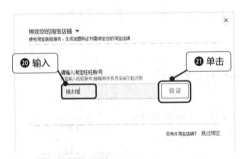

图 2-75

图 2-76

第17步 确认店铺无误后,❷❸单击"确认绑定"按钮,如图2-77所示。

第18步 提示成功绑定店铺,❷❹单击"关闭窗口"按钮,如图2-78所示。

图 2-77　　　　　　　　　　　图 2-78

第19步 绑定成功后，㉕在页面左上侧单击"装修我的店铺"按钮，如图2-79所示。

第20步 ㉖在打开的页面中单击"应用模板"按钮，如图2-80所示。

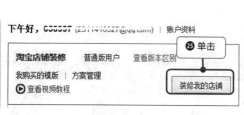

图 2-79　　　　　　　　　　　图 2-80

第21步 应用模板成功，在这里可以对当前模板进行编辑，将鼠标指针移动到要编辑的区域，㉗在右上侧出现的命令中单击"编辑"按钮，如图2-81所示。

第22步 ㉘打开"基础设置"页面，在这里可以对当前模块进行设置，包含店招图片、高度、热点等；㉙设置完成后单击下方的"保存"按钮即可，如图2-82所示。

图 2-81　　　　　　　　　　　图 2-82

第23步 ㉚用同样的方法，可以设置替换其他模块，如将鼠标指针移动到店招文字处，单击即可修改店名；㉛修改完成后单击"编辑"按钮，如图2-83所示。

第24步 设置模板完成后，单击右上方的"安装模板"按钮，出现图2-84所示页面。

图 2-83　　　　　　　　　　　　　　图 2-84

第25步 稍等片刻，安装模板完成，同步到淘宝店铺，❸❷单击"查看效果"按钮，如图 2-85 所示。

第26步 进入淘宝店铺，发现当前店铺已经完成装修，焕然一新，出现图 2-86 所示页面。

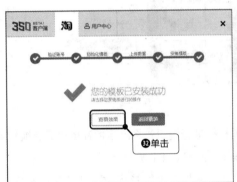

图 2-85　　　　　　　　　　　　　　图 2-86

皇冠支招

前面给初学者介绍了相关淘宝开店和装修的基本知识，下面，给淘宝新手介绍一些还需要自己平时积累才能获得的技巧。

▶ **招式 01：了解网银的一般申请流程**

网上银行又称网络银行、在线银行，它可以帮助银行利用 Internet 技术，向客户提供开户、销户、查询、对账、行内转账、跨行转账、信贷、网上证券、投资理财等传统服务项目，使客户足不出户就能够安全便捷地管理活期和定期存款、支票、信用卡及个人投资等。

目前基本上国内的所有银行都推出了网上银行业务，优点各不相同，但是它们的开通申请流程基本上都是一样的,即直接到柜台向银行申请开通网上银行及电子支付功能。开通网上银行的一般流程如图2-87所示。

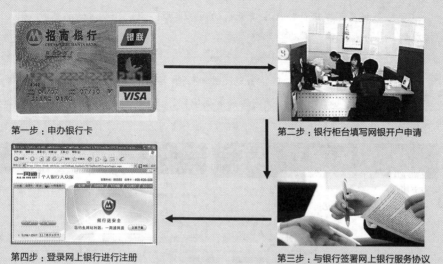

图 2-87

下面以交通银行为例,为大家详细介绍网上银行的开通步骤。

第1步 首先在交通银行柜台,办理一张交行借记卡。然后与服务人员沟通办理并签署"开通网上银行服务协议",申请为借记卡开通网上银行功能。

小二开店经验分享——银行卡的办理和功能开通

每个银行的办理流程基本一样,具体的收费标准以及功能开通方法,可以咨询银行相关服务人员。

第2步 ❶在浏览器地址栏输入网站地址 www.bankcomm.com 进入交通银行官方网站;❷单击"个人网银登录"按钮,如图2-88所示。

第3步 打开登录页面,❸单击"新用户点击这里注册"链接,如图2-89所示。

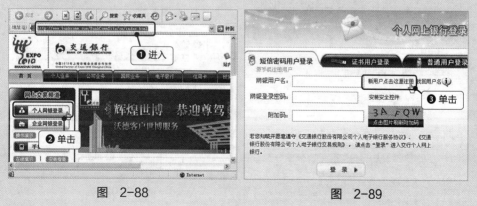

图 2-88　　　　　　　　　　　图 2-89

小二开店经验分享——选择合适的网银用户

　　这里应根据自己在银行柜台申请开通的网银类型，来选择要激活的账户类型（短信密码用户、证书用户、普通用户）。

第4步　❹填写银行卡号、查询密码及附加码；❺单击"确定"按钮，如图2-90所示。

第5步　❻填写证件号码、查询密码等确认信息；❼单击"确定"按钮，如图2-91所示。

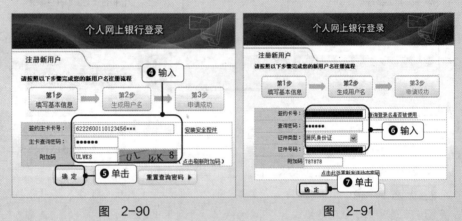

图 2-90　　　　　　　　　　　　　图 2-91

 小二开店经验分享——注意查询密码和交易密码的区别

　　查询密码是用户登录自己的网上银行时需要使用的密码；而交易密码是在进行现金交易时输入的密码。

第6步　❽提示注册成功，单击页面下方"返回登录"按钮，如图2-92所示。

第7步　❾输入网银用户名、登录密码及附加码；❿单击"登录"按钮，如图2-93所示。

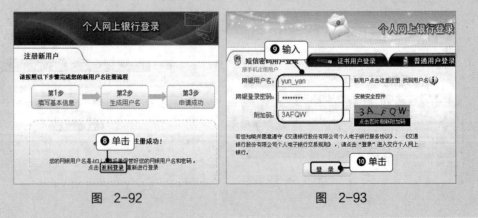

图 2-92　　　　　　　　　　　　　图 2-93

第8步 登录到个人网银管理页面，在这里可以查看并熟悉各个功能选项；⑪ 单击"客户服务"选项；⑫ 单击"业务功能开通"选项；⑬ 单击"网上支付"选项右侧的"开通"按钮，如图2-94所示。

第9步 ⑭ 设置证件号码、密码、额度等信息；⑮ 输入手机动态密码；⑯ 单击"提交"按钮，如图2-95所示。

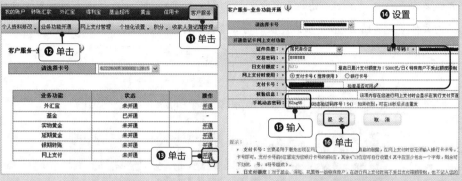

图 2-94　　　　　　　　　　　　　图 2-95

 小二开店经验分享——在线支付功能

在线支付是指卖方与买方通过因特网上的电子商务网站进行交易时，银行为其提供网上资金结算的一种业务。它不仅能够帮助网店店主实现销售款项的快速归集，缩短收款周期，同时也为个人网上银行客户提供了网上消费支付结算方式，使客户真正做到足不出户，网上购物。

第10步 提示网上支付功能已开通，同时会显示已设置的支付卡号及日支付限额等信息。

 小二开店经验分享——手机动态口令是什么？

目前网上银行开通了多种安全功能以保护网上银行客户的安全，其中最方便的莫过于手机动态口令。它可以帮助用户在进行网上交易或者转账时，自动以手机短信形式请求包含6位随机数的动态密码并发送到客户的手机上，当客户输入此动态密码以后才能正常进行交易，从而最大限度保障系统身份认证的安全性。

▶ 招式02：宝贝发布前该做哪些准备

在商品发布过程中，我们需要先准备商品的实物图片与资料，然后逐步发布商品。

我们在发布商品前，首先需要准备好商品的相关资料，这里主要包括经过处理后的商品图片、关于商品的介绍内容等。对于商品图片，建议保存为JPG格式，这里提示一点，淘宝旺铺最宽能够显示740像素的图片，但普通店铺则最宽能显示950像素的图片,但我们在处理图片时,考虑到以后可能使用淘宝旺铺,因此宽度最好控制在740像素以内。

对于商品描述内容,可以先在记事本等程序中撰写并整理好,然后直接保存为文本文档,当发布商品时,打开文档复制内容就可以了。

另外,由于一个店铺中通常会发布数量较多的商品,因而为了避免商品资料混乱,在保存时也应该采用合理的结构保存,通常来说,将不同商品的相关资料分类保存到不同文件夹中,图2-96所示为建议的商品资料保存结构。

图 2-96

招式03:如何将商品形象地展示出来

在网店交易中,买家是无法看到商品实物的,而只能通过卖家所提供的商品实物图片以及商品信息来对商品产生认知。同理,商品展示得越细腻、详尽,那么能够带给买家提供的认知度越高,买家的购买概率也就越大。因而对于网店卖家来说,商品的展示效果是非常重要的。

商品展示内容,也就是当买家查看商品页面时,商品页面中所展示出的商品图片和关于商品的描述内容,而这些内容在发布商品时是需要编辑的。当我们的图片与描述内容是固定时,展示页面的布局以及设计就成为了重点,在商品布局上,一般采用以下三种布局方式,其结构如图2-97所示。

图 2-97

(1)常规布局方式

该布局方式是多数网店商品所采用的布局,在页面上方显示关于商品的描述内容,而在页面下方依次排列商品的各种实物效果图片,在商品全景图展示时,多采用该方式。

(2)顺序布局方式

该布局方式为图文混排,首先显示商品的描述内容,下方同步搭配商品实物图,接下来继续显示局部或细节描述内容,并同步搭配实物图片……这种布局方式便于买家查看图片的同时,通过相应的说明内容,对商品更进一步地了解。采用该方式时,可以一侧编排,也可以双侧编排,如果仅一侧编排,那么与常规布局基本相同,双侧编排则多用于展示细节图。

（3）穿插布局方式

该布局方式的功能与顺序布局方式相同,不同的是将上下顺序调整为左右顺序,而且采用该布局时,可以调换图文的左右顺序,让图文对应更加直观,但是采用该布局方式会限制图片的大小,因而多适用于展现商品局部效果。

 小二开店经验分享——简单的布局方式

在淘宝网发布商品时,绝大多数卖家多采用常规布局方式发布,这是因为如果采用其他布局,编排起来的难度就较大,而且一些特殊的编排,必须通过HTML代码才能实现。其实还有一种更灵活的方式,就是我们将所有商品图片与文字内容设计到一张图片中,只要直接在商品描述中上传图片即可,这样不但实现了灵活编排,而且只要通过插入一张图片就能完成所有操作,简单省事。

案例分享： 淘宝开店立志一年冲上五冠

小胡,"80后",出生于曲阜市一个普通农村家庭,毕业于曲阜师范大学油画系。2015年在淘宝创立《艺善美画坊》。

小胡至今能清楚地记得2002年初到日照时的激动和兴奋。那一年,曲阜师范大学油画系从曲阜整体搬迁到日照,正上大二的小胡也第一次来到了日照。

"当时学校里租了公交车,拉着我们沿海边转了一圈,第一感觉就是这个城市真好,要是以后能在这里安家,再把父母接过来,我的愿望就实现了。"说这话时,他尚且只是个大二学生,现在回首,两个愿望都已逐步实现。

到了日照之后,他利用闲暇时间在一家培训机构当美术老师,学费、生活费基本就没再向家里要过。

大四的时候,小胡跟5个同学借钱凑了3000元,在老城区租了一个店面,招了6个学生,开始自己干手绘壁画培训,这算是他创业生涯的开端。

骑自行车跑俩月,小胡接到第一个业务,从此一直做到大学毕业以后。到2007年,一个偶然的机会,小胡发现了一个商机。当时新房装修,他在车库白色的墙上创作了一幅壁画,邻居看到之后都很喜欢,这一下启发了他。

"我上网查手绘壁画,发现在大城市有做这个的,当时日照还没有。"小胡如是说。当时他雇了两个学生帮忙打理培训班后,就骑着自行车到各个小区发单页,跑业务。

万事开头难。小胡骑自行车跑了两个月都没有接到一个业务，让他备受打击。在心情极为低落的时候，有一天他接到了一个电话，对方想让他去画个电视墙。"当时别提有多兴奋了。"小胡说，他在自家的阁楼里反复练习，画完之后，客户非常满意。

此后的一个月，他在这个小区连续为六七个家庭进行手绘壁画，一下子打开了市场。

2007年，随着手绘壁画的业务越来越多，小胡送走培训班的最后一批学生，就没再招生，全身心投入到手绘壁画的事业中。

接下来的时间，他的事业越做越大，因眼光独到，他始终走在同行业的前列。2008年，他开始涉足幼儿园壁画，此后又从幼儿园发展到中小学；2011年，他开始创作城市文化墙，与众多房产公司合作。

"市区有1/3的私立幼儿园的壁画都是我们画的。"小胡说。其间，他注册成立艺善美工作室，2012年注册成立了艺善美文化有限公司。

现在，他的业务方向又转向了软装。"我们致力于提高居家、办公环境，成为日照软装第一品牌是我们的目标。"小胡说。

"路漫漫其修远兮，吾将上下而求索。"线下的成功，让小胡在2015年成功在淘宝开店，由于根基牢固，他立志将在一年时间内，把自己的淘宝店铺打造为5皇冠，他相信他的艺善美将成为2015年淘宝独特的一道风景。

第3章

预热淘宝流量，商品发布的秘诀

本章导读

淘宝卖家掌握了商品发布的技巧，就可以利用这些技巧来管理商品，这对店铺的流量至关重要。符合规则的商品发布方式，将可以吸引更多的买家，即使不做任何宣传，也可以让买家看到我们的商品。在本章中，我们将向大家介绍如何有效合理地发布商品，以获得更多流量。

知识要点

通过本章内容的学习，读者能够学习到商品标题的优化方法、商品描述的优化、商品发布的技巧以及商品定价的方法等。需要掌握的相关技能知识如下。

- 商品标题的优化
- 商品描述的优化
- 宝贝发布的技巧
- 宝贝定价的"潜规则"

3.1 商品标题的优化

大部分买家都是通过搜索找到并购买他们想要的商品，因此做好商品标题优化是网店推广、增加流量的重中之重！

3.1.1 商品标题的优化组合方式

为了尽可能多地增加被搜索中的概率，需要一个好的商品标题，这个标题不仅能吸引人，也能让买家一目了然地知道商品的特性，还能利于关键字搜索。

一个完整的商品标题应该包括 3 个部分。

● 商品名称：主要是让客户一眼就能够明白这是什么东西。

● 形容词：也可以说是感官词，可以在很大程度上增加买家打开我们宝贝链接的兴趣。

● 优化词：卖家可以使用与产品相关的优化词来增加宝贝被搜索到的概率。

这里我们以图 3-1 中的商品标题"2015 新款手工鞋真皮女单鞋尖头系带个性文艺潮鞋春秋英伦特色女鞋"为例进行说明。其中"女鞋"就是商品的名称；"个性文艺""潮鞋""特色"这 3 个词是形容词；"新款""手工真皮"则是优化词，通过这几组词的特殊组合，就能够让你的宝贝脱颖而出，展现在你的潜在客户面前。

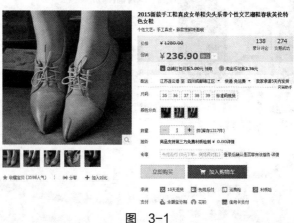

图 3-1

在商品标题中，形容词和优化词是增加搜索量和点击量的重要组成部分，但也不是非要出现的，唯独商品名称是雷打不动的，必须要描述出你的产品名称。

当然，商品标题也不是随便什么文字都可以填的，必须严格遵守淘宝的规则，不然很容易遭到处罚。比如，商品标题需要和商品本身一致的，不能干扰搜索。商品标题中出现的所有文字描述都要客观真实，不得在商品标题中使用虚假的宣传信息。

> 小二开店经验分享—— 一般商品标题主要有下面几种组合方式
> - 品牌、型号＋商品名称
> - 促销、特性、形容词＋商品名称
> - 地域特点＋品牌＋商品名称
> - 店铺名称＋品牌、型号＋商品名称
> - 品牌、型号＋促销、特性、形容词＋商品名称
> - 店铺名称＋地域特点＋商品名称
> - 品牌＋促销、特性、形容词＋商品名称
> - 信用级别、好评率＋店铺名称＋促销、特性、形容词＋商品名称

这些组合不管如何变化，商品名称这一项一定是其中的一个组成部分。因为在搜索时首先会使用到的就是商品名称关键字，在这个基础上再增加其他的关键字，可以使商品在搜索时得到更多的入选机会。至于选择什么来组合最好，要靠我们去分析市场、商品竞争激烈程度和目标消费群体的搜索习惯来最终确定，以找到最合适的组合方式。

3.1.2 如何在标题中突出卖点

在网店经营中，如何能够吸引买家点击商品是一个比较重要的问题，这和你商品标题的编写密切相关。如果你的标题比较吸引人，那么他点击的次数就会多，由于点击次数比较多，那么他浏览的页面也就比较多，必然就会使他的购买量的概率变大。

商品标题编写时最重要的就是要把商品最核心的卖点用精炼的语言表达出来。你可以列出四五个卖点，然后选择最重要的3个卖点，融入商品标题中。下面是在商品标题中突出卖点的一些技巧。

1. 标题准确

商品标题不能让人产生误解，应该准确而且清晰，让买家能够在一扫而过的时间内轻松读懂。

2. 标题合理

淘宝规定宝贝的标题最长不能超过60个字节，也就是30个汉字，在组合理想的情况下，包含越多的关键字，被搜索到的概率就越大。

3. 价格信号

价格是每个买家关注的内容之一，也是最能直接刺激买家，形成购买行为的因素。所以，如果店里的宝贝具备一定的价格优势，或是正在进行优惠促销活动，如"特价""清仓特卖""仅售××元""包邮""买一赠一"等，完全可以用简短有力的词在标题中注明。

4. 进货渠道

如果店铺的商品是厂家直供或从国外直接购进的，可在标题中加以注明，以突出商品的独特性。

5. 售后服务

因在网上不能面对面交易，不能看到实物，许多买家对于某些宝贝不愿意选择网上购物，因此，如果能提供有特色的售后服务，如"无条件换货""全国联保"等，这些都可以在标题中明确地注明。

6. 高信誉度

如果店铺的信誉度较高，如皇冠、金冠级等，可以在商品标题中注明网店的信誉度，这些都会增强买家与卖家的交易信心。

7. 成交记录

如果店中某件商品销量在一段时间内较高，可以在标题中注明"月销上千""明星推荐"等文字，善用这些能够调动人情绪的词语，对店铺的生意是很有帮助的。这样会令买家在有购买意向时，极大降低对此商品的后顾之忧。

8. 特殊符号

为了让标题与众不同，可以在商品标题中插入特殊符号，以起到强调作用，如"◆限量特价◆""☆新款☆"等。但是这些符号不能乱用，用太多会让人"眼花缭乱"，那样就根本无法读了。

9. 利于阅读

如果30个字的标题一点都不分隔，会使整个标题看上去一团糊涂，比如"全场包邮2015夏季新款短裙莫代尔轻薄短裙修身半身裙包臀"，这么多字没有一个标点符号，完全不分隔，虽然有利于增加被搜索到的概率，但是会让买家看得很辛苦甚至厌烦，所以，少量而必要的断句是应该的。

3.1.3 寻找更多关键词的方法

买家搜索商品时会在搜索栏输入商品的关键词，每个人的关键词都不一样。为了能够更好地让买家搜索到你的商品，你的关键词必须在商品标题中体现出来，或者在搜索引擎允许的范围内。因此，在有限的关键词额度中，找到最合适的、利用率最高的关键词至关重要。

先来看看如何获得正确的关键词，可以通过以下途径收集关键词。

1. 搜索下拉框

在淘宝主页面的宝贝搜索栏中,输入"T恤",在下拉框中可以找到很多其他相关联的关键词。如"t恤女春、t恤女夏、t恤男春、t恤女春长袖"等,如图3-2所示。

图 3-2

2. 搜索框推荐词

除此之外,在搜索框下方,也会显示一些比较热门的关键词,如图3-3所示。

图 3-3

3. 搜索结果页

在搜索结果中,会显示淘宝推荐的相关关键词,这些也属于优质的关键词汇,如图3-4所示。

图 3-4

另外,在搜索结果中出现的"品牌""材质"等选项中所包含的词汇,也是很好的关键词,如品牌"天梭",类型"机械表",人群"男表"等,都可以组成很好的关键词,如图3-5所示,可以组成"天梭男机械表"。

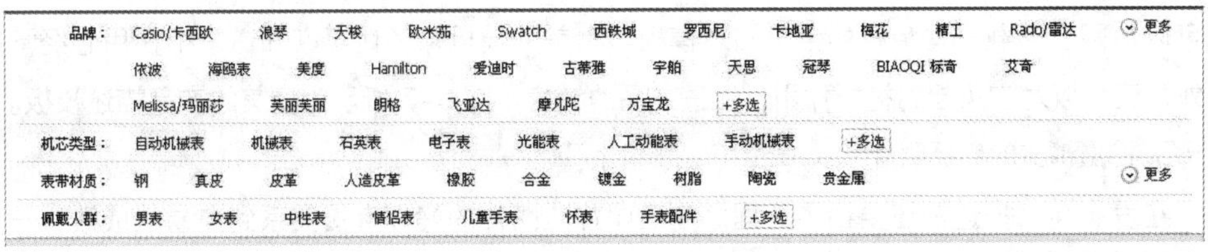

图 3-5

4. 热门工具

除了淘宝免费提供的关键词外，用户还可以通过其他工具来获得更多的关键词，比如淘宝的"淘宝排行榜"、量子统计的"量子排行榜"、数据魔方的"淘词"，如图3-6所示。

图 3-6

通过查找优质关键词，然后结合标题组合方法，就能够创造出属于自己的、独特的、能够吸引更多流量的标题。

3.2 商品描述的优化

顾客进来了，能否留住顾客，刺激顾客产生购买行为，关键的就在于商品描述上，商品描述的好与坏，将直接影响到商品的销量。因此，商品描述优化尤为重要。优化出最能刺激访客产生购买欲望的商品描述，进而提高产品的销量。

3.2.1 撰写商品描述的步骤

在网上购物，影响买家是否购买的一个重要因素就是商品描述，很多卖家也会花费大量的心思在商品描述上，下面是撰写商品描述的步骤。

1. 精美的商品描述模板

首先最好有一个精美的商品描述模板，商品描述模板可以自己设计，也可以在淘宝上购买，还可以从网上下载一些免费的宝贝描述模板。精美的模板除了让买家知道掌柜在用心经营店铺外，还可以对宝贝起到衬托作用，促进商品的销售。图3-7所示为精美的商品描述模板。

2. 拍摄精美的商品照片

在发布商品描述前还要拍摄处理好商品照片。图片的好坏直接关系到交易的成败，一张好的商品图片能向买家传递很多东西，起码应该能反映出商品的类别、款式、颜色、材质等

图 3-7

基本信息。在这个基础上，要求图片要拍得清晰、主题突出以及颜色还原准确，具备这些要素后，可以在上面添加货号、美化装饰品、店铺防盗水印等。图3-8所示为处理好的商品照片。

图 3-8

3. 快速激发客户的兴趣

商品描述的开头的作用是吸引买家的注意力，立刻唤起他们的兴趣，给他们一个非得继续看下去不可的感觉。

不管写什么样的产品描述，必须首先了解你潜在客户的需求。了解他们在想什么，找到吸引他们感兴趣的东西，看看怎么把你的产品和他们的兴趣联系在一起。

比如你是卖毛绒玩具的，面对的消费人群除了一些孩子的父母之外，也有可能是年轻的小情侣，那么你可以这样写："爱你的她，有没有给你起一个爱称呢，虽然猪啊、熊啊，不是很好听，但那充满着浓浓的爱啊，工作忙碌的你有没有经常不在她身边，你为她买上这样一只胖乎乎可爱的小熊在身边，就算你不在，也仿佛有你陪伴。"

4. 突出商品的各种卖点

找到并附加一些产品的卖点，适当加以放大，很多产品细节与卖点是需要挖掘的。每个卖点都是增加对买家说服力的砝码。你的宝贝描述能够吸引买家的卖点越多，就会越成功，如图3-9所示。

图 3-9

5. 展示好评建立信任

利用好买家的评价，并附加在描述里。放些客户好评和聊天记录，增加说服力。第三方的评价会让顾客觉得可信度更高，让买家说你好，其他的顾客才会相信你。图3-10所示为把信用评价添加在商品描述中。

图 3-10

3.2.2 写好宝贝描述，有效提升销售转化率

商品描述是真正展示商品的地方，买家主要也是通过商品描述第一印象了解商品的。许多卖家的商品描述非常简单，往往几十个字就没了。并不是掌柜没有时间，也不是他们懒惰，只是觉得无话可写。因为这些掌柜不知道从哪里收集这些资料，而这些资料往往在日常生活中被忽略了。对于商品描述信息要做到简洁明了，节约买家的时间。

在写宝贝描述时注意如下几个方面。

（1）首先要向供货商索要详细的商品信息。商品图片不能反映的信息包括材料、产地、售后服务、生产厂家、商品的性能等。相对于同类产品有优势和特色的信息一定要详细地描述出来，这本身就是产品的卖点。

（2）产品的基本属性描述，如品牌、包装、规格、型号、重量、尺寸、产地等。这些都应该描述出来，让买家觉得关怀备至，从情感上，抓住顾客的心，宝贝描述应对买家攻心为主，看完宝贝描述后，让买家与我们的宝贝描述中的图片和文字产生共鸣。

（3）为了直观性，商品描述应该使用文字＋图像＋表格三种形式相结合，这样买家看起来会更加直观，增加购买的可能性。

（4）参考同行网店。可以去皇冠店转转，看看他们的商品描述是怎么写的。特别要重视同行中做得好的网店。

（5）在商品描述中也可以添加相关推荐商品，如本店热销商品、特价商品等，即使顾客对当前所浏览的商品不满意，在看到商家销售的其他商品后，也许就会产生购买的欲望。另外，即使已经决定购买现在所浏览的商品，在浏览其他搭配商品的同时，也会产生再购买另外商品的打算。让买家更多地接触店铺的商品，增加商品的宣传力度。图3-11所示为在商品描述中添加其他相关推荐商品。

图 3-11

（6）留意生活，挖掘与宝贝相关的生活故事。这个严格来说不属于商品描述信息的范畴，但是一个与宝贝相关的感人故事更容易打动消费者。

（7）在商品描述中注意售后服务和规避纠纷。图 3-12 所示为在商品描述里添加了售后服务和退换货的一些注意事项，既取消了买家的担忧，也在以后发生纠纷时有理有据。

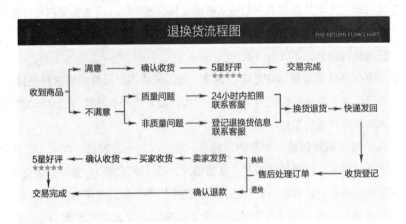

图 3-12

（8）展示相关证书证明。如果是功能性商品，需要展示能够证明自己技术实力的资料。提供能够证明不是虚假广告的文件，或者如实展示人们所关心的商品制作过程，都是提供可信度的方法。如果电视、报纸等新闻媒体曾有所报道，那么收集这些资料展示给顾客也是一种很好的方法。图 3-13 所示的页面中展示了商品的相关证书和证明资料。

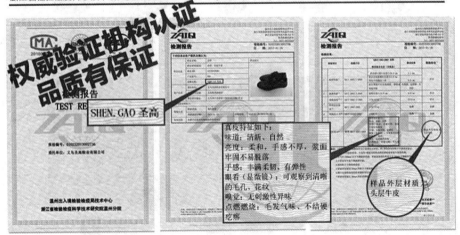

图 3-13

3.2.3 商品图片优化

商品图片的好与坏会直接影响到买家是否感兴趣点击进入网页查看商品的详细情况,这直接影响到宝贝的流量;同时,图片的好与坏是刺激买家产生购买行为的首要因素。宝贝图片优化是对现有的宝贝图片进行优化处理,进而优化出好的图片,优化出最能刺激买家产生购买行为的图片。优化图片可以从以下几个方面着手。

1. 首图的优化

淘宝关键词优化的主要作用是为了在买家搜索某一关键词时,我们的商品能被搜索到,但是买家搜索关键词时展示出来的商品并不是只有一件。输入关键词后展示的商品有数十个,如何在这几十个商品中脱颖而出,让买家迅速点击你的商品,这就体现了淘宝商品首图优化的重要性。在所有的商品展示图片中,首图往往决定了你的商品是否能吸引买家。图 3-14 所示商品图片展示的信息量丰富而且也很美观,绝对能让它在商品中脱颖而出。

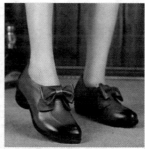

图 3-14

淘宝商品首图优化原则如下。

- 主体突出,宝贝清晰漂亮,从最佳角度展示商品全貌,不要有过于杂乱的背景。
- 展示你的促销信息,一看图片就知道你店铺有优惠活动,更能吸引顾客点击。
- 尽量把主图做成正方形。

2. 图片要处理好

图片的大小首先要调整好,要符合在网站上打开时浏览者的视觉感受,而且上传至网站上不会影响网页打开的速度。修正构图,把因拍摄时不注意留下的构图问题,利用黄金分割法调整好让人看上去舒服,并产生美感。图片不能过亮也不能偏暗,调整得适合就可以。同时要加上店铺的防盗水印,彰显店铺的专业性,也防止网络盗图行为,如图 3-15 所示。

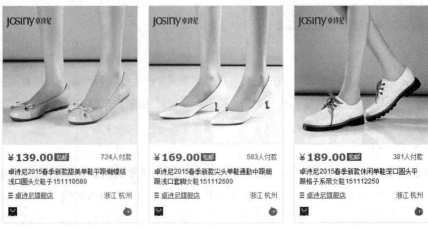

图 3-15

3. 详细地展示商品

即使是同一件商品，随着颜色和尺寸的不同，人们的感觉也常会有很大差异。对于顾客想要了解的内容，不要一概而过，而是应认真、详细、如实地介绍给顾客。只有这样，顾客才会毫不犹豫地购买。在图 3-16 所示的商品展示中，使用了图片放大效果来展示商品的细节部位。

图 3-16

很多新手卖家都不注重细节图的拍摄，甚至在页面上根本没有细节图，这样是很难让买家信任的。所以，为了店铺的生意，细节图的拍摄一定不能少。细节图越多，买家看得越清楚，当然对你的宝贝产生好感及购买欲望也就越大。

4. 采用模特实拍

商品图片不仅要吸引人、清晰漂亮，还要向买家传达丰富的商品信息，如商品的大小、感觉等这些看不准、摸不着的信息。如果是想用心地经营一个属于自己的品牌店的话，采用模特实拍图片是必不可少的。建议经营服装、包包、饰品等商品的卖家用真人做模特拍摄图片，可以给买家传达更多的信息。

相比平铺的衣服照片，使用真人模特的照片更能体现衣服的板型和试穿效果，还能美化店铺，吸引买家的眼球，店铺浏览量也会随之提高，如图 3-17 所示。

图 3-17

 小二开店经验分享——使用真人模特拍摄商品图片

● 使用真人做模特，最好在商品描述中标明模特的身高或商品的大小，让买家对于商品的了解更加透明。

● 尽量不要在逆光状态下直接面对模特，拍摄者或模特也可以尽量采取斜 45 度的拍摄角度。

● 使用真人模特拍摄图片，选择合适的背景也很重要。地点最好选择户外，自然光拍摄出来的效果更好。

● 要协调拍摄对象之间的关系，不能喧宾夺主。重点体现商品的特点，但是也要注意商品和模特之间的协调。

● 模特姿势要多些，同时动作要自然，不要太僵硬。

3.3　商品发布的技巧

淘宝网中有数十亿商品，但每页搜索的结果都只能展示几十个商品，也只有当商品排名靠前时才容易被买家看到，获得比较大的曝光率，所以科学的商品发布技巧可以增加商品的曝光率，从而增加销量。

3.3.1 影响"宝贝"排名的因素

在各个搜索引擎、网页都有一个排名,淘宝亦然。当我们搜索一件商品的时候,淘宝店铺也会按一个名次排列下来,那么,影响"宝贝"排名的因素有哪些呢?

1. 成交量

这里的成交量是实际成交量,刷出来的成交量如果过多地修改了宝贝价格是无效的。成交量越大的宝贝排名越靠前。同等交易量的情况下,交易金额大的宝贝排名高于交易金额小的。

打开淘宝网,随便输入一个关键词,排在前面的几乎都是销量好的,偶尔会出现几个没销量的,但是从总趋势上看,销量为王。这也就是为什么现在很多店铺都有一款产品销量特别好,目的之一就是为了这个排名。

2. 下架时间

这种排名机制虽然没有以前重要,但是至今仍然在综合排名系统中起到部分作用。离下架时间越短,排名越靠前,也是绝对公平的因素,因为无论大卖家还是小卖家下架时间都是一样的,只是发布时间段的不同而已。

3. 橱窗推荐

举例来讲,在一个大商场里会有很多家店,买家从过道里走过,通过卖家的橱窗能看到的产品,就是橱窗推荐的产品。一般来讲,店家会把最受欢迎的产品放在橱窗推荐的位置,这样才能够吸引买家进店浏览及购买其他产品。淘宝店铺的橱窗推荐也是这个作用。当买家在淘宝首页选择搜索或者点击"我要买"根据类目来搜索时,橱窗推荐宝贝会优先展现出来。所以橱窗推荐很重要。

4. 消费者保障

现在默认排序,大部分类目对是否参加消保,是很依赖的。如果没有参加消保,这些商品肯定会排在参加消保商品的后面。淘宝搜索最直接的用户是消费者,为了保证消费者的利益,淘宝鼓励店长参加消保。

5. 信用

信用是淘宝站内搜索排名不变的规则,无论是从买家还是排名的角度来考虑,信用永远是最重要的,对于新卖家,淘宝有相应的扶持政策,即留出少量位子给新卖家。

6. 收藏人气

我们一般认为都是潜在顾客收藏的,也就是说这个宝贝在未来很可能会产生交易,淘宝排名是为了更好地促成交易,所以这个因素也是很重要的。

7. 好评率

无论是短期还是长期经营,100% 好评对任何一个卖家都是至关重要的,为了以后的单子还是做好自己的每单生意。

8. 旺旺在线

现在淘宝越来越重视顾客的体验，旺旺经常不在线，买家搜到了你的店，却找不到你的人，这样的流量就是浪费。还不如分给别的卖家，因此这样也会影响你的排名。

9. 淘宝的收费服务

淘宝的收费服务有很多种，如旺铺、消保、直通车、商城卖家等，这些推广的服务除了会给店铺带来一定的流量，也会影响宝贝的人气的排名！

3.3.2 选择最佳的商品发布时间

在淘宝开店，商品上架的时机选择同样有技巧，并不是随便把商品上架到商铺里就可以了，而是应该掌握人们上网时段的"高峰期"，让商品在上网"高峰期"上架。做好这些细节，能为店铺带来更大的流量，为宝贝赢得更有利的推荐机会，最终达到事半功倍的效果。

1. 建议在黄金时段发布

淘宝网购物是有时间段的，不同的时间段有不同的网络流量。11:00~17:00、19:00~23:00 这两个时间段是上网人流量最大的高峰期，具体流量高峰可以参考图 3-18 所示。

图 3-18

宝贝的发布时间也得最好在这两个时间段。这样在人最多的时候，你的宝贝排在前面！那你的宝贝浏览量就高了！因此成交量也会高的！

淘宝现在的规则是，默认状态下，商家越接近下架的商品，会优先显示在最前方，这样不管你是新开店铺的掌柜，还是皇冠金冠的大卖家的，都能够公平地让自己的宝贝在下架之前尽可能的展示给买家。

因此在淘宝开店，商品上架的时机选择非常需要技巧，并不是随便地把商品上架到商铺里就可以了，而是应该掌握人们上网时段的"高峰期"，让商品在"上网高峰期"上架。这样当 7 天后同一时间，在高峰期宝贝快要自动下架时，就能够展示在最好的位置，如果让店铺宝贝在这 7 天内均匀发布，那么基本上每天都会有下架商品，每天都有好的免费流量。

把握"黄金时段"上架是被很多店主忽视的细节,会影响店铺流量,用好这个技巧,就能为店铺带来更大的流量。

2. 商品要均匀发布

在同一时间上架的商品最好是不同种类的,这样你的宝贝就有更多的机会展示在更多的买家面前。这需要在上架前把宝贝分好类。

如果今天全部发布项链,明天全部耳环,后天发布戒指。那么项链在第一天曝光了,第二天、第三天没有发布项链这类的宝贝,这个分类下的商品在这两天时间中就没有排名靠前的商品了,买家就会捕捉不到,这就浪费了两天的机会。

3.3.3 使用橱窗推荐的方法

在淘宝开店,可以上传任意数量的商品,几百个甚至几万个。但橱窗推荐位每个卖家都只有固定的数量,每一个被推荐上橱窗的宝贝排名将会大大提前。所以我们要达到搜索流量的最大化,首先必须利用好每一个橱窗位,不要让它空出来浪费一分一秒,然后再进行其他的付费推广方式。

设置橱窗推荐的具体操作步骤如下。

第1步 登录"我的淘宝",❶单击"卖家中心"页面中的"宝贝管理"下面的"出售中的宝贝"链接,如图3-19所示。

第2步 进入出售中的宝贝页面,会看到所有出售中的宝贝,❷在宝贝前面勾选复选框,❸单击上面的"橱窗推荐"按钮,如图3-20所示。

第3步 ❹单击上方的"橱窗推荐宝贝"链接进入橱窗宝贝页面,在这里可以查看所有推荐的宝贝,如图3-21所示。

在店铺橱窗推荐位有限的情况下,可以这样来选择推荐宝贝。

● 店铺卖得最火的3~5款人气宝贝可以长期推荐橱窗位。人气宝贝是店铺流量的重要入口,要尽可能地提高人气宝贝的展现量。

● 快下架的宝贝要优先推荐。所有宝贝排名因素里,快下架的宝贝会优先展示,要对这些有优先展示地位的宝贝进行推荐。

● 宝贝下架后橱窗推荐位立即释放,这时应马上推荐新的宝贝。

● 选择价格具有绝对优势的商品,会吸引很多爱便宜的买家,从而也会提高店铺知名度和浏览量。

淘宝网店利用橱窗推荐具有很强的灵活性,可针对自己店铺的情况酌情使用,只有充分了解橱窗推荐的性能,才能够做到活学活用,相信做到合理地利用橱窗推荐一定会给网店带来意想不到的收益。

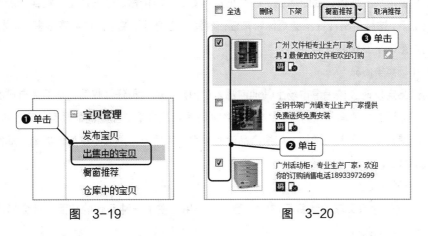

图 3-19　　　　　　　　图 3-20

图 3-21

3.4　商品定价的"潜规则"

在淘宝定价是一个比较让人困扰的问题。定高了不好，定低了也不行。究竟以什么标准衡量自己产品的价格，并且还能够获得市场的认可呢？这需要你了解下面商品定价时的一些技巧。

3.4.1　商品定价必须考虑的要素

商品定价是网上开店最简单的一件事情。然而，简单的事，如不加以考虑，办起来却很有难度。有一些人自认为对定价了如指掌，不必再去费尽心思考虑，其实这样做往往会导致利润的大量流失。所以，武断地制定一个恒久不变的标准价格是个很严重的错误。因为在大多数情况下，这种价格往往不会给你带来任何利润。定价时需要考虑的因素很多，具体来说，要特别注意以下要素。

1. 市场竞争情况

为商品定价时应该考虑市场上其他商品是如何定价的，再仔细权衡，从而为自己的商品定价。商品诱惑力的高低，直接决定着顾客购买的意愿及数量。如果商品具有一定的吸引力，此商品的销售数量会大大增加；如果商品没有吸引人的地方，那么不论如何促销、降价，都不能成功售出。

2. 市场的性质

（1）首先考虑买家的消费习惯，一旦买家使用习惯了一种品牌的东西，就会形成一种购买习惯，不易改变。

（2）考虑销售市场的大小。销售一种商品时，要准确确定自己的顾客群，要了解由这种顾客群构成的市场走向。

3. 销售策略

制定商品销售策略，要根据商品性质、企业形象以及店铺的特性。如销售品质优良的名牌产品，则需要定高价，人们才觉得物超所值。一些流行性十分强的商品，也需要定高价，因为一旦流行期过后，就会削价。而销售过时的商品则需要定低价，才会使商品顺利打开销路。

4. 商品形象

一些历史悠久、品质优良的品牌店铺，服务周到，已经闯出了名号，奠定了根基，使得买家在逢年过节要买礼品送人时，一定会想到它，因此定价可以稍高。

3.4.2 商品定价的诀窍

商品价格是顾客十分敏感的事，如果商家在定价上能玩出什么新花样，必然能得到买家的垂青。一些成功的经营者，都是善于用定价吸引顾客的高手。他们各出奇招，都收到了意想不到的效果，在满足顾客的同时，也使自己得到了收获。

定价方法直接影响顾客的消费意向，奇特的定价方法会给顾客带来心理刺激。不同的定价方法对顾客产生的心理影响也不相同。一般来说，以下5种定价方法需要掌握。

1. 批量购买引导定价法

顾客都想在价格最便宜时购买商品，但必须保证买到。商品八九折时顾客的兴趣不太大，七折时会担心别人将自己心爱的东西买走，五六折时顾客会迫切买走商品，否则将会失去廉价的机会。批量购买引导定价法，是根据顾客购买量的差异来制定不同的价格，随着顾客购买量的增加，单位商品的价格在不断地降低。

2. 成本加成定价法

成本加成定价法又叫毛利率定价法、加额法或标高定价法。这是多数商家通常采用的一种定价方法，其优点是计算方便。而且在正常的情况下，即在市场环境的许多因素趋于稳定的情况下，运用这种方法能够保证商家获取正常利润。同时，同类商品在各商店的成本和加成率都比较接近，定价不会相差太大，相互间的竞争不会太激烈。此外，这种方法容易给顾客带来一种合理公平的感觉，从而被顾客接受。

3. 习惯定价法

这是市场上已经形成习惯来定价的方法。市场上有许多商品，销售时间已长，形成了一种定价的习惯。定价偏高，销量不易打开，定价太低，顾客会对商品的品质产生怀疑，也不利于销售。这种方法对于稳定市场不无好处。

有许多日用品，由于顾客时常购买其价格大家都知道，形成了一种习惯价格，即顾客很容易按此价格购买，所以这类商品销售应遵守习惯定价，不能轻易变动，否则顾客会产生心理不满。如果原材料涨价，需要提价时，要特别谨慎，可以通过适当地减少分量等方法来解决。

4. "特价品"定价法

商家将少量的商品价格降低，以此来招揽顾客，增加对其他商品连带式的购买，以便达到销售的目的。运用这种方法要采用一些多数家庭需要的"特价品"，而且市场价格要为广大顾客熟悉。这样才能让顾客知道这种商品的价格要比一般市场价格低，从而招徕更多的顾客。

5. 安全定价

安全定价是一种很稳妥的定价策略。商品定价适中，会减少市场风险，可在一定时期内将投资收回，并有适当的利润。

商品定价是一门很深的学问。在商海缤纷变幻的时代，经营者要把自己的商品成功地销售出去，掌握奇特的定价方法是必然的趋势。在定价方面能否出奇招，将决定你在商海的沉浮。

3.4.3　商品高价定位与低价定位法则

1. 高价定位法则

高价定位法，是针对一些买家攀高心理而实施的。采用高价策略，将商品的价格定得很高，以便在短期内获取尽可能多的利润。同时，高价格又满足了买家求新、求异和求品位的心理。

（1）从买家角度进行的高价定位。

许多买家所追求的是自己独占某些奢侈品，所以有时高价也是需求增加的重要原因之一，而削价则会导致需求的下降，因为削价意味着有社会声誉的物品的贬值。当店铺的目标

买家是那些社会阶层比较高的人士时，商店必须高价定位商品。

（2）标志商品高品质而进行的高价定位。

在商品价格与需求的关系中，存在一种质价效应，即消费者通常把高价看作是优质商品和优质服务的标志，因而在商品价格较高的情况下，也能刺激和提高需求的效应。在许多情况下，许多消费者往往以"一分价钱，一分货""好货不便宜，便宜无好货"的观念去判断商品的质量，因此，高价能给人们产生高级商品、优质商品的印象。

（3）标志服务高水平而进行的高价定位。

如同商品高价位能显示商品高品质一样，高价位同样能显示服务的高水平。对于以高价定位的商店，除了要时刻注视消费者对商品的反应，不断提高商品质量，增加商品功能，创造更新的款式外，还要搞好服务工作，增强消费者对商品使用的安全感和依赖感。高价位所标志的高水平服务，也能满足一些人的需求。

在采取高价策略时应十分慎重，只有具有独特功能、独占市场、仿制困难和需求弹性小的商品，才能在较长的时间内保持高价，否则价格太高会失去买家。

2. 低价定位法则

现在许多商家都在采用每日低价的法则，此类法则总强调把价格定得低于正常价格，但高于其竞争对手大打折扣后的价格。最成功的零售商沃尔玛就是使用这一低价策略。低价法则在通常情况下是具有竞争力的。但是并非"价格低廉"就一定好销售，因为过于低廉的价格会造成对商品质量和性能的"不信任感"和"不安全感"。买家会认为，"那么便宜的商品，恐怕很难达到想象的质量水平，性能也未必好"。要卓有成效的运用这一策略，商店必须具备以下条件。

（1）进货成本低，业务经营费用低，低费用才能支撑低价格。

（2）存货周转速度快，所有商品都能被卖掉。经常降价尽管利润受损，但可以尽快把商品销售出去。

（3）买家对商品的性能和质量很熟悉，价格便宜会使买家大量购买。例如，日常生活用品、食品等。

（4）能够向买家充分说明价格便宜的理由。

（5）商店必须在买家心目中享有较高的信誉，不会有经营假冒伪劣商品之嫌。

3.4.4 利用数字定价技巧

商品定价必须懂"数字"，不会计算的人不会富。万事都要做到心中有数，才能知道事情的重要程度，才能有效衡量盈亏。

1. 非整数法

"差之毫厘，失之千里。"这种把商品零售价格定成带有零头结尾的做法被销售专家们称为"非整数价格法"。很多实践证明，"非整数价格法"确实能够激发出消费者良好的心理呼应,获得明显的经营效果。如一件本来值10元的商品,定价9.8元,肯定能激发消费者的购买欲望。又如一家网上服装店进了一批货,以每件100元的价格销售,可购买者并不踊跃。无奈商店只好决定降价,但考虑到进货成本,只降了2元钱,价格变成98元。想不到就是这2元钱之差,买者络绎不绝,货物很快销售一空。

所以,把商品零售价格定成带有零头的非整数的做法,是一种极能激发消费者购买欲望的价格。非整数价格虽与整数价格相近,但它给予消费者的心理信息是不一样的。

2. 整数法

美国的一位汽车制造商曾公开宣称,要为世界上的富人制造一种大型高级豪华轿车,价格定为100万美元的整数价。为什么?因为高档豪华的购买者,一般都有显示其身份、地位、富有、大度的心理欲求,整数价格正迎合了这种心理。

对于高档商品、耐用商品等宜采用整数定价策略,给买家一种"一分钱一分货"的感觉,以树立品牌形象。

3. 定价时用小单位

定价时采用小单位,会让买家感觉商品的价格比较便宜,如茶叶每千克100元定成5元/两。或用较小单位商品的价格进行比较,如"使用这种电冰箱每天只耗半度电,才2毛钱"。

4. 选易为买家接受的数字定价

据调查发现,商品定价时所用数字的频率,依次是5、8、0、3、6、9、2、4、7、1。这不是偶然的,究其根源是买家消费心理的作用。带有弧形线条的数字,如5、8等比不带弧线的数字有刺激感,易为买家接受;而不带有弧形线条的数字,如1、7、4等比较而言就不大受欢迎。

在价格的数字应用上,应结合国情。很多人喜欢8这个数字,并认为它会给自己带来发财的好运;4因为与"死"同音,被人忌讳;因中国老百姓有"六六大顺"的说法,六字比较受欢迎。

皇冠支招

前面给初学者介绍了商品发布的各种秘诀。这里,将再给淘宝新手们分享一些商品在发布过程中所需了解的内容。

▶ **招式 01:合理地设置宝贝橱窗推荐**

在淘宝开店,可以上传任意数量的商品,几百个甚至几万个。但橱窗推荐位每个卖家都只有固定的数量,每一个被推荐上橱窗的宝贝排名将会大大提前,更多地展示在淘宝的搜索页。

所以卖家要达到搜索流量的最大化，必须利用好每一个橱窗位，不要让它空出来浪费一分一秒才是正道。首先要把这个最基本的橱窗资源利用好，然后再进行其他的付费推广方式。

那么哪些宝贝适合做橱窗推荐呢，笔者研究发现，新开的店铺2个同时要下架的商品，被推荐的商品明显展示在最前面，而没有推荐的快下架商品，则排名落后很多，基本不会被顾客发现，因此，尽可能地让橱窗推荐位去推荐你将要下架的宝贝，这样可以获得更多免费流量。

淘宝网店利用橱窗推荐具有很强的灵活性，可针对自己店铺的情况酌情使用，只有充分了解橱窗推荐的性能，才能够做到活学活用，相信能够合理地利用橱窗推荐一定会给网店带来意想不到的收益。

▶ 招式02：发布商品的定价策略

在发布商品过程中，我们需要完善商品的各种资料，其中商品的名称与价格是吸引买家最关键的因素，除了认真完善各种商品资料外，我们在对商品的命名以及商品价格的定制上，还应该掌握一定技巧。

1. 具备吸引力的商品名称

我们知道，买家在购物网站浏览商品的过程中，首先关注的就是商品缩略图与商品名称，一个诱人的商品名称，不但能增加商品的浏览量，而且还能激起买家的购买欲望。在对商品的命名上，提供以下几点建议。

● 在商品名称前加上自己店铺的名称，建立自己的品牌形象。

● 知名品牌商品，建议在商品名称前添加品牌名称，从而通过品牌自身的影响力吸引买家。

● 尽可能在商品名称中添加能表现商品特性的内容，如"新款上市""商品质地""商品风格"等信息。

● 对于一些商品，尽可能在名称中表现出个性、时尚、潮流等特性；季节性或者时间性强的商品，也可以在商品名称中展现出来。

● 实时掌握热门关键词语，并将其与商品名称关联起来，增强买家的关注程度。

● 最后也是最重要的一点，就是商品名称的独特性，在购物网站中可能有很多商家都销售同类商品，那么我们为自己的商品赋予一个独特的名称，不但能在同类商品中彰显出来，而且可以避免买家通过商品名称与同类商品价格对比。

2. 合理的商品价格

商品的价格也是影响买家购买的重要因素之一，网店商品的竞争力是非常大的，往往一件商品有很多卖家在销售，如果商品其他方面相同，那么价格低的卖家，就更容易把商品卖出去。这里我们并不是建议绝对低价，价格太低，反而会让买家产生怀疑。针对商品定价，提供以下几条建议。

多对比同类商品不同卖家的价格，定价不宜比平均定价太高或太低，而从中找到最佳切入点。

运费与定价合理中和，在商品销售总价不变的情况下，巧妙把握买家心理，降低商品价格、提高运费；或者降低运费、提高商品价格。

对于一些采用计量单位的商品，可以采用较小的单位来计量，如茶叶商品的价格为 200 元 1 千克，那么可以改为 10 元 50 克。

掌握买家的价格心理，如定价 200 元与 198 元，只悬殊 2 元，但从买家心理而言，198 元属于"100 多"，就更容易让买家购买。

▶ **招式 03：出售二手闲置商品**

淘宝网上除了全新商品，还有很多商家出售闲置或者二手商品，它的发布更加简单，下面来看具体方法。

第1步 进入"卖家中心"，❶单击宝贝管理下的"我要卖"链接，如图 3-22 所示。

第2步 ❷单击"个人闲置"按钮，如图 3-23 所示。

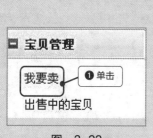

图 3-22

图 3-23

第3步 ❸在这里首先输入闲置商品的基本信息，如图 3-24 所示。

第4步 ❹继续设置闲置商品的相关信息；❺确认无误后单击"立即发布"按钮，如图 3-25 所示。

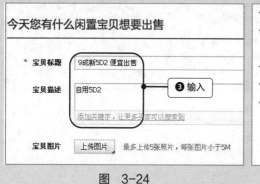

图 3-24　　　　　　　图 3-25

案例分享：淘宝小 Z 的在线甜品店

淘宝小 Z 从小就有一个想法，长大后开一家花店，天天在花中过幸福的日子，将来有一天死了，也要在坟头种上鲜花。但是这种想法，因为现实的很多原因，在毕业后的几年里都没有实现。感情上的受伤，事业上的不顺，最终她在 2010 年底回到了老家——宜昌。这座空气清新，有山有水又美丽的城市。

思来想去，小 Z 还是决定自己创业，开一家店。经过一番市场调查后，终于敲定卖甜品。

甜品店当时在宜昌刚刚兴起，于是小 Z 接下来的时间就是找公司加盟，出门学技术。就这样懵懵懂懂地在 2011 年的 3 月开业了。

小 Z 的店是开起来了，可是生意不好。这个时候小 Z 想到了开网店，但是，小 Z 对网店一窍不通，经历了几个月还是没有几笔成交。反思后，小 Z 总结出了以下几个问题。

第一，找不到好的货源，自己的甜品店不适宜网上配送，因此找其他货源的话要承担更多库存。

第二，不会设计，经营很久才发现自己的店铺很"丑"，但是苦于没有技术，买了一个淘宝模板却还是不会装修。

第三，没有流量，由于不懂淘宝商品的发布、推广技术，店铺流量很低，前期每天就几十个，完全没有效益。

找到问题的症结，剩下的就是行动，最终小 Z 都一一应对解决了。现在，她已经从一个月没收入，到现在的月入流水 10 多万元，同时拥有不少的回头客！

关于这方面，她也做了好的总结，具体如下。

第一，社区回帖发帖，这个是必不可少的，可以增加不少流量！虽然里面都是卖家多，但卖家也是买家。

第二，前期需要花钱请人装修店铺，并进行必要的定时维护，尤其是新品上市期间，尤其需要舍得。当然后期考虑自己请专职的设计师。

第三，淘宝客可以考虑，当然这得是利润高的卖家。利润低的卖家请慎重！

第四，如果有实体店的支撑，做淘宝就更容易了。

小 Z 虽然刚开始创业时吃了不少苦，走了不少弯路，但现在想想，也是值得的。

第4章

移动营销，手机引流心中有数

本章导读 🔍

2015年是移动端的发展元年，未来使用手机比使用电脑的人数呈几何倍增。因此掌握了手机端流量，就掌握了未来。作为淘宝卖家，也应该顺应潮流，优先做好手机淘宝的优化，把握下一步商机。在本章中，我们就来介绍如何优化手机淘宝，为你的淘宝店的未来护航。

知识要点 🔍

通过本章内容的学习，读者能够学习并掌握到手机淘宝的各种设置、装修和管理方面的内容。需要掌握的相关技能知识如下。

- 手机淘宝店铺的设置
- 如何发布手机端商品
- 手机淘宝店铺的装修
- 手机淘宝的管理和营销

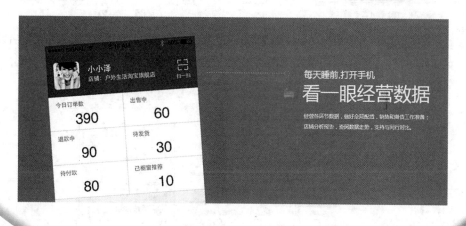

4.1 教你设置手机店铺

在淘宝成功开设店铺后，就会自动生成手机店铺，但是为了让自己的手机店更有吸引力，我们还需要单独进行设置。具体操作方法如下。

第1步 登录淘宝卖家中心，❶单击"店铺管理"下的"店铺基本设置"链接，如图4-1所示。

第2步 单击"手机淘宝店铺"选项卡，❷单击"上传店招"按钮，上传手机店铺的店招广告，❸输入手机店铺客服电话，❹单击"保存"按钮确定设置，❺单击"马上去设置"链接，如图4-2所示。

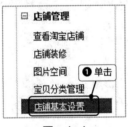

图 4-1

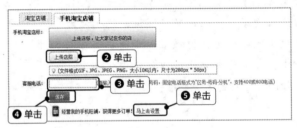

图 4-2

第3步 打开手机标准版设置界面，在这里还可以分别设置手机店铺推广位和店铺活动，如图4-3所示。

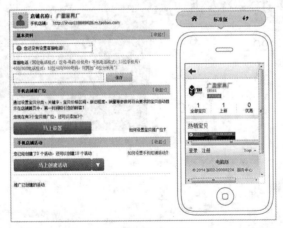

图 4-3

4.2 手机端商品发布技巧

一般我们在电脑端发布宝贝以后，手机端同步也能浏览，但是由于电脑端发布的宝贝图片过大，会造成浏览缓慢甚至打不开的情况，因此还需单独对手机端进行商品发布。

第1步　登录淘宝卖家中心，❶单击"宝贝管理"下的"出售中的宝贝"链接，如图4-4所示。

第2步　❷单击要进行手机端商品发布的宝贝右侧的"编辑宝贝"链接，如图4-5所示。

图 4-4

图 4-5

 小二开店经验分享——手机商品单独发布的好处

目前，淘宝手机端的流量已经占据了大半江山，根据淘宝官方说法，单独发布手机版商品详情页，将给予更多流量，也就是我们单独发布手机商品，除了可以给客户更好的浏览体验，还能带来更多的流量。

第3步　向下滑动鼠标滚轮，直到出现"宝贝描述"，这里显示了"电脑端"和"手机端"，❸单击"手机端"，可以发现默认情况下，手机端是没有详情页描述的，❹单击下方的"添加"按钮，如图4-6所示。

第4步　❺此时出现可添加列表，可选择添加音频、摘要、图片、文字，这里单击"图片"按钮，如图4-7所示。

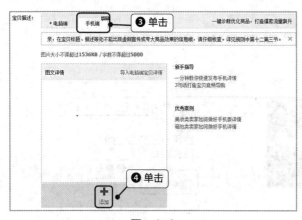
图 4-6

图 4-7

第5步 ❻单击"上传新图片",❼在左侧选择图片分类后,❽单击下方的"添加图片"链接,❾导入图片成功后,单击"插入"链接,如图4-8所示。

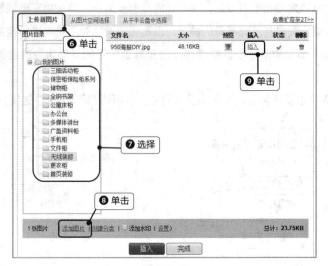

图 4-8

> 小二开店经验分享——手机商品图片的尺寸不能搞错
>
> 注意手机端上传的图片宽度在480～620像素之间,高度必须小于等于960像素,这样才能适配手机端。

第6步 ❾查看当前插入的图片,用同样的方法可以为手机端添加更多详情页图片,如图4-9所示。

第7步 如果你觉得电脑端和手机端单独做图麻烦,❿还可以在这里单击"导入电脑端宝贝详情"链接;⓫单击"确认生成"按钮,如图4-10所示。

图 4-9

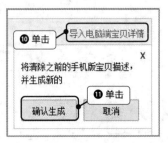

图 4-10

第8步　稍等片刻即可生成，并将电脑端上传的宝贝图片缩放到手机端大小，自动进行匹配，效果如图4-11所示。

第9步　完成其他相关设置，❷单击"确认"按钮，结束手机商品发布，如图4-12所示。

图 4-11　　　　　　　　　　　图 4-12

4.3　装修手机淘宝店铺

默认的手机淘宝店铺比较简陋，为了让手机店更漂亮，我们还需要单独进行一些装修设计，让其显得更加美观。具体操作方法如下。

第1步　登录淘宝卖家中心，❶单击"店铺管理"下的"手机淘宝店铺"链接，如图4-13所示。

第2步　❷单击无线店铺"立即装修"按钮，如图4-14所示。

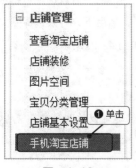 

图 4-13　　　　　　　　　　　图 4-14

小二开店经验分享——详解手机淘宝店铺

单击"手机淘宝店铺"以后，右侧会出现所有手机淘宝店铺可供设置和优化的选项，主要包含无线店铺、码上淘、营销工具、无线开放平台、其他工具。

● 无线店铺：主要提供手机店铺装修入口和手机店铺培训入口。

● 码上淘：一个营销工具，可以为卖家生成含商品百科、品牌互动、卡券领取、售后管理、游戏互动等不同场景需求内容的二维码。

● 营销工具：包含手机端的各种营销工具集合。

● 无线开放平台：针对有开发能力的卖家开放，一般用处不大。

● 其他工具：手机店营销设置入口，可设置关联营销宝贝、推广设置、店铺优惠券等。

第3步 进入"无线运营中心"，❸ 单击左侧"无线店铺"下的"店铺装修"链接，❹ 单击"手机淘宝店铺首页"右侧的"去装修"链接，如图4-15所示。

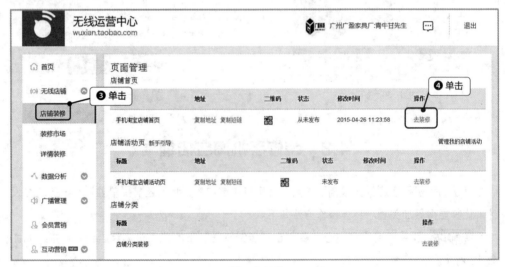

图 4-15

第4步 进入"无线装修"页面，❺ 在左侧选择"模块"，中间部分可以选择"宝贝类""图文类""营销互动类"3个选项，❻ 这里单击选择"图文类"，然后下方可以选择图文类的模块，❼ 按住鼠标不放，可以拖曳到右侧手机预览界面里，如图4-16所示。

 小二开店经验分享——任意添加自由组合

"宝贝类""图文类""营销互动类"分别代表手机首页可以添加的不同元素，想要在首页添加什么就选择什么类型的模块进行添加即可，添加完成后打开手机淘宝店铺会自动出现该模块。

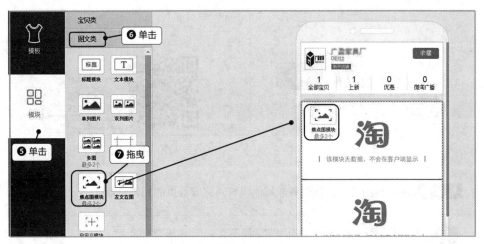

图 4-16

第5步 添加完成模块后，如果需要修改的话，就在预览界面里单击对应的位置，此时右侧会出现可编辑界面，❽ 如这里我们单击顶部的模块，右侧出现如图 4-17 所示对话框，❾ 在这里可以分别对店铺标志、店铺招牌图片和链接地址进行编辑，❿ 编辑完成后单击"确定"按钮即可应用。

图 4-17

 小二开店经验分享——注意手机店铺的店招尺寸

　　为了让手机店铺更有吸引力，一般我们需要进行店招的替换，不过需要注意，手机店铺店招尺寸与电脑不一样，最大支持 642 像素 ×200 像素（电脑 950 像素 ×150 像素）。

第6步 完成所选模块编辑设置后，⓫ 单击右上侧"发布"按钮，如图 4-18 所示。

第7步 ⓬ 自动生成更新完成后的店铺二维码，扫码即可打开店铺首页，这里可以单击"下载推广"按钮进行下载，然后将下载的图片分享出去，如图 4-19 所示。

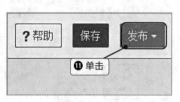

图 4-18

图 4-19

第8步 用同样的方法,编辑装修其他模块,完成首页的整体装修。

> 小二开店经验分享——手机淘宝店铺不支持 IE 内核浏览器
>
> 这里必须注意,手机淘宝店装修不能使用任何 IE 内核的浏览器,如 360 浏览器、遨游浏览器等,建议使用火狐或者谷歌浏览器,这也是淘宝官方力推的。

皇冠支招

前面给初学者介绍了相关手机店铺的基本应用,下面给淘宝新手介绍一些手机淘宝店在营销和微管理方面的内容。

▶ 招式 01:手机店铺的管理

现在很多人都习惯了手机上网,电脑反而用得越发的少。因此,淘宝也单独推出了针对手机端开店操作管理的软件——手机版千牛,用户打开卖家中心就能看到相关提示,如图 4-20 所示。

图 4-20

用户扫码即可下载,或者也可以直接打开网址 http://wangwang.taobao.com/,然后选择手机版千牛进行下载,如图 4-21 所示。

图 4-21

手机版千牛相比电脑版,更加简化,主要强化了如下功能。

1. 客服功能

让卖家不在电脑旁,也能够利用手机聊天接单,买家来了,手机快捷短语秒回咨询,如图 4-22 所示;边聊天,边推荐商品,核对订单,查看买家好评率;支持语音转文字输入,省去外出打字烦恼,如图 4-23 所示。

图 4-22　　　　　　　　图 4-23

2. 数据查看

每天睡前,打开手机看一眼经营数据,经营各环节数据,做好全局配货、销售和备货工作准备,如图 4-24 所示;店铺分析报告,查阅数据走势,支持与同行对比,如图 4-25 所示。

图 4-24　　　　　　　　图 4-25

3. 集成工具

千牛集成众多插件，让卖家可以适配选择合适的经营工具来操作，如交易、商品、数据、直通车、供销等。

4. 牛吧

千牛增加牛吧，可以让卖家利用碎片时间看看相关淘宝规则，如卖家干货、淘宝官方动态、最新资讯等。

5. 任务中心

淘宝卖家事情很多，因此经常可能忘记某些事情，千牛增加了任务中心，卖家可以给自己添加备忘来记录代办工作，或加星标注设提醒，这样就不会再耽误事，可同步安排同时进行处理。

▶ **招式02：手机店铺营销利器**

手机淘宝的营销也需要卖家们通过各种手段来进行推销，淘宝卖家中心包含了众多的营销入口，下面我们来具体介绍。

单击"营销中心"下的"手机营销专区"，这里包含了手机专享价、扫码专享价、无线搭配套餐、会员卡、会员专享活动、店铺宝箱等众多内部营销功能，如图4-26所示。

图 4-26

1. 手机专享价

手机专享价是一款专门针对手机端下单的促销工具，可实现在手机和电脑上不同的促销价格折扣。目前设置手机专享价的商品都有淘宝的流量倾斜，如图4-27所示。

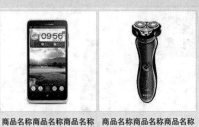

图 4-27

- 集市 C 类商品支持 1212 大促、聚划算（仅限 C 商品）、天天特价、限时打折等第三方促销工具叠加，支持折上折；交易记录不显示手机专享价，只显示电脑端优惠价或一口价，成交计入交易记录，会影响单品的人气和搜索排名。
- 天猫 B 类商品仅支持天猫特价宝，设置 PC 折扣的基础上折上折，目前只支持全网用户专享，不支持微淘专享。

2. 扫码专享价

扫码专享价，是一款专门针对手机淘宝扫码下单的促销工具，需要卖家在商品上设置折上折优惠，结合条形码和二维码使用。消费者只有通过手机淘宝扫条形码和二维码才能享受专享优惠，比电脑下单更便宜。

> 小二开店经验分享——设置更多的专享价获得更高的排名
>
> 淘宝目前对手机端很看重，所以设置了专享价的商品能获得更好的排名，拥有更多的流量，那是不是设置更多专享价就能获得更好的位置呢？当然不是，目前淘宝规定，卖家同时只能设置手机专享价和扫码专享价活动中的一个，不能重叠设置。

3. 无线搭配套餐

与电脑端的搭配套餐一样，属于多款商品购买优惠的一种促销方式，卖家开通此功能后，可以自由对店铺里的某几款商品进行搭配出售，获得更多关注，如图 4-28 所示。

图 4-28

4. 会员卡

手机淘宝的会员卡，是淘宝在 2014 年推出的手机端会员关系管理工具，是增加店铺会员黏度的利器，拥有手机淘宝高流量的入口，它拥有图 4-29 所示的好处。

图 4-29

手机会员卡目前拥有如下功能。
● 店铺积分
● 会员互动专区
● 会员领卡条件
● 自定义会员权益
● 全新会员卡设置后台
● 新增会员卡我的淘宝、店铺入口
● 码上VIP
● 码上减
● 店铺积分商城

可以说，开通淘宝无线会员卡，就相当于又增加了一处手机端营销中心。

5. 会员专享活动

"会员专享活动"是CRM平台为进一步提升无线端交易，优化会员体验，特别推出的无线端活动工具（适用PC），它可面向指定会员，设置"专享优惠活动"，适用店铺各层级的会员。

"会员专享活动"可以提升店铺老会员复购率，同时无线端有更多展示曝光，更多流量引入。买家在手机淘宝的"我的专享特权里"，都能看到卖家设置的活动，如图4-30所示。

图 4-30

6. 店铺宝箱

手机端的一款促销工具，可以设置各种优惠，设置后随机出现在手机淘宝店铺右上角，可伴随宝箱送出手机流量包、店铺优惠券等，增加到店惊喜，提升消费者对店铺感性认知，增加品牌效应，如图4-31所示。

图 4-31

另外，设置了店铺宝箱并送手机流量包的卖家店铺，还有机会出现在买家手机淘宝中"我的淘宝－卡券包－流量钱包－赚取流量"页面，为店铺额外引流。

案例分享：美女小花的淘宝创业故事

小花2012年毕业于四川师范大学，毕业后进入成都当地的一家电子商务公司，进行淘宝相关的工作。淘宝在当时已经比较白热化了，小花在接触了一段时间后发现这个行业对她充满了太多的吸引力，决定辞职自己进军淘宝，于是，小花以女装为主的店铺诞生了。

在制定好店铺的风格后，紧接着就是着手货源。一开始想做分销，自以为这样可以节省成本开支，不用面临库存的压力，但最终出于对分销模式中各个环节（如上新时间、发货时间、售后处理时间）都无法自主掌控，最后还是放弃了这种模式，决定自己拿货。考虑到自己所在城市有许多批发市场，于是想到直接找批发商拿货。

小花最终联系了一家专做外贸的批发商，"他们家大多是做日本外贸单的货，价格合理，拿货又方便，非常符合我们新店的运作"。解决了货源问题后，紧接着就是装修店铺。店铺的装修质量可能会在短时间内就让买家决定要不要下单，至关重要。

还记得第一次卖的是一件日系短裙！原价150元的商品，最后110元成交！买家收到货后，一直说衣服质量很好，老板服务态度很好，小花自己也高兴了几天，也有了坚持开店的信心。当然，由于前期没有平面设计和拍摄的相关知识，这个做起来确实比较费时费力。在这期间，小花不停地去学习这方面的知识。

"现在回头看看，即使自己不能做到专业的程度，但所有和店铺有关的知识都了解一些，还是比较受益的。""关于商品图片，开始时是让批发商提供的，后来决定自己进行拍摄。就像装修一样，只有自己才知道最终想要什么效果，这部分的投资不能少。"小花当时选购了一款5600元的佳能相机，开始了自己的拍摄之旅，家里的采光不好，一狠心又花了几百大洋买了柔光灯，快门按了一下又一下，也请教了很多做得不错的店铺掌柜甚至当地的一些工作室关于拍摄方面的技巧。

现在关于图片制作方面，已经日渐成熟起来，小花建议新入行的卖家在有条件自行拍摄的情况下，还是要自己尝试一下，这样不至于处处受限制，也方便了自己的销售。即使是同样的款式，因为你的图和别人不一样，你就有与别人不一样的地方，也可以增加顾客对店铺的信任度。

淘宝上新店的劣势有很多：没有人气积累，没有固定的客户群体，没有相对成熟的运营经验，也没有过多的资金去做直通车和各种收费广告。在上述种种不利因素中，小花看出了自己店铺唯一的优势就是成本较低。没有过多的人员开支，货物少又不用租库房存货，相比大店来说省钱的地方真的不少。

小花最终将这些成本的降低转嫁到商品上，这样她就可以做价格低、性价比高的商品来吸引买家，去争夺市场。当然，商品标注的价格不高，利润也比较低，再加上商品的数量不多，店铺的信誉度过低，整体的实力真的不太适合去开直通车，勉强花钱去做推广也很可能白白浪费钱。

同时在店铺的收藏上，小花的收藏很少，就代表着每天要比别人少好多的自然流量。唯有质量好价格又低廉的衣服，才能让其占有一席之地。"首先价格低可以提高商品本身的搜索率，对于增加人气方面很有帮助。"小花觉得通过自然搜索进来的流量属于高质高量点击，一般购买率会很高，这样也可以使店铺信誉提升得快一些。至于利润，店铺的定位就是低价高量，如果能把量做得足够大，就既可弥补利润的缺失，又可赚取更多的信誉，也会积累更广的客源。

博客营销也是个好方法。小花又建立自己的博客，发一些原创的帖子，与买家进行互动，也增强买家的信任感。

对于新手卖家，小花的建议是，一定要选择自己最擅长、最熟悉、最喜欢的领域创业。创业初期，先不要定什么远大理想，一切以"活下来"为第一目标，更不能急功近利，踏踏实实，从第一件商品开始做起。要有长期坚持的心理准备。很多事情，都是"熬"出来的。在创业过程中，犯错误是必然的，很多成功人士最后成功的方法，往往不是他创业时候想到的那个方法。

不花冤枉钱，在淘宝免费推广网店

本章导读

同样在淘宝开网店，为什么有的卖家是日进万金，而有的却又门可罗雀呢？酒香不怕巷子深的年代过去了，有好的商品也必须要有好的宣传才能有生意。那么在众多的网店中该如何推广，才能让自己的网店脱颖而出呢？本章将一一介绍免费推广网店的方法。

知识要点

通过本章内容的学习，读者能够学习到如何利用淘宝内部平台，免费推广自己的店铺，主要包括淘宝论坛和淘宝帮派。需要掌握的相关技能知识如下。
- 在淘宝社区谱写精华帖
- 有效利用淘宝帮派的群策效应
- 其他淘宝店铺的免费推广技巧

5.1 在淘宝社区谱写精华帖

很多卖家都知道在论坛发帖可以为自己的店铺带来很多流量,从而给自己的宝贝带来不少的成交量,所以很多卖家都会在论坛上发帖,可是发帖真的能带来很大的流量吗?为什么别人写的帖子可以带来那么多的流量,而我们的却没有呢?那是因为我们写的只是普通帖子,而别人写的却是精华帖,所以我们也要写出精华帖。

5.1.1 写好帖子的标题

大家在论坛浏览的时候都是根据标题来选择是否点击阅读,所以帖子的标题是非常关键的因素。一个相当有诱惑力的标题,会使你的推广工作事半功倍。

在淘宝的论坛首页中,页面上主要是社区论坛内部的热帖,可以学习这些热帖的标题,如图5-1所示。

为了方便找到最好的帖子做参考,也可以直接点击进入社区的单个版面,看到所有的精华帖子的标题,如图5-2所示。

图 5-1

图 5-2

下面是精华帖标题的一些基本特征。

（1）在淘宝社区里一页有几十条帖子，要让潜在顾客把注意力集中在你的帖子上，就需要在帖子标题中加一些显眼的符号。

（2）当潜在顾客注意到你的帖子之后，还需要使用吸引顾客眼球的引爆点。如"惊爆胖妞3个月减30斤"……还需要多用一些吸引人的词语，如"秘密""竟然""惊爆""特别""绝对""100%""意外"等，套上这些词语的帖子标题都能够大幅度提高点击率。

（3）揭密很多人都不知道的东西，人们对秘密的东西总是比较感兴趣。如"揭密5钻卖家月入30万""你不知道的直通车秘笈""店铺营销密码"。

（4）题目可长可短，根据文章的需要，最好不要太长，不要超过人的视觉接受能力。

 小二开店经验分享——帖子标题的一些误区

- 不按照实际，标题说得吓人，纯属哗众取宠。
- 内容不实在，内容是淘宝感受，标题却写的是推广。
- 不切合主题，在经验居里写感情，再好的标题也没效果。
- 标题不够文明，显得很没素质。

5.1.2 写出精华帖的秘密

怎样才能写出万人瞩目的精华帖呢？下面将介绍一下写出精华帖的秘密。

1. 标题新颖

大家看帖都是从标题进来的，如果标题没有选好，没有吸引力，那肯定没有多少人点击进来看。在符合内容的情况下越新颖越好，但是切不可夸大事实。

2. 质量要有保证

发帖的质量要有保证，不要只追求数量而忽视了质量。帖子内容本身不宜过长或过频。如果一篇帖子过长就很难让人从头看到尾。如果你在短时间内同时发表许多帖子，就算这些帖子再好，管理员也只会在其中选一加精，因此建议你最多一天一篇就行了。

3. 发帖的内容要精

精华帖的内容不一定要最多，内容要有主次，重点的详细写。有的帖子很长，讲了很多方面，这些大道理互联网上都有，会上网的都知道，还能成为精华帖吗？

4. 帖子内容版面整洁

帖子文章的排版一定要让浏览者看得舒服。要尽量多分一些段落，每个段落尽量不要超过10行字。不然浏览者会看得很累，并且使用大一点的字号，不要让字显得很拥挤。

有的卖家发帖子总是喜欢用不同的字体、颜色、背景，但是这样不会突出你的与众不同，反而会让看客产生视觉疲劳，不愿再看下去。所以我们发帖的时候就要排好版，段落清晰，字体合适，每一段有小标题可以放大字体。

5. 做到图文并茂

仔细观察网上的精华帖，不难发现，好的帖子往往是图片和文字组合在一起的，每段文字都配上相应的图片说明那是最好了，如果整篇帖子全部是文字不免会让浏览者觉得枯燥无味，图文并茂更容易加精。

6. 必须原创

有的帖子立意新颖，非常具有可读性，但是最终是在别处随手粘贴来的。你自己没有付出努力，当然不会获得人家的认可，经验居一直是鼓励大家写原创帖，当你付出努力后获得人家的认可，那不仅是得到流量，更是一种成就感。

一定要是原创的帖子，就算是要改别人的帖子，也需要有技巧地改，标题则是要完全地改，并且最好是改得比原帖更吸引人。

7. 植入式软广告

如果你的帖子写得很好，吸引了很多人浏览，但是却很少有人去你的店铺，不能带来实际的流量那也是徒劳的。而淘宝社区又严令禁止发广告帖，所以要对帖子进行一些植入式的软广告的操作。

所谓植入式广告的意思就是在帖子里以非常隐蔽的方式，暗示潜在客户，让他们自动点开你的店铺，但是他们却感觉不出这是个广告。一般那些写自己的淘宝故事的帖子都属于植入式广告，他们会假装"无意中"在故事里透露自己店铺的一些经营情况。

8. 熟悉论坛规则

最后要熟悉熟悉论坛内部制度，以保证自己的帖子不会被违规删帖，甚至受到处罚。

5.1.3 不但发帖还要懂得回帖、顶帖

我们很多卖家都有发帖的经历，都想让自己的帖子流量大增，但是很多辛辛苦苦发的帖子都石沉大海。我们大部分人写过的帖子都基本没有怎么去呵护，没去管理，这样的帖子怎么能吸引人呢？发了帖子以后，还需要不断地回复，不然你的帖子就会真的沉入大海了。有时候你可以用自己发帖的那个账号去回帖，但是多了就不行了，那么就应该还需要注册一两个备用的号，专门用来回帖、顶帖。

可以先用这些备用的账号去顶帖子，再用发主帖的那个账号去回复，时间需要有一定的间隔。那些上万点击量的帖子都是不断地被顶帖，不断地在首页显示才获得的。一般这样持续顶帖一个星期左右就差不多了，因为论坛中对你的帖子感兴趣的人大部分都已经看过了，他们不会再继续重复看你的帖子。所以这时你就应该重新发另外一个类型的帖子，又吸引一批人，再次刺激他们的消费欲望。

也可以回复别人的帖子来获得流量。这种方法需要抢时间，尽量抢到第一、第二的回帖位置，也就是所谓的"沙发""板凳"。要给人留下深刻的印象吸引到你的店铺来。因此回帖的文字内容要加粗加大，或用红色等醒目的颜色来吸引眼球，如图 5-3 所示。

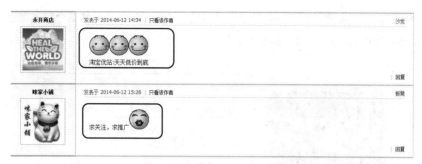

图 5-3

5.1.4 在论坛高效发帖技巧

论坛是一个热闹的地方，人流量大，也是一个很好的免费推广的场所，在发帖之前先去帮助中心看看社区规则，什么能发，什么不能发，做到心中有数。

首先在发表帖子的时候要找对版面，只有选择了正确的发表版面才能让潜在客户更准确地找到自己所关注的帖子。有的掌柜认为发在不分版块的地方会流量大一些，那就错啦。你写的帖子内容是哪一方面的就发在哪个版块，这样更有机会被加精，曝光更高。如果选择的版面不对，帖子不但不会被加精，流量也会非常少，如图5-4所示。

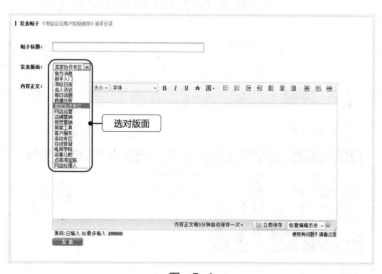

图 5-4

在看帖子的时候也要认真虚心，同时也要用心回帖，回帖会带给别人浏览的机会。别人回你的帖，你要注意回复，这样能更好维护你的帖子保持在很好的位置。如果遇到需要帮助的新手，要热心在社区帮助找一些他需要的信息。

和网站的版主管理员搞好关系。如果感觉自己的帖子很好，可以直接推荐给版主。版主每天都很忙，这么多帖子他们看不过来，所以自荐的这个方法是很好的。他们的旺旺显示在社区版块的右上方，你随时都可以把帖子发给他们，让他们帮你看看你这个帖子是否有资格获得加精甚至置顶的机会，如图5-5所示。

图 5-5

当然，如果有精力和时间，我们也可以自己申请当管理员，获得大量银币奖励来换取广告位，更可以认识众多淘宝小二，积累人脉，同时获得更多网店运营培训的机会。

5.2 有效利用淘宝帮派的群策效力

淘宝帮派是个完全自由自主的江湖，在你自己管理的帮派里面你就是武林盟主！一群有着和你一样的兴趣爱好的人一起快乐淘生活，分享生活中的喜怒哀乐，购物中的经验分享等，只要你是淘宝的会员，你就可以拥有属于自己的帮派。图5-6所示为淘宝帮派主页。

图 5-6

5.2.1 如何创建和加入帮派

怎样才能创建淘宝帮派呢？可以使用下面的方法。

方法 1 直接在浏览器地址栏中输入 http://bangpai.taobao.com/create.htm，在页面中输入帮派相关信息，如图 5-7 所示。

方法 2 登入旺旺后，进入帮派首页 bangpai.taobao.com，在页面中单击"创建帮派"按钮，如图 5-8 所示。

图 5-7　　　　　　　　　　图 5-8

加入帮派则更为简单，在帮派列表里选择一个帮派单击"立即加入"按钮即可，如图 5-9 所示；或者也可以进入帮派主页后，在该帮派右侧单击"加入这个帮派"按钮，如图 5-10 所示。

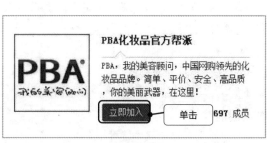 

图 5-9　　　　　　　　　　图 5-10

5.2.2 利用"淘帮派"卖疯主打产品

在帮派内可以展现自己的店铺文化。可以让买家做购物分享，来提高自己商品的口碑。可以通过帮派招聘人才，因为对你帮派忠实的人、了解的人，极有可能就是适合你店铺的人，更可以通过帮派发起活动，在帮派内与自己的买家进行有效的互动，以此圈住用户！

首先，在淘帮派中发帖可以有机会免费获得广告位，利用这些广告位可以很轻松地促销自己的主打产品。这些广告位可以出现在置顶的帖子中，也可以出现在帮派的首页顶部，如图5-11所示。

可以积极参加淘帮派活动，尤其是大帮派做的一些活动效果很好。当然也可以自己创建帮派来做活动。

图 5-11

皇冠支招

当顾客浏览卖家店铺时，并不意味着一定会购买什么东西，更不意味着以后一定还会再次光临。简单地说，浏览量并不等于交易量，交易具有不确定性。这时就需要卖家在店铺的角角落落挖掘商机，留住顾客了。

▶ **招式 01：运用信用评价做免费广告**

淘宝网会员在淘宝个人交易平台使用支付宝服务成功完成每一笔交易订单后，双方均有权对对方交易的情况做出相关评价。

买家可以针对订单中每项买到的宝贝进行好、中、差评；卖家也可以针对订单中每项卖出的宝贝给买家进行好、中、差评。这些评价统称为信用评价。

利用给买家的信用评价,也可以宣传展示店铺及商品。这里讲述如何给买家评价及如何在评价中做广告,具体操作步骤如下。

第1步 登录淘宝卖家中心,❶在左侧列表单击"已卖出的宝贝"按钮,如图5-12所示。

第2步 在打开的"已卖出的宝贝"页面,找到需要给买家评价的交易,❷单击"评价"链接,如图5-13所示。

图 5-12　　　　　　　　　　图 5-13

第3步 即可出现评价的页面,❸在评价内容中输入店铺的广告信息,评价后单击"确认提交"按钮,如图5-14所示。

第4步 ❹此时提示评价成功,如图5-15所示。成功评价后,在来自卖家的评价页面中就可以看到刚才的评价了。

图 5-14　　　　　　　　　　图 5-15

招式02:加入网商联盟共享店铺流量

在传统经济下,个体开店往往是以分散的、孤立的、互不联系的个体户形式存在,其情形类似一麻袋土豆——彼此相近却缺少联系。传统的商人联盟或者俱乐部,商人们考虑的是参加者的销售量、企业规模和拥有多少社会资源。而淘宝网商往往是个人卖家或者夫妻店,他们缺乏资金、没有太多人脉关系和社会资源。想进入传统的商会,可能性几乎为零。

不过,淘宝商盟是由淘宝卖家申请、组盟并最终形成的民间卖家联盟组织,这里没有贵贱之分,只有共同的价值观——诚信,诚信前所未有的成了商业中最值钱的宝贝；商人之间也不再恪守"同行是冤家"的祖训，他们乐于相互分享经验、诚心互助；尤其在危难时刻，商业中闪耀着人性的光辉。

　　加入商盟能提高顾客对店铺的信任，既有利于生意，还能宣传店铺。如果商盟发展良好，这个商盟的知名度肯定会不错，作为商盟内部成员，你的店铺知名度也不会太差。

　　商盟可起到免费宣传店铺的作用，商盟有专门的首页推荐位。加入商盟成为正式会员后，可以在首页上推荐你的宝贝，而商盟成员中也会加上你的店铺，这两者都可以直接或者间接地给店铺增加浏览量。另外，通过商盟不定期在淘宝网上举行的各类买卖活动，加快商品的成交率。淘宝网商盟的许多活动都是以各个地区商盟的名义发起的，有些活动只有商盟的会员们才可参加。图5-16所示为淘宝论坛中的商盟首页。

图 5-16

小二开店经验分享——淘宝商贸的变迁

　　以前淘宝商盟是拥有独立的二级域名的频道，后来经过多次改版，现在已经集成到淘宝论坛当中，这样便于淘宝对其进行监控管理。

▶ 招式03：善加利用店铺优惠券

　　店铺优惠券为虚拟电子现金券，是卖家在开通营销套餐后，额外给卖家开通的一个超强促销工具，卖家可以在不用充值现金的前提下针对新客户或者不同等级会员发放不同面额店铺优惠券，买家可以使用获得的店铺优惠券在购买宝贝时抵扣现金。发布几款最有优势的优惠券，你可能不赚钱甚至是用成本价在卖，但换来的却是店内的流量、信誉及其他商品的销量增长。

　　目前，可以通过以下三种方式订购店铺优惠券。

　　（1）开通营销套餐（或者同时拥有满就送、搭配套餐、限时打折）后，满就送选项中会自动开通店铺优惠券功能，同时增加店铺优惠券设置买家领取功能，如图5-17所示。

图 5-17

（2）开通会员关系管理后，再开通消息通道，系统会自动开通店铺优惠券功能。

（3）店铺优惠券也可以单独开通，单独开通店铺优惠券后，可设置店铺优惠券买家领取活动。

▶ 招式 04：设置店铺 VIP 进行会员促销

许多持卡会员已形成使用卡的习惯，在看中一件商品后，会搜索是否有支持 VIP 卡的同样商品。面对数百万的持卡会员，更容易成交。促销频道、周末疯狂购等活动只针对设置 VIP 卡功能的商品开放。

设置 VIP 卡的好处如下。

● 提高商品的曝光率。

● 吸引使用 VIP 卡购物的部分买家。

● 丰富店铺的宣传和营销手段。

● 让买家能够通过各种不同的途径看到和买到你的商品。淘宝首页有专门的 VIP 卡搜索通道，让买家朋友们更好地找到你。

● 增加客户体验。如果你商品设置了 VIP，VIP 买家购买你店里的东西，就会令买家得到一个很好的感觉，感觉自己很尊贵。其实销售就是一个体验，买家感觉好了，自然下单就会更快。

设置 VIP 会员卡的具体操作步骤如下。

第1步 登录我的淘宝，在"出售中的宝贝"中，❶ 选中要参加 VIP 的宝贝前的复选框，❷ 单击"设置淘宝 VIP"按钮，如图 5-18 所示。

第2步 ❸ 进入设置促销页面，对不同级别的贵宾卡设置折扣，❹ 单击"参加"按钮，如图 5-19 所示。

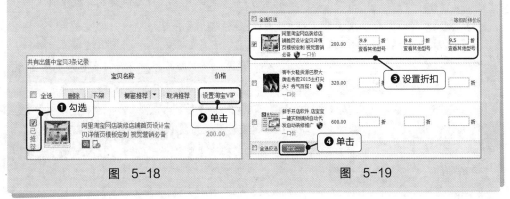

图 5-18　　　　　　　　　图 5-19

第3步 宝贝在各个相关页面都会附上支持淘宝VIP的图标，如图5-20所示。

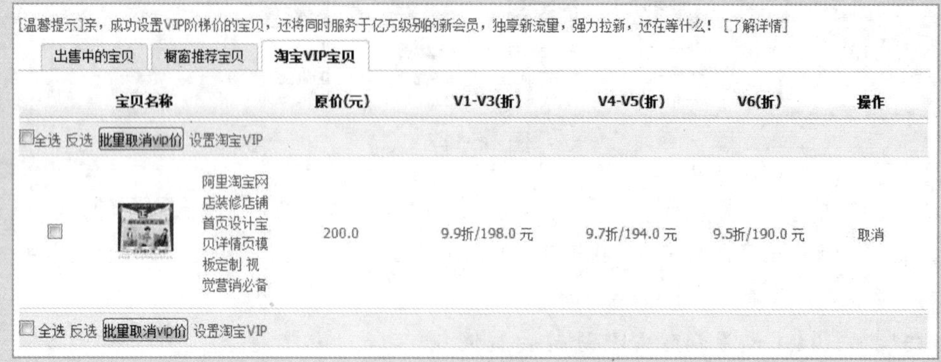

图 5-20

案例分享：一个小卖家的回忆录

很难想象，在2014年年初的时候，小王还从未在淘宝上亲自买过东西，连购物车怎么用都不知晓，个人网银也没开通。

就是这样一个人，会在2014年5月开始与淘宝结缘，开始了自己的淘宝之旅。下面我们来看看小王的故事。

最早知道淘宝应该是2003年西湖论剑的时候，那时还在上海求学，临近毕业。当时也就知道eBay，以及很多其他的购物网站，而等到真正身边有人做淘宝时，自己已然毕业，在上海做着一份自己大学所学的专业行当（自动化），做生产线项目，也算地处潮流之地，信息面比如今在老家待几年下来明显多得多，可惜当时个人一直排斥那种虚拟的东西，一直没有网上去购物，也未多加了解。

貌似2008年时很火，因一同学毕业工作几年后就专职做这个了，那时还属于代销，做牛仔裤，那时就听他说一个月可以赚个6000多元的样子，以当时自己还处于打工的状态来讲，这份收入也很不错了，毕竟感觉也就一部电脑可以解决的事。但那时自我感觉上升空间还不错，对这门子生意全没在意。哪成想现在这个同学通过淘宝一路相伴，就此实现了自己的事业梦，有了自办家具厂加工生产，所有产品全在网店销售。可当时还是水泼不进，没太在乎。就这么错过了与淘宝的一次亲密接触。

2008年我认识了现在的老婆，并于2009年回到老家来发展，为了给老婆找点事情做，就萌发了开淘宝店的想法。就这么鬼使神差地蹚进来了，并且一发不可收拾。

决定起来很快，在操办的过程中，可是实在地费脑子。毕竟当时对淘宝属于一张白纸的概念，没做之前总觉得什么都乱，一点思绪都没有，还好，毕竟地处优势，货源基本不用再考虑，做的企业多。自己在老家也已发展了几年，有了一定的人脉和资源，决定了做，就得联系个认可的优质货源厂家。

最终我决定做拉杆箱，在当地基本走遍了所有的生产厂家，也实际对比了质量情况以便做到心中有数，当然也网上查了几个知名品牌的情况，也有几个厂家自身就买了几个知名品牌的来做研造，也感谢圈内朋友的指点和引荐，加深了对这一行业的了解。

商务包是老婆的同学在广州办厂生产的，在广州狮岭（也是一个箱包之都），当时还特地一个人前去工厂详细了解下产品的制作流程，质量、用料、款式和货源供应问题，以便做到心中有底，真是各行有各行的道与术啊。

剩下的就是自己开店装修，联系快递包装等，折腾了20来天，中间真的什么都自己招呼，熬了几个通宵，伤了不少脑细胞，中途还一个东西没卖出去的时候整了一出封店风波，还好申诉成功了，到现在都纳闷咋回事。

至于店铺装修方面，得亏自己之前做了点工程类工作，有点软件底子，对CAD较熟，也用过不同国家的程序编辑软件，所以对软件使用心里不怵，但对图片处理就不在行了，PS啥的慢慢也能做点粗糙的设计，但能达到自己想要的效果还是不行。

开店成功后，剩下就是等待买家的日子，好不容易熬过了准备阶段，店铺开张了，当然前期也和做淘宝的大学同学简单交流过淘宝成单的流程，可实在难以想象一个新店的卖家等待守候于电脑前的痛苦，对着毫无生机的电脑，自己的东西放出去后犹如放归自然一样，指不定飞到哪个位置去了，焦急、等待，无处下手，无从着力的孤独无助充斥全身。

直到年前，陆续才卖出去30来个宝贝，这里得坦白下，开店初期，多少要找几个朋友照应一下，毕竟对于新店，没人敢于尝试。

年后，我下决心进行一定的推广，毕竟有流量才有生意，光是每天折腾店铺是等不来客户的。也正因如此，我现在每天订单基本都在几十单左右，对于我的单价来说，已经算销量不错了，已经赶超很大一部分的实体店。

在淘宝店铺外进行推广的秘密

本章导读

随着网上购物成为越来越多人购物的方式,所产生的影响是越来越多的人在淘宝开店,竞争越来越激烈,商品类别已达几十万甚至上百万,再想像前些年那样开个网店守株待兔是不行了。于是店主们纷纷行动起来,不断地学习总结,然后将成果应用到实践,再学习,再实践,有些人摸索出来了,但一大批人还是没找到门道。本章就来介绍在淘宝店铺外的一些推广方式。

知识要点

通过本章内容的学习,读者能够学习到淘宝店铺推广的各种方法,包括搜索引擎登录、利用博客吸引流量、网络广告的使用、电子邮件和QQ的推广等。需要掌握的相关技能知识如下。

- 搜索引擎推广技巧
- 博客推广技巧
- 网络媒体推广技巧
- 电子邮件推广技巧
- 传统网下营销方式

6.1 使用搜索引擎推广你的网店

搜索引擎是目前最重要、效果最明显的网站推广方式,也是最为成熟的一种网络营销方法,当然也可以使用搜索引擎推广我们的网店。如何使用搜索引擎推广自己的网店,如何提升自己网店的访问量并吸引客户的眼球,让他变成买家?

6.1.1 登录搜索引擎

所谓登录搜索引擎,是指企业出于扩大宣传的目的,将自己网站链接提交给搜索引擎,让企业的产品和服务信息进入搜索引擎数据库,以增加与潜在客户通过互联网建立联系的机会。

搜索引擎是专门提供信息查询服务的网站。它们大都是通过对网站进行检索,从中提取相关信息,从而建立起庞大的数据库。浏览者可以很方便地通过输入一定的文字,查找所需要的任何资料,其中当然也包括各种产品及服务的信息。由于看到了搜索引擎的商业价值,越来越多的企业都将登录搜索引擎作为主要的网络营销手段,并且取得了较好的宣传效果。图6-1所示为百度搜索引擎登录。

图 6-1

提交信息的时候尽可能地提交给各大搜索引擎,如新浪、搜狐、百度、雅虎等一些大的搜索引擎网站。因为不可能所有的互联网用户都只使用一个搜索引擎。下面这些登录搜索引擎网站最好都登录一下。

- 百度 – 搜索引擎登录入口：http://www.baidu.com/search/url_submit.html
- 搜狗搜索引擎登录入口：http://www.sogou.com/feedback/urlfeedback.php
- 好搜登录入口：http://info.haosou.com/site_submit.html

登录搜索引擎的操作步骤如下：进入搜索引擎登录页面，输入网址，提交即可。如果搜索引擎不接受，那就一天多提交几遍、天天提交，直到被接受为止。由于搜索引擎收录新网站有一定的工作周期，一般为1周至2个月不等，因此越早动手越好。

6.1.2 设置受欢迎的关键词

在搜索引擎中，检索信息都是通过输入关键词来实现的。输入关键词是整个网店登录过程中最基本，也是最重要的一步。然而，关键词的确定并非一件轻而易举的事，要考虑诸多因素，如关键词必须与你的网店内容有关，词语间如何组合排列，是否符合搜索工具的要求等。网店关键词的确定可以从以下几个方面入手。

1. 和自己的团队成员讨论

一个人的想法和智慧是远远不够的，可以把团队里了解搜索引擎营销活动的人召集起来，让所有的参与者都来提出他们的想法，然后将每个人提出的关键词集中起来，在除去错误的关键词后按顺序排出最重要的关键词。

2. 利用搜索引擎的相关关键词

每个搜索引擎在列出关键词的搜索结果的同时，还提供了与这个关键词相关的其他组合词，这些被称为长尾关键词，它们所带来的流量不容忽视。

3. 观察竞争对手

花点时间看看你的竞争对手使用了哪些关键词，当然，你的竞争对手使用的关键词并不一定就是最好的关键词，只是给你提供一些参考而已。

4. 站在买家的角度考虑

潜在客户在搜索你的产品时将使用什么关键词？这可以从众多资源中获得反馈，包括从你的客户、供应商、品牌经理和销售人员那里获知其想法。

5. 将关键词扩展成一系列短语

选择好一系列短语之后，可用网络营销软件对这些关键词组进行检测，软件的功能是查看你的关键词在其他网页中的使用频率，以及各大搜索引擎上有多少人在搜索时使用过这些关键词。最好的关键词是那些没有被滥用而又很流行的词。另一个技巧是使用罕有的组合。

6. 进行多重排列组合

改变短语中的词序以创建不同的词语组合。使用不常用的组合，将其组合成一个问句，包含同义词、替换词、比喻词和常见错拼词，包含所卖产品的商标名和品牌名。使用其他限定词来创建更多的两字、三字、四字组合。

6.1.3 登录导航网站

现在国内有大量的网址导航类站点，如 http://www.hao123.com（好123）、http://www.265.com（265 导航）、http://hao.360.cn（360 导航）、http://www.2345.com（2345 导航）等。在这些网址导航类站点做上链接，也能带来大量的流量，不过现在想登录像 hao123 这种流量特别大的站点并不是件容易事，因此可以适度找一些小导航站、地方导航站登录。

6.2 利用博客吸引客户创造流量

随着网络营销市场规模的不断扩大，网络营销服务的形式也在不断增加。如何能让更多的人了解自己的产品，对商铺而言是至关重要的，因而，一种新兴的营销模式——博客营销便应运而生。

6.2.1 什么是博客营销

利用博客作为宣传平台，通过博主本人的知识、兴趣和体验来传播商品信息的营销活动就是博客营销。博客营销以博客文章为主要传播手段，因为具有明确的营销目的，所以博文中或多或少带有企业或个人营销的色彩。特别是作者是在某领域有一定影响力的人物，所发布的文章更容易引起关注，吸引大量潜在顾客浏览。通过个人博客文章内容为读者提供了解商家的机会。用博客来推广店铺，首要条件是拥有良好的写作能力。

博客营销有许多优势，主要如下。

1. 影响力大

由于"戴尔笔记本"等博客门事件的发生，说明博客作为高端人群的评论意见其影响面和影响力度越来越大，博客已经成为网民们的"意见领袖"，引导着网民舆论潮流，他们所发表的意见会在极短时间内在互联网上迅速传开来，可对店铺品牌造成巨大影响。

2. 互动营销

博客内容发布在博客托管网站上，如新浪、百度空间、腾讯 QQ 空间、搜狐、网易等，这些博客平台往往拥有庞大的忠实用户群体，用户可以直接自由互访，通过其他好友的链接来到陌生人的博客里分享博客作者的观点。并且可以将文章进行转载、留言、评论，实现博客作者与读者的互动交流。特别是有价值的博文会吸引大量潜在用户浏览，从而达到向潜在用户传递营销信息的目的。

3. 培育忠实用户

博客营销大量增加了产品说明的链接数量，新增了搜索引擎信息收录量，直接带来潜在用户的可能性迅速增大，且方便以更低的成本对用户进行行为研究，让营销人员从被动的媒体依赖转向自主发布信息。使传播在相当长的时间里得以不间断延展，而不仅仅局限于当期的宣传活动。

4. 降低推广费用

大部分博客平台基本都是免费提供，只需要遵守博客的准则，填写相关的信息就可以。通过博客的方式，在博客内容中适当加入推广产品的信息（或者直接切入链接）以达到店铺推广的目的，这样的"博客推广"也是一种极低成本的店铺推广方法，降低了一般付费推广的费用，大大提升了店铺的访问量。

5. 口碑营销

潜在顾客受到文章观点的影响后，会跟家人、朋友、合作伙伴等谈论沟通，会潜移默化地介绍你的店铺，这就是广告，不但广告成本比其他媒体成本要低得多，还增加了销售量与利润率。

6. 拉近客户

博客营销可用文字、图片、视频来为店铺做广告。博客内容不但精彩绝伦，而且形象生动，其近距离的沟通，让潜在顾客更加喜爱，增加了潜在顾客对商家的亲密感与亲近感。图6-2所示为通过博客推广店铺。

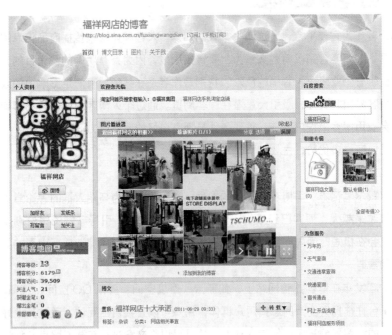

图 6-2

6.2.2 博客文章写作技巧

博客的更新非常关键，最好每天都能够更新，这样才能吸引浏览者天天看你的博客。不过，博文的撰写有许多技巧。

（1）多用口语化的写作手法。博客写的太生硬，大家看起来会很累，所以写的时候，最好用口语化的语言，这样会让读者感觉很亲切，读起来也轻松。

（2）博客内容的排版。一篇文章，内容再好，如果版面无比糟糕，相信也不会有多少人耐心来读。所以写博客一定要善于利用段落和空格，每一段的行数不宜过长，这样会让读者的眼睛有一个休息停顿的时间，也会让读者感觉到整篇一目了然，读起来也就轻松愉快了。

（3）标题的写作技巧。网络阅读很大的特征之一，就是标题式阅读。很大一部分读者，尤其是年轻网民，他很可能只是先看下你的标题，然后才决定看不看内容。可想而知，一个好的标题，能够给你带来多少流量。

 小二开店经验分享——标题的选择方法

- 在标题中提及关键词和热点。
- 使用形容词。
- 一句话概括文章的全部内容。
- 使用引导式问句。

（4）用心写博客。所写的内容、主题都应该是你所擅长的，要言之有物。更新博客时间、文章数量，都应该有规律可依，让读者从不习惯到习惯，从习惯到依赖。

（5）博客文章结尾处要写"版权所有""欢迎大家转摘""转摘请注明作者和出处"，如图6-3所示。这也很重要，因为很多网友看了你的文章觉得很好，想转摘，又怕没有经过你的允许，私自转摘对你不尊重，但是联系你又太麻烦。如果你的结尾处有这样一句话，就会提醒你的读者帮你的文章到处转，帮你宣传。

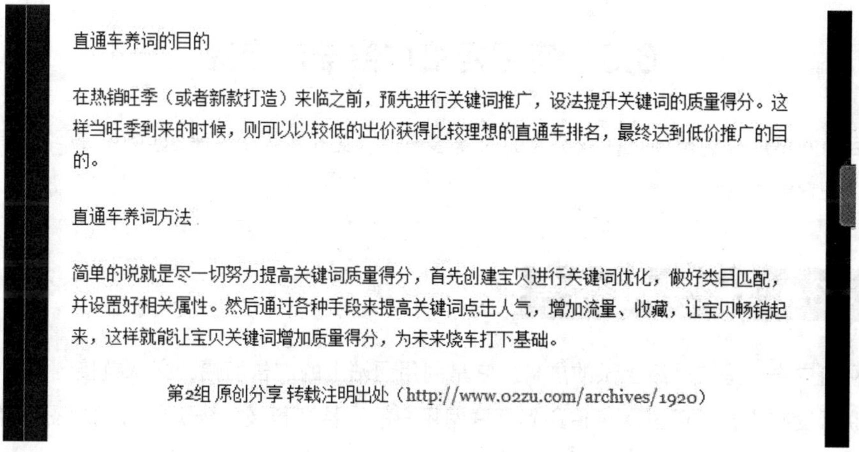

直通车养词的目的

在热销旺季（或者新款打造）来临之前，预先进行关键词推广，设法提升关键词的质量得分。这样当旺季到来的时候，则可以以较低的出价获得比较理想的直通车排名，最终达到低价推广的目的。

直通车养词方法

简单的说就是尽一切努力提高关键词质量得分，首先创建宝贝进行关键词优化，做好类目匹配，并设置好相关属性。然后通过各种手段来提高关键词点击人气，增加流量、收藏，让宝贝畅销起来，这样就能让宝贝关键词增加质量得分，为未来烧车打下基础。

第2组 原创分享 转载注明出处（http://www.o2zu.com/archives/1920）

图 6-3

6.2.3 博客推广的秘诀

博客推广受到越来越多的淘宝客关注，虽然获得成功的很少且大多数仍处于摸索阶段，但也有不少人做得有声有色。如果把握好博客推广的技巧，就可以较快地见识到博客推广的强大优势。下面是采用博客推广的一些技巧。

（1）用博客推广内容是关键，如果你写的东西不讨人喜欢，是不会吸引购物者的目光的，建议多写点原创并经常更新，或转载一些吸引人气的文章，让你博客更具吸引力，更具黏度。

（2）将博客提交到搜索引擎与一些专业网站，搜索引擎会对网站有价值的内容进行抓取，不但可以把你的信息提供给更多网民，还能提高你网站的流量。常见的提交网址如下。

- 百度收录入口：http://www.baidu.com/search/url_submit.html
- 搜狗收录入口：http://www.sogou.com/feedback/urlfeedback.php
- 好搜收录入口：http://info.haosou.com/site_submit.html

（3）与一些博客网站交换友情链接，相互提高访问量。

（4）多访问别人的博客，发表对博客日志的意见想法，同时留下你自己的地址以便对方的拜访，你支持别人，别人也会对你投来关注的目光。而且当别人的博客被访客访问时，访客看到你的留言，同时可能也会点击你的博客。

（5）发表优秀软文，把你优秀的文章转载到其他一些综合博客与行业网站，留下你的版权网址，好的文章大家都喜欢，让更多的人看到，如果你的博文更好，别人会把你的文章转载到更多网站，同样帮你宣传，提高你博客的访问量。

（6）博客网站结构合理，网站菜单清晰，文章分类明确，代码简洁，方便搜索引擎抓取，还能提高用户体验。

（7）到人气旺的博客社区进行推广，吸引更多网友去点击。

（8）即时通讯工具，如 QQ 群、MSN、ICQ 等工具也是推广博客的平台，不过千万注意，不要采用让大家厌恶的方式来发信息。

6.3 使用网络广告推广店铺

目前网络广告的市场正在以惊人的速度增长，其发挥的效用越来越重要。网络上有很多好的广告宣传方法。

6.3.1 什么是网络广告

网络广告就是在网络上做的广告。它是利用网站上的广告横幅、文本链接、多媒体等，在互联网发布广告，通过网络传递到互联网用户的一种高科技广告运作方式。图6-4所示为网络上的广告。

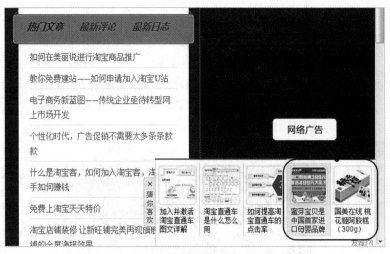

图 6-4

为什么网络广告这么受人青睐呢？网络广告的优势有哪些呢？

（1）目标群体收入高。网络广告的目标群体是目前社会上层次高、收入高、消费能力高的最具活力的消费群体。

（2）不受时间限制，广告效果持久。通过国际互联网，网络广告可以将广告信息24小时不间断地传播到世界的每一个角落。这是传统媒体无法达到的。

（3）网络广告的方式灵活，互动性强。网络广告的图、文、声、动画相结合的广告形式，大大增强了网络广告的实效。

（4）广告针对性强。可以根据广告目标受众的特点，有针对性地投放广告，并根据用户特点作定点投放和跟踪分析，对广告效果做出客观准确的评价。

（5）成本低，速度快，更改灵活。网络广告制作周期短，即使在较短的周期进行投放，也可以根据客户的需求很快完成制作。另外，在传统媒体上做广告，发布后一般不能更改，即使可以改动往往也须付出很大的代价。而在互联网上做广告能够按照客户需要及时变更广告内容，这样，变化的经营决策就能及时实施和推广。

（6）可以准确的统计受众数量。网络广告通过及时和精确的统计机制，能够直接对广告的发布进行在线监控。而传统的广告形式很难统计投放的受众数量。

（7）网络广告具有交互性。交互性强是互联网络媒体的最大优势，它不同于传统媒体的信息单向传播，而是信息互动传播。通过链接，用户只需简单地点击鼠标，就可以从店铺的相关站点中得到更多、更详尽的信息。

6.3.2 网络广告的类型

网络广告是常用的网络营销策略之一，在产品促销、网店推广等方面均有明显作用。网络广告存在于各种网络营销工具中，只是具体的表现形式不同。对于网店推广比较有用的广告类型有以下几种。

1. 图文广告

图文广告是以 GIF、JPG 等格式建立的图像文件，大多用来表现广告内容，同时还可使用 JavaScript 等语言使其产生交互性，是最早的网络广告形式。图文广告包含 Banner 广告、按钮广告、通栏广告、竖边广告、巨幅广告等。图 6-5 所示为图文广告。

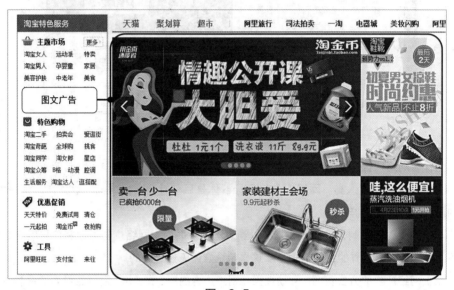

图 6-5

2. 文本链接广告

文本链接广告是以文字作为一个广告，点击可以进入相应的广告页面。这是一种对浏览者干扰最少，但却较为有效果网络广告形式。有时候，最简单的广告形式效果却最好。文本链接广告位的安排非常灵活，可以出现在页面的任何位置，可以竖排也可以横排，每一行就是一个广告，单击每一行都可以进入相应的广告页面。

这种广告的好处就是能根据浏览者的喜好提供相应的广告信息，对于这一点，其他广告形式是很难做到的。图 6-6 所示为文本链接广告。

 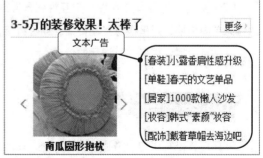

图 6-6

3. 搜索引擎竞价排名

直通车就是关键词搜索引擎竞价排名广告的典型代表，不同的是直通车只在淘宝网上投放，而搜索引擎竞价排名则是在各大搜索引擎上竞价。两者原理是一样的，如果店主能承受高额的广告投放费用，也可以试试。

4. 活动赞助

活动赞助是指卖家为了获得推广店铺的效果，向某些活动或团体提供资金或实物支持的一种行为，赞助的目的是提高店铺的知名度和浏览量，从而增加销量。

6.3.3 如何提高网络广告效果

如何达到广而告之，让自己的网络广告令更多的人了解到，需要注意很多事项。

（1）广告目标群体的确认。

只有把广告投放到形式相近的网站或投放给对广告内容感兴趣的群体，才能真正使广告达到效果。

（2）广告方式的选择。

目前流行的 CPM、CPC、CPA、CPS 等网络广告形式对此该如何选择，应根据产品的特点等多方面来确定。

（3）选择高价值的网络广告投放平台。

是否能获得有效的点击，取决于网络广告投放的平台。例如，家用电器产品的广告在网络上的投放就不能选择服装商城平台。在不考虑广告投放金额的情况下，广告不仅要在产品相关的平台上投放，更要在访问量大、人气高的网站投放。只有这样才能实现网络广告投放的真正价值，为网店带去点击率，招来潜在的目标客户，并最终盈利。

（4）正确把握网络广告的吸引点。

网络广告要具有创意和吸引力才能引起网民的关注。网络广告的第一目的是吸引网民的关注和点击。网络广告没有吸引网民点击的欲望和冲动，就无法达到网络广告的效果。

6.4 电子邮件推广

在网络时代，每个人都拥有自己的电子邮件，利用电子邮件也是准确而迅速的广告宣传手段。在网络销售的开始及结束，向顾客发送邮件也是售后服务的手段之一。

6.4.1 电子邮件营销优势

相比其他网络营销手法，电子邮件营销速度非常快。搜索引擎优化需要几个月，甚至几年的努力，才能充分发挥效果。博客营销更是需要时间，以及撰写大量的文章。而电子邮件营销只要有邮件数据库在手，发送邮件后几小时之内就会看到效果，产生订单。图6-7所示为利用电子邮件推广商品。

图 6-7

电子邮件营销具有很强的定向性，可以针对特定的人群发送特定的邮件。首先，根据需要将客户按行业或地域等方面进行分类。然后，针对目标客户进行电子邮件群发，使宣传一步到位。

因特网使商家可以立即与成千上万潜在的和现有的顾客取得联系。研究表明，绝大多数互联网用户在24小时内会对收到的电子邮件做出回复，而在直接邮寄活动中，平均回复率不到2%。

以电子邮件为主要的推广手段，常用的方法包括电子刊物、会员通讯、专业服务商的电子邮件广告等。

6.4.2 提高邮件推广效果的技巧

越来越多的企业开始采用电子邮件的营销方式。然而，盲目地推行电子邮件营销却存在着巨大的风险，用户会对收到的大量带有营销目的的电子邮件产生反感甚至感到愤怒，他们总是将那些邮件直接删除。电子邮件若被直接当作垃圾邮件删除，就失去了递送至顾客面前的机会。因此，如何提高电子邮件营销的效果，变得至关重要。下面是提高邮件推广效果的技巧。

（1）首先要准确地选择客户群，如果对方对你的商品不感兴趣，那么你辛苦制作的电子报就会被当作垃圾邮件处理掉。

（2）电子邮件标题要引起用户注意，同时也要力求吸引人，简单明了，不要欺骗人。内容方面，最好用HTML格式，排版一定要清楚。如果广告目的是促销或活动，那么标题最好带免费、大奖等字眼，虽然老套，但却屡试不爽。

（3）简洁明了、突出重点。许多客户在浏览营销邮件时都是一目十行，因此，你的 E-mail 只有几秒钟时间来决定能否吸引他们的注意力。保持简洁明了、重点明确是一个有效的方法。一带而过，可立即拉近与客户的距离，而对客户来说过多的话实在是多余。

（4）店铺标志。在每次发送营销邮件时，也要借机树立店铺的品牌形象。将店铺标志置入每封 E-mail 中是一种有效的方法。最好是将标志固定在同一位置，可以是顶部的显眼处。

（5）运用不同颜色来强调重点。在决定使用哪种颜色时，应优先考虑使用基准色。持续使用一种基准色是突出店铺品牌形象的关键。运用不同颜色来高亮显示邮件正文中重要的内容，能帮助浏览者更轻松地抓住重点。

（6）不要频繁的发送。好比打折，你天天打折，人家就不会珍惜打折的机会了；你天天发邮件，人家也会习以为常。如果这样他还不来你便失去了这个客户。

6.5 传统网下营销

除了利用网络平台推广网店外，还可以利用传统的媒介推广自己的店铺，下面就讲述几种常见的方法。

6.5.1 传统的传单派发

社会上流行派发的传单一般成本极低。现在许多企业采用加胶印制的比较精美的彩色传单也才 0.2 元左右一张。派发传单的工钱也不过一人一天 30 元左右。

这对于那些没有多少钱做广告的小企业来讲，传单广告是上上之选。许多成功人士在创业之初就是靠传单掘得第一桶金，传单不仅成本低且覆盖面较广。如在大的超市门口派发，则基本可以影响超市覆盖的区域；如果传单随报纸夹送，覆盖面更广。传单的针对性相对于电视报纸广告要强些。例如，女性用品的传单可由发单人员只送到女性消费者手中。

传单广告的一个最大优点是派发简单易行。发单人员只要用手袋拎一袋传单就可以随时随地派发了，只是简单的体力劳动，无须派发人员具备什么高深的知识和技能。

6.5.2 主流的杂志媒体

向传统媒体杂志投稿，你的文采不一定需要很好，只要通顺地说清楚一件事情即可。如你可以写自己刚开始不太懂网络知识，经过学习和实践，把商店开在网上的整个过程。在末尾顺便提下自己网店的地址，或者干脆把自己店铺作为案例写在文章里，这样你不但可以得到稿费，还可以让更多的人知道你的网店。

皇冠支招

前面给初学者介绍了淘宝店铺的相关推广知识，下面，给淘宝新手介绍如何利用手上的工具进行推广。

▶ 招式 01：通过 QQ 推广产品

目前国内很多人都使用即时聊天工具，其各种服务和产品的不断推出，使聊天工具受到越来越多人的喜爱。如果能很好地利用即时工具进行宣传，效果将不可估量。

上网的人对 QQ 肯定不会陌生，QQ 是一个很好的宣传途径，QQ 上加了好多的同学朋友，在聊天的同时宣传一下网店，既增进了感情又宣传了网店，一举两得。

充分利用 QQ 空间，先好好地装扮一下自己的 QQ 空间，把商品图片传到 QQ 相册里面，这样当别人访问自己的 QQ 空间的时候，看到 QQ 相册里有那么多好看的东西，就会对卖家的商品感兴趣。或者去别人的空间不断留言，使访客都来到你的空间，使 QQ 空间添加的广告信息达到宣传效果。

也可制作一个包含有网店商品的动态签名档，传到 QQ 相册里，把这个签名档设置为 QQ 空间的签名档，这样，当卖家在别人的 QQ 空间留言或回复留言的时候，别人就会第一眼看到该签名档，同时也看到了小店的宝贝了。图 6-8 所示为利用 QQ 推广店铺。

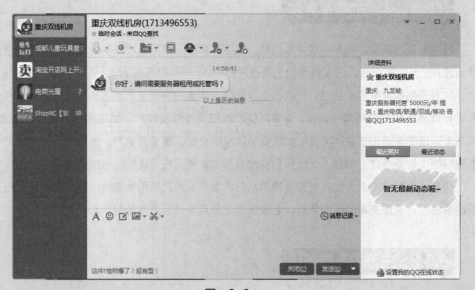

图 6-8

还有更简便的方法，就是不断加 QQ 好友，然后每日坚持在自己的空间发布说说，对方就能看见你的广告，如图 6-9 所示。

图 6-9

另外,还可以多加几个QQ群。QQ群是目前电脑端最主要的交流工具,很多网友都创建或者加入了不同类别的QQ群进行在线交流,我们可以很轻松地找到自己产品所属Q群分类,图6-10所示为出售儿童跳跳车的卖家在某相关群内进行广告发布。

图 6-10

需要注意的是,如果加群就直接发广告,十有八九会被群主踢掉,反而没有任何效果,最好的方法就是加群后先和群友简单交流,最好能和群主拉好关系,等到水到渠成的时候再发布广告,这样有需求的客户自然会找你。

▶ 招式02:利用团购平台进行推广

网络团购是指通过互联网平台,由专业团购机构将具有相同购买意向的零散消费者集合起来,向厂商进行大批量购买的行为。网络团购有一定的人气,而这些人气会给你的网店带来一定的推广作用。淘宝的团购就是聚划算,为淘宝网官方开发的平台,并由淘宝官方组织的一种线上团购活动形式。图 6-11 所示为店铺参加了网络团购,销售量大增。

图 6-11

网络团购受欢迎的原因主要有两点。

● 一是参加团购能够有效降低消费者的交易成本,在保证产品质量和服务的前提下,获得合理的低价格。团购实际上相当于批发,团购价格相当于产品在团购数量时的批发价格。通过网络团购,可以将被动的分散购买变成主动的大宗购买,所以购买同样质量的产品,能够享受更低的价格和更优质的服务。

● 二是能够彻底转变传统消费行为中因市场不透明和信息不对称而造成的消费者的弱势地位。通过参加团购更多地了解产品的规格、性能、合理价格区间,在购买和服务过程中占据主动地位,真正买到质量好、服务好、价格合理、称心如意的产品,达到省时、省心、省力、省钱的目的。

案例分享: 小两口全职做淘宝的故事

阿芬是一个普通的中专毕业生,2001 年她像大多数人一样,怀揣激情,心藏梦想,踏上南下的列车,成了打工族中的一员,为自己的明天去奋斗。

经过了多年的磨砺,阿芬在 2013 年开始全身心地投入淘宝大军。她选择了汽车用品,现在中国的汽车总保有量全球第一,超过美国、日本,而且还在以惊人的速度增长。货源:阿里巴巴。只做专业,因为淘宝在推小而美。"都说现在做淘宝难做,我看并不是,只要用心努力都会成功的。我一年从小心心做到四钻,都是一步一个脚印做出来的,但是我还不满足现状,从最初的两星期一单,一星期两单,三两天一单,天天有单,直到每天都有十几单,一个月的收入差不多已经过万了。"阿芬如是说。

起初做淘宝，阿芬家里人还是非常支持的，尤其是她老公，作为一名运输司机，没日没夜地开车，整天起早贪黑地也赚不了几个钱，自从网店有点起色后，就全职给阿芬"打工"，分担了她很多的辛苦。

就在阿芬生孩子前两个小时，小两口还在打包发货，去了医院他俩还在用手机挂旺旺，生意一刻也不落下，主要还是怕有售后问题。

现在的阿芬边照顾宝宝，边挂着旺旺，出体力的活都交给了老公！真应了那句俗话：夫妻同心，其利断金！

虽然淘宝经营过程挺辛苦的，但是每天都活得充实，家里又多了一个"小贝比"，阿芬干劲更足了，打定主意要把自己的淘宝店继续下去。

阿芬还说了一些在淘宝打拼的建议。

关于装修：都是阿芬自己设计的，可还是有美中不足的地方。毕竟不是学美工专业，后来就在淘宝的威客里发布了任务，让专业的人士帮忙装修了下店铺。宝贝的拍摄全部由自己完成，也显得不是很专业，就是真实，没怎么加工修饰，很多都是原图放上去的。详情页里主要还是做些关联销售，来带动其他产品的销量。主宝贝的信息要尽量写全面，包括功能、尺寸、材质等，总之不要误导消费者就行。还有就是描述不要太长，买家根本没有耐心看。

关于推广：这块阿芬建议新手可以去淘大帮派论坛里看看，前辈们讲的太多了，只要按着步骤、用对方法，流量自然就会来了，流量来了销量增长也就顺理成章了。但是做起来也没有这么简单，毕竟还是小卖家吗，折腾不起啊。基本上阿芬的推广都是按淘宝的基本原理来做的，首先关键字优化，上下架时间，淘宝客，帮派论坛发帖回帖。然后官方的活动一定要上，如天天特价淘金币淘宝试用，当然第三方活动也可以试试，不过基本是不赚钱的，主要是为了流量。

关于售后：阿芬经营过程中也遇到了很多无理的顾客，不管你如何给他解释，到最后还是给你个中差评，让人真的很无语。当遇到中差评时，她会第一时间给买家打电话，有些还好说话，处理得当会给你改评价，但是评分是永远改不回来了，还有些买家压根就不接你的电话。

以后的淘宝可能会更难做，竞争会更激烈，但是阿芬相信只要用心努力，是没有什么可以难倒自己的。现在淘宝就是她的全部事业，阿芬从心里以它为荣，她不但要自己做好淘宝，还要带动周边的人来做淘宝，现在已有不少的朋友来阿芬这里取经。

第7章

烧车不是秘密，让直通车打造爆款

本章导读

淘宝直通车是为淘宝卖家量身定制的、按点击付费的效果营销工具，实现宝贝的精准推广。淘宝直通车具有广告位极佳、广告针对性强和按效果付费三大优势。这也是目前绝大部分大卖家都在使用的一个工具，因为它能够实实在在地带来流量和成交，能立刻看到效果，任何店铺都可以使用它。

知识要点

通过本章内容的学习，读者能够学习了解到淘宝直通车的相关知识，主要内容包括直通车介绍、直通车的推广方式、如何使用直通车推广新宝贝以及直通车的一些其他使用技巧等。需要掌握的相关技能知识如下。

- 了解淘宝直通车
- 直通车的推广方式
- 使用直通车推广新宝贝
- 直通车的其他使用技巧

7.1 浅析淘宝直通车

淘宝直通车是为淘宝卖家量身定做的推广工具,让淘宝卖家方便地在淘宝上推广自己的宝贝。淘宝直通车是根据宝贝设置的关键词来进行排名展示,然后按照点击进行扣费。

7.1.1 淘宝直通车

淘宝直通车是淘宝目前付费推广手段中最知名的一种方式,同时也是最有效的。直通车竞价结果不仅可以在淘宝网以全新的图片+文字的形式展示,而且可以展现到站外,如网易、搜狐等。

淘宝卖家的每件商品可以设置200个关键字,并且可以针对每个竞价词自由定价,价格越高,排名也越高,图7-1所示为淘宝直通车首页。

图 7-1

淘宝直通车推广原理是根据宝贝设置的关键词进行排名展示,按点击进行扣费,具体如下。

- 如果卖家想推广某一个宝贝,首先为该宝贝设置相应的关键词及宝贝标题。
- 当买家在淘宝网通过输入关键词搜索商品,或按照宝贝分类进行搜索时,就会展现你推广中的宝贝。

● 如果买家通过关键词或宝贝分类搜索后，在直通车推广位点击你的宝贝，系统就会根据你设置关键词或类目的出价来扣费。

> 小二开店经验分享——选择合适的宝贝做直通车推广
>
> 选择做直通车推广的宝贝最好是店铺中综合质量较高的，需要从以下几方面考虑。
> ● 图片背景清晰，宝贝突出。
> ● 宝贝价格有竞争优势。
> ● 最好有售出记录，可以给买家信心。
> ● 宝贝详情内容丰富。
> ● 多选择不同分类的宝贝。

7.1.2 功能和推广优势

淘宝直通车是淘宝最重要也是收费相当高昂的一种推广工具，它具有图7-2所示的功能，可以为淘宝卖家带来实质性的流量。

图 7-2

除了以上推广功能外，直通车还拥有如下优势。

● 被直通车推广的宝贝，只要想来淘宝买这种宝贝的人就能看到，大大提高了宝贝的曝光率，带来更多的潜在客户。

● 只有想买这种宝贝的人才能看到你的广告，给你带来的点击都是有购买意向的点击，带来的客户都是有购买意向的买家。

● 直通车能给整个店铺带来人气，虽然你推广的是单个宝贝，但很多买家都会进入店铺去看，一个点击带来的可能是几个成交，这种整体连锁反应，是直通车推广的最大优势，店铺人气逐渐就会提高了。

● 可以参加更多的淘宝促销活动，参加后会有不定期的直通车用户专享的促销活动。

● 在展示位上免费展示，买家点击才付费，自由设置日消费限额、投放时间、投放地域，有效控制花销，合理掌控成本。强大的防恶意点击技术，系统 24 小时不间断运行，保证点击真实有效。

● 免费参加直通车培训，并且有优秀直通车小二指点优化方案，迅速掌握直通车推广技巧。

7.1.3 广告商品展示位置

淘宝直通车是为淘宝卖家量身定做的推广工具。广告位极佳，在淘宝网多处位置显示广告，流量巨大。那么直通车商品具体展示在哪里呢？也就是我们常说的广告图片或者信息会在哪里被买家所看到。下面具体介绍宝贝的展现位置。

1. 搜索页右侧广告位

当你使用淘宝直通车推广某个宝贝时，先为此宝贝设置相应的关键词和推广展示标题。当买家在淘宝中输入你设置的关键词搜索产品或根据宝贝分类进行搜索时，就会在结果页面右侧看到推广中的宝贝展示广告。图 7-3 所示为搜索页面右侧的直通车展示位。

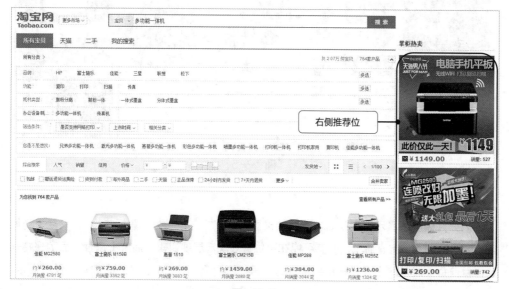

图 7-3

2. 搜索页尾部广告位

不但在搜索结果页面的右侧有广告展示，在搜索结果页面的下端，也会相应出现6个广告位，如图7-4所示。

图 7-4

3. 宝贝类目广告位

当买家不使用关键词搜索，而是直接通过淘宝首页，单击相关类目链接，如"春夏童装"，那么在打开的分类列表页面中将显示直通车的广告位，如图7-5所示。

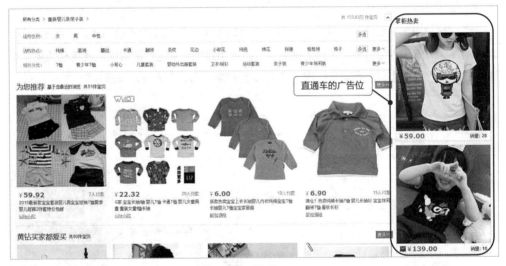

图 7-5

4. 天猫广告位

天猫直通车的展示位置在商城搜索结果页面最下方，显示为"掌柜热卖"，只要是商城客户，且已加入淘宝直通车，就有可能在该位置展现。展现逻辑与淘宝主搜索页面的保持一致，目前每页展示5个，分别是综合排名的第一名到第五名，单击"更多热卖"继续展示，以此类推，如图7-6所示。

图 7-6

7.2 直通车推广方式

可以说，淘宝直通车已经成为想在淘宝网上获得成功的卖家们的一门必修课。下面介绍直通车推广的方式。

7.2.1 淘宝类目推广

众所周知，在淘宝网中，如果想购买商品，主要有两种途径进行搜索，一种是在搜索框中直接输入关键词，另一种是直接点击类目进行搜索。在淘宝直通车中输入关键词对应的是竞价词，而搜索类目对应的就是类目出价词。

一般情况下，类目推广的展现量占到整个直通车推广 50% 的比例。建议在进行直通车推广的时候启用类目推广。对于直接搜索类目的买家一般有两个入口。

第一个入口就是通过进入淘宝网首页，单击所要选择的类目，进入搜索页面。

第二个入口是在淘宝顶部的"商品分类"，进入类目搜索页面，如图 7-7 所示。

如这里选择单击"男士裤子"下的"休闲裤"分类，只要你的宝贝属于这个类目并且设置了类目出价，那么你的宝贝就可以显示在掌柜热卖中，如图 7-8 所示。

> 小二开店经验分享——类目出价怎么扣费
>
> 类目出价的扣费与关键词扣费规则相似，当买家通过类目浏览，看到你的宝贝出现在直通车展现位上并点击时，才产生扣费，扣费不会大于你设置的类目出价。

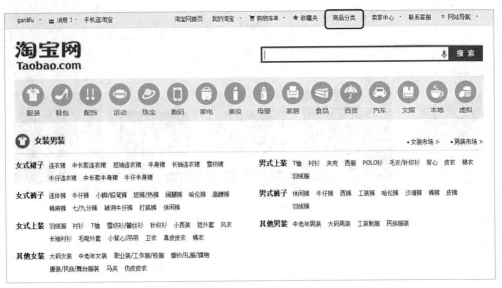

图 7-7

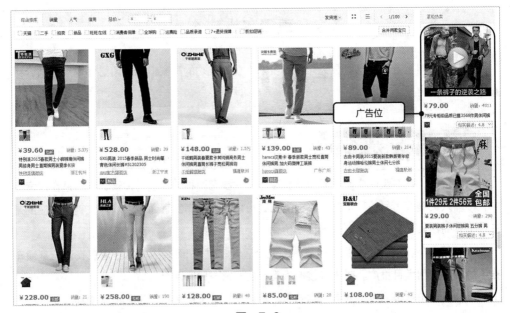

图 7-8

7.2.2 淘宝搜索推广

搜索是绝大部分淘宝买家寻找自己需要商品的手段。关键词是买家在淘宝网搜索用的一些词语，你想推广某一个宝贝，就为该宝贝设置相应的关键词，当买家在淘宝网通过输入你设置的关键词搜索商品时，就会展现你推广中的宝贝。关键词是直通车推广的核心，假如不设置关键词，买家将无法通过关键词搜索到你的宝贝。

一个宝贝可以设置 200 个以内的关键词，在选择直通车关键词时，把和宝贝相关的品牌、颜色、款式、型号、用途、产地、质地、功效、适用人群、流行元素等不同角度的中心词先想出来，才能最大化涵盖这个宝贝的有关词，同时还要根据各种买家的搜索习惯进行灵活组合。

7.2.3 直通车定向推广

淘宝直通车定向推广是继关键词搜索推广之后的又一精准推广方式。利用淘宝网庞大的数据库，通过创新的多维度人群定向技术，锁定目标客户，并将推广信息展现在目标客户浏览的网页上。

除了淘宝网站内的热门页面外，淘宝直通车还整合了多家外部优质网站，帮助卖家的推广宝贝覆盖到更多目标客户。定向推广设置之后也可以自己取消，在直通车后台点击设置投放平台页面就可以选择投放或不投放。

展示位置有：千牛通知、我的淘宝–已买到的宝贝、淘宝资讯页面等。图 7-9 为已买到宝贝后下方展现的直通车广告。

图 7-9

7.2.4 直通车店铺推广

店铺推广是淘宝直通车新增的一个推广方式，让卖家进行整店推广。它是淘宝直通车单品推广的一种补充形式，满足掌柜同时推广多个同类型宝贝、传递店铺独特品牌形象的需求，特别适合像带有较模糊购买意向的买家，推荐店铺中的多个匹配宝贝。如买家搜索"连衣裙"，就可以通过淘宝店铺推广位展现店铺形象，并吸引买家进入店铺中所有连衣裙商品的集合页面。图 7-10 所示为淘宝分类页面最下方的直通车店铺推广。

店铺推广可以推广除单个宝贝的详情页面外的店铺任意页面：导航页面、分类页面、宝贝集合页面，并通过为店铺推广页面设置关键词令客户带来更多的精准流量。

图 7-10

> 小二开店经验分享——申请"店铺推广"应符合的标准
>
> ● 用户应为淘宝直通车用户；
> ● 半年内用户在淘宝网无违规记录；
> ● 用户须为淘宝网皇冠级以上用户；
> ● 用户店铺主营类目应符合相应开通条件。

店铺推广的展现位在哪里呢？参加了淘宝直通车店铺推广的页面即有可能出现在店家精选的展现位。店铺推广设置生效之后，展现在下面的位置。

● 淘宝搜索结果页面右侧"掌柜热卖"下方的"店家精选"区域，每页展现3个，第一页展示1到3名，以此类推。
● 淘宝热卖页面左下侧的"店家精选"区域。
● 淘宝客搜索结果页面的右侧单品下方"店家精选"区域。

7.2.5 直通车站外推广

随着淘宝网站内推广资源的竞争日趋激烈，站外流量的重要性逐渐凸显出来。淘宝直通车从2010年开始到现在，已经实现与全国所有主流优质网站合作，包括网易、优酷网、酷6视频、迅雷、土豆网、搜狗、红袖添香、天府热线、中彩网、美图、58同城、泡泡网、星空宽频、中国经济网、虎扑网、中国教育在线、起点中文网、56.com、激动网、和讯等，让卖家把自己的产品放在淘宝网以外的网站上进行推广。

站外投放有很好的资源优势，首先面对的客户群更广，能够引入更多有效的流量；站外投放也是比较有针对性的，成交转化率也非常高；更重要的是现在站外投放还处于发展初期，相对成本也比较低，可以更有效地控制经营成本。

淘宝直通车利用图片、文字链接、搜索关键词、频道合作等多种推广资源，将潜在客户吸引到淘客搜索页面和热卖淘宝页面。在这些站外页面中，参与直通车外投推广的宝贝将根据其关键词出价和质量得分进行展现位置排序，图7-11所示为网易首页所展示的直通车广告。

图 7-11

7.2.6 直通车活动推广

直通车活动是给优质直通车卖家提供更多优质流量的展示区域，从而增加宝贝的展现机会，淘宝直通车活动特别适合推广效果比较好的宝贝，有好的成交记录的宝贝参加活动更容易获得成交。活动位置在淘宝网首页及各大资讯频道下方以"热卖单品"方式展示，如图7-12所示。

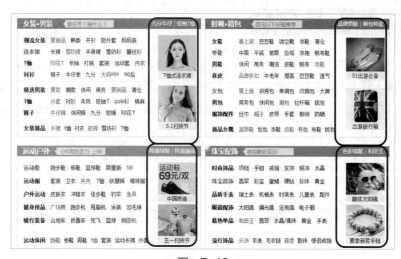

图 7-12

> **小二开店经验分享——活动推广怎么扣费**
>
> 　　参加淘宝直通车活动的宝贝是按照点击来扣费，展示不扣费，买家在活动展现位上点击了你的宝贝就会产生扣费，首页热卖单品按实际活动出价扣，其他子频道展现在你下一位卖家出价的基础上加一分钱进行扣除，扣费不会大于你自己的活动出价。

　　登录直通车后台页面，单击"活动专区"后，即可选择活动进行报名，如图7-13所示。该推广需要淘宝审核，审核通过之后不能修改。成功参加活动并上线展示后，将在当天以阿里旺旺弹出方式友情提示卖家做好活动准备。

图 7-13

> **小二开店经验分享——什么样的宝贝更容易上活动**
>
> ● 选择一款价格适中、图片靓丽、符合当前季节和时尚潮流的宝贝报名活动。
> ● 热卖单品对宝贝的销量有所要求，建议选择店内相对较为热卖的宝贝报名活动。
> ● 必须遵守活动规则。

7.2.7　直通车无线推广

　　直通车无线端推广包含站内和站外，尽可能网罗无线平台流量，精准覆盖日趋碎片化购物时代买家人群，如图7-14所示。如果您的产品在无线端有需求人群，那么可以通过直通车无线端推广进行无线端的营销投放，让您的商品在无线端获得更为夺目的展现位置。

图 7-14

7.3 使用直通车推广新宝贝

在对淘宝直通车的基本原理和运作模式有了基础的了解后,就可以通过对淘宝直通车的具体操作来展开推广活动了。

7.3.1 加入淘宝直通车

淘宝直通车的最大优势就是让你的宝贝在庞大数据的商品平台中脱颖而出,带来更多的人气和流量。那么怎么加入直通车呢,具体操作步骤如下。

第1步 首先登录到淘宝后台,❶单击"营销中心"下的"我要推广",如图7-15所示,进入到淘宝营销中心页面;❷单击"直通车"图标,如图7-16所示。

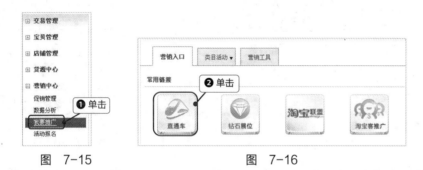

图 7-15　　　　　　　图 7-16

第2步 进入淘宝直通车首页后,在页面右边可以看到"账户未激活",❸单击"立即充值"按钮,如图7-17所示。

第3步 打开直通车充值页面,淘宝直通车第一次开户需要预存500元以上的费用,这500元都将用于你接下来的推广中所产生的花费,选择好充值金额后,❹单击底部的"同意以上协议,立即充值"按钮,如图7-18所示。经过支付宝的充值操作以后,返回到直通车主页,账户就开通并且可以使用了。

图 7-17

图 7-18

7.3.2 新建推广计划

"推广计划"是根据用户的推广需求,专门研发的"多个推广计划"功能。可以把相同推广策略的一组宝贝加入同一个推广计划下进行管理,为这个推广计划进行独立的限额、投放时间、投放地域、投放平台等设置,并设置关键词、出价及创意。新建推广计划具体操作步骤如下。

第1步 ❶在"我的直通车"页面中单击"我要推广"按钮,如图7-19所示。

第2步 弹出"选择推广计划"窗口,❷单击"新建推广计划"按钮,如图7-20所示。

图 7-19   图 7-20

第3步 新建推广计划后,❸输入"推广计划名称",❹单击"保存并继续"按钮,一个新的推广计划创建完成,如图7-21所示。随后可进入该新建的推广计划进行下一步的"选择新推广的宝贝"操作。

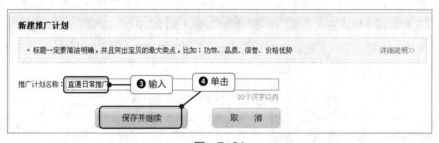

图 7-21

 小二开店经验分享——可以新建的推广计划

1. "直通日常推广"计划

选取自己店铺里一些销量较大的宝贝做直通车推广,如果价格各方面都有优势的话,可以每个品种都选取一样做直通车。直通车竞价当然不要太高了,并根据情况调整竞价。

2. "直通引流产品推广"计划

选取店铺里2～3款热卖的产品,并且价格、卖点都突出的宝贝做直通车推广。这一计划里推广的宝贝,可以单独地优化宝贝详情页、关联销售、引导页面等细节,用以引导买家去你店铺里浏览其他产品,并提高成品转化率和关联销售。

3. "直通车节日活动推广"计划

这一计划主要针对一些重大节日里的店铺活动和淘宝的官方活动等,而进行直通车推广。这样选取的宝贝也应是一些活动产品和针对节日的产品。

7.3.3 推广店里的宝贝

进入直通车系统之后,点击首页左上角"推广新的页面"按钮进入。进入推广新的宝贝之后,按照系统提示进行设置推广,设置推广之后即时生效,但系统可能有5～15分钟延时。推广新宝贝具体操作步骤如下。

第1步 进入相应的推广计划后,❶ 单击"推广计划管理"下的"推广新的页面"链接,选择要推广的宝贝,❷ 单击后面的"推广"按钮,如图7-22所示。

第2步 ❸ 弹出"编辑推广内容并设定宝贝默认出价"窗口,首先编辑推广内容,如图7-23所示。推广内容是影响推广效果的重要因素,建议充分利用有限的图片空间和文字描述,传达宝贝的特色和优势。"直通车推广内容"字数限制为20个汉字,如果字数超出,系统会提示超出字数,超出部分不予展示。

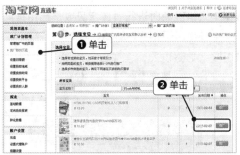
图 7-22

图 7-23

第3步 ❹ 接着选择关键词,要从买家的角度出发,想想他们可能搜索什么词,选择词的范围包括产品名称、品牌、型号、质地、功能等。图7-24所示为选择关键词界面。

第4步 ❺ 接着设置是否"启用类目出价",建议启用,让更多买家看到宝贝,❻ 并设置默认出价,推广一个新宝贝的"默认出价"是对该宝贝已设置的关键词和类目的统一出价。在推广完成后可单独修改每个关键词或者类目的出价,如图7-25所示。❼ 设置完成后单击"下一步,完成"按钮即可完成。

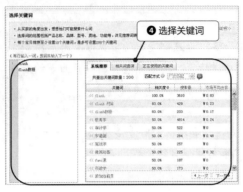
图 7-24

图 7-25

> **小二开店经验分享——选择关键词的方法**
>
> 方法一：直接输入关键词，按"Enter"键换行，或者复制 txt、Word 等文档。
> 方法二：使用系统的推荐词——系统根据宝贝相关性信息提取的关键词推荐。
> 方法三：使用关键词的相关词——在搜索框中输入任意词，查询本词及相关词的流量。
> 方法四：使用正在使用的关键词——当前账户中其他宝贝的关键词。

7.3.4 管理推广中的宝贝

进入相应的推广计划后，❶单击"推广计划管理"下的"管理推广中的页面"链接，进入管理推广中的宝贝页面；❷每个宝贝最右侧操作栏均有编辑、暂停\启用、删除和查看报表四个选项，方便管理推广中的宝贝。可以根据个人情况随时进行暂停宝贝或是启用推广等操作，操作之后，系统即时生效，如图 7-26 所示。

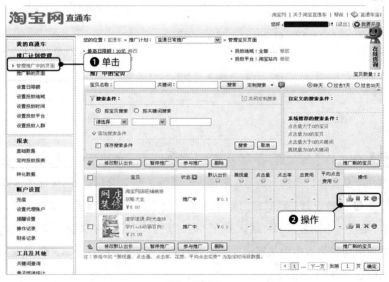
图 7-26

还可执行如下的操作。
- 查看推广状态：查看推广计划的状态是暂停还是推广中，是没有推广任何宝贝还是所有宝贝暂停推广。
- 修改日限额：设置某个推广计划的最高日限额。
- 查看每个推广计划的投放地域、投放时间、投放平台。
- 选中暂停推广：使选中的推广计划在直通车账户中处于下线的状态。
- 选中参与推广：使选中的推广计划在直通车账户中处于上线的状态。

7.3.5 "我的推广计划"投放设置

在我的推广计划中可以设置投放日限额、投放区域、投放时间、投放平台、投放人群等，具体操作方法如下。

第1步 为推广计划设置每日扣费的最高限额。在淘宝直通车后台管理页面，进入相应的推广计划后，❶单击左侧"设置日限额"链接，❷设置日限额信息，如图7-27所示。

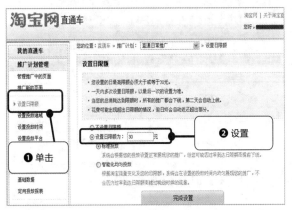

图 7-27

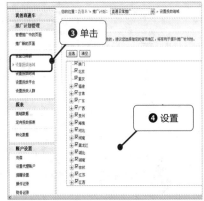

图 7-28

 小二开店经验分享——设置日限额的注意事项

可根据预算为推广计划设置固定的金额，系统默认的最低设置是30元，当今日花费达到日限额时，宝贝就会停止做推广。如果希望某个推广计划的宝贝一直在线推广，不下线，也可选择"不设置日限额"。

第2步 ❸为推广计划设置特定的投放区域；❹可以全选所有地区投放，也可以勾选需要的区域，只有勾选的地域范围内的买家才能看到推广宝贝的信息，如图7-28所示。

> 🔍 **小二开店经验分享——设置投放地域时的注意事项**
>
> 　　不同的推广计划可以设置不同的地域投放，方便掌柜更有针对性地选择宝贝区别推广。如果没有投放自己的所在地，那么在后台的关键词查询工具中查看不到你宝贝的排名情况，且在淘宝网搜索时也不会在展现位上找到你的宝贝。

第3步 ❺为推广计划设置特定的投放时间，❻及对应时间段的宝贝出价，如图7-29所示。

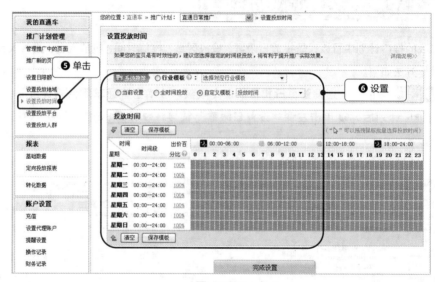

图 7-29

> **小二开店经验分享——设置投放时间的注意事项**
>
> 　　投放时间是指在设置的特定投放时间内，你的宝贝才在淘宝网做推广。如果你的宝贝不在投放时间内，将无法展示。可以根据自己的整体安排和在线安排选择投放的时间段。时间段投放的最小单位是半小时。
>
> 　　全时间投放指你的宝贝全天24小时都在淘宝网做推广，如果你推广的宝贝时效性不是很强，可以设置全时间投放，这样宝贝会有更多的展现机会。

第4步 ❼单击"设置投放平台"链接，❽选择要推广的平台，淘宝搜索是必选的平台，❾单击"网站列表"链接，如图7-30所示；❿查看弹出的其他网站列表，如图7-31所示。

第5步 ⓫单击"设置投放人群"，⓬根据性别、购买力、买家星级这3种维度的流量选择要加价的投放人群，如图7-32所示。

图 7-30　　　　　　　　　　　图 7-31

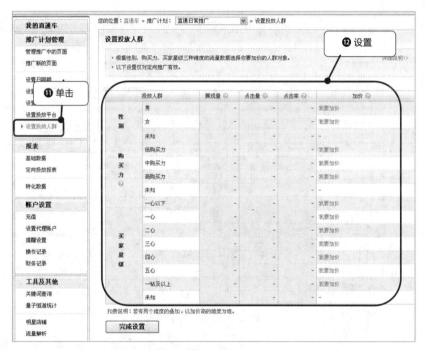

图 7-32

7.3.6　进行关键词的添加

作为淘宝卖家，不但要学会选词和找词，还得学会如何添加关键词。

第1步 ❶单击"管理推广中的页面"，❷再单击宝贝操作栏"编辑"按钮，如图 7-33 所示。❸在关键词管理页面右上角有"添加关键词"按钮，如图 7-34 所示。

第2步 ❹进入"添加关键词"页面，在左侧输入要添加的关键词，❺单击"确定"按钮即可，如图 7-35 所示。

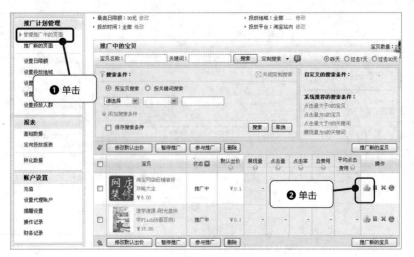

图 7-33

图 7-34

图 7-35

● 在选择关键词区左边空白处直接输入你想要添加的关键词,或将 txt、Word、Excel 中的关键词直接复制到空白处,输入每个关键词后需按"Enter"键换行,进行下个关键词的输入。

● 选取右侧第一栏、第二栏"系统推荐"与"相关词查询"中的关键词,进行添加。

● 使用同类宝贝已购买的词,在右侧第三栏单击"正在使用的关键词",选择同类宝贝,选择添加即可。

● 如果某个关键词想删除,单击关键词后面的"删除"即可。

皇冠支招

前面给初学者介绍了直通车基本的应用,下面,给淘宝新手汇总一些淘宝直通车精选关键词。

▶ 招式 01:关键词的选词方法

关键词是淘宝买家的搜索词,当买家搜索该关键词时,被推广的宝贝将展现在直通车推广位置上。既然关键词这么重要,那么怎么选择关键词呢?有哪些选择方法呢?

(1)可以根据淘宝直通车系统提供的关键词作为自己的关键词,如图 7-36 所示。

系统推荐:系统根据宝贝相关性信息提取的关键词推荐。

相关词查询:在搜索框中输入任意词,查询本词及相关词的流量等情况。

正在使用的关键词:当前账户中其他宝贝的关键词。

(2)可以使用宝贝标题中的关键词,如图 7-37 所示。

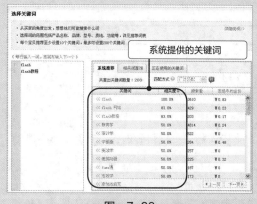

图 7-36   图 7-37

(3)宝贝详情里的属性词,如图 7-38 所示。

(4)淘宝首页搜索下拉框中的关键词,如图 7-39 所示。

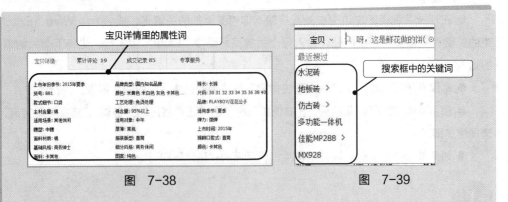

图 7-38　　　　　　　　　　图 7-39

（5）搜索结果页面中的"你是不是想找"以及更多筛选条件中的关键词，如图7-40所示。

（6）"类目词"中的关键词，如图7-41所示。

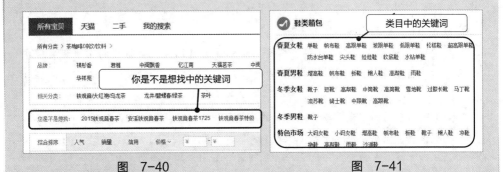

图 7-40　　　　　　　　　　图 7-41

（7）淘宝网搜索框下方的关键词，如图7-42所示。

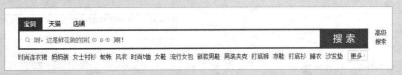

图 7-42

▶ 招式02：直通车关键词精选

在淘宝做直通车推广，一个省钱的重要环节就是关键词的选择。下面列出各类店铺一些常见的热门关键词，供店主选择。

1.服饰类

女装／女士精品／女鞋／女士内衣／男士内衣／家居服／男装／箱包皮具／热销女包／男包／服饰配件／皮带／帽子／围巾／运动服／运动外套／卫衣／运动鞋／流行男鞋／童装／童鞋／孕妇装／品牌手表／流行手表／饰品／流行首饰／时尚饰品珠宝／钻石／翡翠／黄金。还有如下热门关键词，详见表7-1。

表 7-1　服饰类关键词

子类别	热门关键词
女装	连衣裙、韩版、韩、短袖、花、连衣裙、only、特价、雪纺、歌莉娅、sz韩国
女鞋	达芙妮、百丽、百丽女鞋、tata、鱼嘴、卡斯高、韩版单鞋特价、百丽08新款、哈森
男装	T恤、外套、短袖、08春、jack、短裤、风衣、牛仔裤、levi's、衬衫、原单、美特斯邦威
服饰配件	货车帽、女式皮带、oakley、皮带 腰带 女、男士皮带、女士腰带、大沿帽、棒球帽 韩国
运动服装	茵宝、nike、专柜正品、绝色天娇、adidas、adidas正品、背靠背、专柜正品、南韩丝
男鞋	内增高、鞋柜、意尔康、森达、增高、老北京布鞋、apple、其乐、探路者
童装	外贸、米奇、凉鞋、帽子、背心、童装、亲子装、裤子、棒球帽、背带裙

2.文体类

运动/瑜伽/健身/球迷用品 | 书籍/杂志/报纸 | 音乐/影视/明星/乐器 | 鲜花速递/蛋糕配送/园艺花艺 | 宠物/宠物食品及用品。还有表7-2所示热门关键词。

表 7-2　文体类关键词

子类别	热门关键词
运动瑜伽	比基尼、跳舞毯、安莉芳、游泳衣、跑步机、瑜珈、瑜珈服、最新款跳舞毯、泳装比基尼
音乐/影视/明星/乐器	mp3、mp5、mp4、录音笔、长时间、oppo、游戏、游戏机、iPhone、飞利浦、SA28、a816、彩迎、苹果mp3
鲜花速递	薰衣草、牡丹、田园、嘉丁拿、生石花、鲜花速递、生日礼物、手捧花、蝴蝶兰
宠物	泰迪熊、猫沙、加热棒、蚂蚁、狗狗用品、藏獒、自动喂食器、垂耳兔

3.家居类

居家日用/厨房餐饮/卫浴洗浴/床上用品/靠垫/窗帘/布艺/家具/家具定制/宜家代购/奶粉/尿片/母婴用品/益智玩具/童车/童床/书包/装潢/灯具/五金/安防/卫浴/食品/茶叶/零食/特产/保健品/滋补品/汽车/配件/改装/摩托/自行车。还有表7-3所示热门关键词。

表7-3 家居类关键词

子类别	热门关键词
床上用品	蕾丝、窗帘、田园、纱、床、天意、艾维、缎带、绸带、丝带、舒雅
家具	宜家杯、折叠组合、布衣柜、折叠椅、床头柜、换鞋凳、单人床、办公椅、衣架
益智玩具	儿童玩具、拼图、滑梯、电子琴、餐椅、儿童自行车、遥控汽车、儿童床、写字板
装潢	遥控开关、油漆、落地灯、电热水器、防盗门、床头灯、爱心、客厅灯、法恩莎
食品	减肥、巧克力、荷叶茶、普洱茶、橄榄油、魔芋粉、珍珠粉、核桃、瘦脸、零食
汽车配件	手套、美利达、海福星、二手车、香水、电瓶车、车架、捷安特自行车、助力车

4. 数码类

手机、笔记本电脑、电脑硬件/台式整机/网络设备、数码相机/摄像机/图形冲印、mp3/mp4/mp5/iPod/录音笔、闪存卡/U盘/移动存储、办公设备/文具/耗材、厨房电器、生活电器、影音电器、3C数码配件市场。还有表7-4所示热门关键词。

表7-4 数码类关键词

子类别	热门关键词
笔记本电脑	平板电脑、戴尔、宏基、t43p、IBM X61、迅驰、松下 CF、CR392、x60t
电脑配件	HYPERX、移动硬盘盒、二手电脑、DDR400、无线AP、250G、40G、路由器4口、酷冷、HTPC机箱
数码相机	海鸥、尼康镜头、索尼T70、美能达、400D、d200、数码照相机、摄影灯、宝丽来
办公设备	夹子、复印纸、黑板、点钞机、电话机、激光打印机、办公用品、复印纸、打印纸
家用电器	德生收音机、森海塞尔、电饭锅、漫步者、功放板、胆机、电风扇、扩音器、耳放
数码配件	蓝牙耳机、电池、蓝牙适配器、风扇、手机套、充电电池、液晶屏、品胜、iPhone皮套

5. 护肤类

美容护肤/美体、精油、彩妆/香水/美发/工具、个人护理/保健/按摩器材。还有表7-5所示热门关键词。

表 7-5　护肤类关键词

子类别	热门关键词
美容护肤	曼秀雷敦、妮维雅、梦妆、洗面奶、the face shop、帝宁、家美乐、fancl
彩妆香水	爱慕、香水、睫毛膏、眼影、化妆镜、散粉盒、象牙、假睫毛、卷发器、火烈鸟

▶ 招式 03：直通车优化技巧

开通淘宝直通车主要是为了提高宝贝的曝光率，让更多的买家看到你的宝贝，给店铺带去更多的流量。可是开通直通车后，发现每天的流量还是没多少？直通车效果不怎么明显，这是什么原因呢？想提升直通车广告效果的话，还需要做好以下各方面的工作。

1. 挑选最适合推广的宝贝

大家都知道参加直通车推广首先要选好一个宝贝，这是所有推广的第一步。因为参加直通车推广的目的就是让你的宝贝走出去，有更多的曝光机会，进而获得买家的认可，顺利地卖出去，从而有更好的成交。

选出来做推广的宝贝，一定要有突出的、清晰有力的卖点，能让买家在最短的时间内注意到你的宝贝。如卖点可以是性价比高（如价格有优势、有促销等）、产品功能强（如产品本身功效好、漂亮等）、品质好（如行货、正品等）。

 小二开店经验分享——推广宝贝时的注意事项

如果刚开始使用直通车，建议先少选几个宝贝来推广，以免在还没掌握直通车优化技巧之前，产生不必要的浪费！等熟练掌握了广告效果提升的方法，再多选一些宝贝进行大范围推广，效果会更明显，也避免了不必要的浪费。

2. 设计最棒的图片

买家搜寻、浏览商品的速度非常快，看广告的时间就更短了。如果你的宝贝图片不清晰、广告标题不简练、卖点不明确的话，导致买家在匆匆浏览之后，就不愿意关注你的宝贝了，你很可能因此就错过一个大买家，也可能因此招来大量无效点击，浪费钱。所以，好广告的基本要求，就是——让买家即使是眼睛一扫而过，也能在最短时间内明白：你在卖什么宝贝，商品的卖点是什么。图 7-43 所示即为非常精练的直通车主图。

3. 标题要吸引人

买家主要通过标题了解商品的卖点，所以标题应该简单直接、卖点明确，让买家即使一扫而过，也能最快地明白商品的特点。

可以参考的商品卖点有：产品本身的特性、价格优势、品质或品牌保证、促销优

图 7-43

惠信息等。当然，卖点一定要实事求是，夸大的卖点可能会让你花冤枉钱。店铺宝贝的标题与直通车广告的标题是各自独立的，差别很大，所以要认真了解以下的直通车标题优化技巧。

（1）标题应介绍产品，而不是说明店铺。买家看到广告时，通常是他们想要搜寻某商品的时候，如果在此时出现介绍店铺的信息，买家要么不感兴趣没人点，要么就点进去随便看看，无效点击很多，花费不少钱，但是成交的很少。

（2）一个广告只突出一种商品卖点，不要罗列很多商品名。就像写店铺信息一样，罗列太多商品名，涉及的范围太宽泛了，容易让很多买家误以为店里什么商品都有，从而随手点击了广告去看看。

4. 选择合适的关键词

如果刚开始使用直通车，建议先少选几个竞价词，等掌握了选择竞价词的方法，再多选一些竞价词进行大范围推广。

选择直通车关键词时，把和宝贝相关的品牌、颜色、款式、型号、用途、产地、质地、功效、适用人群、流行元素等不同角度的中心词先想出来，才能尽可能地涵盖这个宝贝的有关词，同时还要根据各种买家的搜索习惯组合。

 小二开店经验分享——选择关键词的技巧

（1）选择的关键词一定要和商品相关

买家是通过搜索关键词找到你的商品，如果设置与自己商品毫无关系的词，带来的买家也根本不是真正想购买你商品的人。这样做很难带来流量，还可能带来无效的点击，浪费推广费用。

（2）选词的时候避免范围太大、概念太广的词

一般范围很广的词流量会比较大，带来的买家购买目的也不很明确。

（3）很重要的一点一定要记牢：从买家的角度考虑，就是说当买家寻找一件商品的时候可能会搜索什么词呢？如果你能从这个角度去考虑选词，会对你很有帮助。

单击直通车首页导航栏中的"关键词查询"按钮，进入投放关键词查询页面，可以使用这个功能查询到关键词的一周平均每日搜索次数、平均点击单价以及设置了该关键词并且是在系统最精准类目下的宝贝列表，如图7-44所示。

图 7-44

5. 利用各类报表

利用报表的数据去分析，宝贝推广后观察账户的点击数据，利用市场数据来检验我们的推广效果。通过对各类数据的分析，你可以了解到自己推广设置的不足的地方并加以改正。

（1）关键词无展现量或者展现量过低的冷僻词需要替换掉，非冷僻词微调价格。

（2）排在前面、但无展现量无点击的词，需要替换掉。

（3）部分关键词出价较高，流量一般，整体花费多，调整出价。

（4）关键词好流量低，如果是因为排名太靠后了，建议把价格适当提高。

（5）如果类目产生的扣费很多但没效果，建议也改低一下类目出价或者调整其他宝贝进行类目出价。

（6）对于展现很高却没有点击量的词，检查是否是因为关键词与宝贝的相关性太低，导致搜索了该关键词的人看到宝贝，并没有产生兴趣。如果符合这种情况，替换成与宝贝相关性更高的关键词。

案例分享： 小尚的创业之路

12年前，18岁的小尚兜里揣着42块钱，从老家湖北坐了20多个小时的火车到杭州的一所大学报到。当时，他最大的愿望是能通过打工把大学念完。12年后，三十而立的他通过自主创业，已是身家千万的老板，他从250元办网站起步，到现在拥有5个项目公司，他的企业成为"国家级重点高新技术企业"，而他也成为杭州市优秀的创业导师，成为很多高校大学毕业生创业的指路人。

1983年，小尚出生在湖北广水一个偏远的山村。父亲在他出生不久后就查出患了直肠癌。经济条件捉襟见肘的家境，让小尚励志要好好念书，走出小山村，要成为家里的顶梁柱。从懂事开始到上大学之前，小尚没穿过一件新衣服，全身上下都是打满补丁的旧衣服，无奈的母亲连20元钱一件的新外套也舍不得买给他，因为家里的钱要留给他读书。

上天从不辜负真正付出了努力和勤奋的人，小尚十年寒窗苦读，终于换来了他的大学梦，2001年，小尚考上了浙江理工大学。

金秋十月，是学校开学的日子，母亲东拼西凑，给小尚攒了42块钱，揣着这42元，小尚走上了他的求学路。尽管学校为他解决了学费问题，但他还是被住进宿舍需要缴100元才能拿到的饭卡和钥匙挡在了门外。无奈之下，他跟班主任借了100元。

尴尬的事情不止一次。第一次上电脑课，老师让大家开机，从没摸过电脑的小尚连开机按钮都找不到。

"开始的时候难免自卑，但正是这种差距让我更有奋进的动力。"小尚说。他推销过辅导书，卖过锁，当过办公室助理，最忙的时候还得给五六个孩子当家教。"自己就像一个陀螺，为生活而奔波。"

穷人家的孩子早当家，困难和挫折没有磨掉一个年轻人上进的心。靠打工解决生活费后，不服输的小尚又琢磨着做点"稍大的事情"。

说干就干，几个同学凑齐了1000元担保金，一起在淘宝开设了自己的第一家网店。

"不过过程远没有想象的顺利。"小尚回忆说。当时货源没有优势，技术没有优势，经营中出现了不少问题，途中，参与创办的多位同学选择退出，最终只剩下包括小尚在内的3个人。"那时没想过一定要怎么赚钱，只是觉得这样放弃太可惜，于是坚定了一直淘宝路走下去。"

小尚团队选择了坚持。在接下去的几年里，他们靠没日没夜地进行淘宝店维护，从货源、装修、推广各方面入手，终于在2008年出现转机，店日销额达到10万元。

在竞争激烈的淘宝，为什么他们的淘宝店能够实现如此庞大的盈利，小尚总结说："一切皆在坚持，当时一路走的淘宝店卖家很多都中途散场，我们要是中间也放弃，也就没有今天的我们了。"

正是因为这种理念，小尚的淘宝店目前已经是金冠级别，并且也有了自己的天猫店铺，创下了属于自己的一份事业。

钻石展位，解密店铺引爆的秘密

本章导读

钻石展位是淘宝卖家获取流量最快的方式之一，适合已经有推广经验的成熟卖家，可以以最适合的噱头推广最合适的产品。钻展为卖家提供了最大弹性的效果提升空间。促销活动、推广入口、推广产品等都是影响效果的因素。如果搭配得合理，将会连锁产生爆炸式的效果。

知识要点

通过本章内容的学习，读者能够了解到淘宝钻石展位的基本概念，如何购买钻石展位服务，钻石展位的投放模式以及钻石展位的使用技巧等。需要掌握的相关技能知识如下。

- 了解钻石展位
- 购买钻石展位
- 钻石展位的投放模式
- 钻石展位活学活用

8.1 了解钻石展位

"钻石展位"是淘宝力推的一种图片类广告竞价平台,它专门为淘宝卖家提供最优质的展示位置,通过竞价排序,按照展现计费。性价比高,更适于店铺、品牌及爆款的推广。

8.1.1 什么是钻石展位

钻石展位是按照流量竞价售卖的广告位,计费单位是"每千次浏览单价"(CPM),即广告所在的页面被打开1000次所需要收取的费用。钻石展位不仅适合发布宝贝信息,它更适合做店铺促销、店铺活动、店铺品牌的推广。可以为店铺带来充裕流量的同时增加买家对店铺的好感,增强买家黏度。图8-1所示为淘宝首页一屏的广告就是钻石展位。

图 8-1

淘宝钻石展位产品特点如下。

● 超低门槛:对卖家限制少,只要出价合理就可以在淘宝最有价值的展示位上发布信息。

● 超炫展现:展现形式更炫丽,展现位置更大,展现效果更好。

● 超优产出：不展现不收费。自由组合信息发布的时间、位置、花费，轻松达到最优异的投产比。

8.1.2 钻石展位的规则

（1）系统每天15点后自动提交计划进行竞价投放。

（2）系统会提供过去7天被竞价的数据给卖家查看。

（3）如果没有足够的余额，自动停止第二天的计划投放，所以用户在计划投放前一天的15点之前，保证消费账户有一天日预算金额，否则将因金额不足而停止投放。

（4）在同一天同一个时段内CPM出价高的计划优先投放。

（5）如果计划分为多个小时段投放，系统将会根据实际的流量情况以小时为单位平滑消耗。

（6）如果计划的投放达到日预算限制自动停止投放，系统保证每天消耗不超出账户的日预算限制。

（7）如果计划有多个展示图片将会被随机轮播显示。

（8）允许在15点之前调整计划的基本信息。具体内容包括CPM出价、日预算、展示图片、开始结束日期、时段等。修改完成后需要等到次日才能生效。

（9）允许暂停投放中的计划，并在次日生效。

（10）不允许用户当天强行终止投放中的计划。如果有特殊情况请提交客服处理。

（11）用户可以随时充值消费账户，充值使用的支付宝为淘宝账户绑定的支付宝。

（12）系统每天15点后从卖家的消费账户冻结计划第二天的预算。

（13）系统每天凌晨自动结算消耗金额，并返回消费账户计算前一天的消耗余额。

（14）如果计划被竞价成功投放，则该计划的实际投放结算价格将按低于当前CPM价格的下一位有效出价加0.1元进行结算。

8.1.3 钻石展位的位置

钻石展位的主要优势在于它不仅可以推广单品，还可以推广整个店铺。钻石展位是按PV收费的，精确投放更显得重要。

1. 淘宝首页

首页流量巨大，对于资金雄厚的大卖家来说，放在首页可以带来巨大的流量，从而带来更多的顾客。图8-2所示为展示在淘宝首页尾部的钻石展位。

2. 垂直频道

钻石展位只要展示了就要收费，最好选择和自己的产品相匹配的垂直频道进行投放。图8-3所示为女装频道首页的钻石展示位。

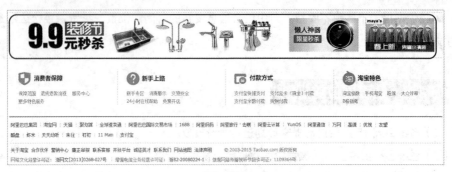

图 8-2

图 8-3

3. 特卖促销频道

在淘宝天天特价、免费试用等频道也有钻石展位，如图 8-4 所示。

图 8-4

8.2 购买钻石展位

在哪里能找到"钻石展位"这个推广工具呢？具体购买操作步骤如下。

第1步　首先登录进入淘宝后台，❶单击"营销中心"栏目下的"我要推广"，如图8-5所示，在打开的营销入口页面中，❷单击"钻石展位"图标，如图8-6所示。

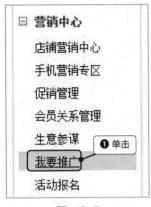

图 8-5

图 8-6

第2步　这时系统将自动转入账号登录页面，❸单击"加入钻石展位"按钮，如图8-7所示。

图 8-7

第3步　这时系统将自动转入"我要报名"页面，如图8-8所示。如果想要开通这个工具，首先要参加培训课程，在参加完课程之后，就会给你开通钻石展位的权限了。

第4步　在开通权限后，就可以进入钻石展位后台了。在这里可以很直观地看到个人账户、公告区以及展示位推荐区。如果想查看更多的展示位，❹单击顶部的"展示位资源"导航，如图8-9所示。

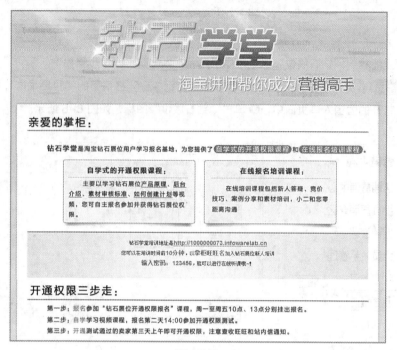

图 8-8

图 8-9

第5步 进入"展示位资源"列表页面,这里显示的是所有可以参加的钻石展位活动,❺ 单击你想要加入的推广展示位后的"参加出价"按钮,就可以查看该展位的详细信息,如图 8-10 所示。

第6步 在出价页面中可以看到该展示位的各项信息,包括当前竞价情况,每日总展现量等。首先需要添加符合此展位尺寸的素材,素材必须通过审核才能竞价此展示位,❻ 单击"创建素材"按钮,如图 8-11 所示。

图 8-10

第7步 在弹出的创建素材页面中，❼需要选择素材类型，输入素材名称，上传素材，设置 URL 链接等步骤，❽完成后单击"保存"按钮，如图 8-12 所示。

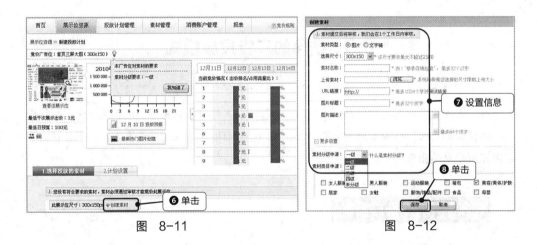

图 8-11　　　　　　　　　　　图 8-12

> 小二开店经验分享——了解钻石展位图片的格式
>
> 钻石展位不仅支持图片格式，还支持 Gif、Flash 等动态格式。你可以把自己的展示图片做得非常漂亮，同时钻石展位的尺寸都比较大，可以最大限度地吸引买家进入你的店铺。

第8步 制作好展示图片并且通过审核后，就可以创建投放计划了，❾并为投放计划命名以便于以后区分，接着选择投放的起止时间、投放时段和填写竞价，如图 8-13 所示。

第9步 设置完成后，就可以对你喜欢的展示位置的某个时间段的"千人展示成本"的单价进行自由出价了，价格高的卖家的推广信息将被优先展示。

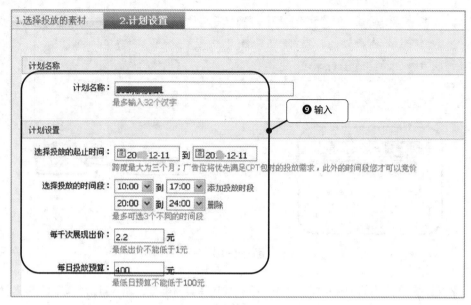

图 8-13

8.3 钻展的广告投放模式

钻石展位是比较高端的一种营销工具，其优势在于，除直接引入流量达成销售之外，还有一种广告理念的灌输。目前钻石展位的广告投放，大部分还停留在引进流量阶段，而忽略了品牌广告的宣传，这简直是大大的错误。利用好钻石展位的视觉冲击因素，对于品牌的知名度拓展是至关重要的。

8.3.1 明确推广目的

一般钻石展位的目的有两种，一种是直接出售商品，另一种是展示品牌。

图 8-14 所示即为低价广告素材，这个钻石展位的广告重点在于商品价格。这种素材的好处在于低价折扣的冲击可以大大的提高点击率。不足之处在于，假如这张素材的点击率为百分之一，那么，对于剩下百分之九十九的展示，是完全的浪费，因为从素材本身来说，没有任何店铺和品牌的宣传。

如图 8-15 所示，这个钻石展位素材主要是进行产品和品牌的形象展示，是比较成功的，从展示位置看，周围缺少明显能够抢眼的广告素材。广告词主要是展示出商品价格，但同时也显示出了商品的品牌和店铺名称。

在点击成本上，根据经验，有可能第一张素材的点击率会更高，这就意味着可以以更低的流量获取价格，但是，在广告效应上，前者是无法跟后者相提并论的。

图 8-14

图 8-15

在制作素材投放之前，商家应对自己的推广目的做详细的分析，先搞清楚自己要的是什么。有需求，才能有明确的计划。很多人以为钻石展位的作用就是引流，这样一来就会陷入点击均价，不断地丢失广告展示效应，最后陷入不敢投放的局面。对于自有品牌商、渠道商、知名品牌商，以及高品牌壁垒型季节产品、非季节产品，都应该有不同的投放策略。所以，对不同的店铺和产品本身，商家应该搞清楚自己的目的，然后制定钻石展位广告的投放策略。

8.3.2 爆款打造

这种引流方式一般是对一款最热销的单品做长期的流量轰炸，素材一般情况下不会轻易变化，即使主色调有变化，其广告核心也不会变化。这种广告素材一般是为流量的引入加强精确性，所以在人群定位和店铺定位上应该要足够精确。其选择的位置为首页流量较大的广告位，从而保证足够大的流量基数，实现比较精准引流的目的。

通过良好的策划运营，可以以一款爆款产品带动整个店铺的销售。这种对爆款的打造和流量深入运作的方法，是可以借鉴的。

单击广告进入店铺的首页，可以看到该爆款产品的巨大广告展示在首页第一屏，如图 8-16 所示。通过广告进入该店铺，在"宝贝排行榜"栏中可以看到爆款产品的销售量远远超过其他产品，如图 8-17 所示。

图 8-16

图 8-17

8.3.3 活动引流

钻石展位素材的引流一般是分季节性的，以节日为促销折扣主题，整个店铺策划层层相扣，同时利用焦点大量引流。这种引流方法的特点是，预算庞大、占据位置多、持续时间短，属于一种爆发性质的促销。

活动引流有以下几个要点。

- 素材一定要做的劲爆，各类网络热词，各类夸张表情，造成强烈的视觉冲击。
- 折扣一定要低，虽然其实不低，但哪怕只有一款产品4折 而且限量10件，也一定要说成是"全场4折起"。
- 活动策划要环环相扣，让进店的顾客不买几件东西就出不来。
- 庞大的预算，这点不是一般商家可以承受的。

总的来说，这类钻石展位的投放在短时间内会引入巨大流量，带来巨大的销售额，实现当期盈利，但需要通过精密的策划来实现。图8-18所示为店铺在淘宝各个栏目页面做了大量的活动，在该店铺首页也有很多的折扣活动。

图 8-18

8.3.4 品牌广告

所谓品牌，就是长期坚持一种个性。那么，你的广告是否一直在坚持这种个性呢？这类钻石展位广告的持续投放，需要周密的策划和良好的品牌形象定位。通过钻石展位这种形式投放广告，虽然前期成本较高，但从长远来看，意义是不可衡量的。图8-19所示为方太品牌广告。

图 8-19

8.4 钻石展位活学活用

钻石展位是淘宝卖家反映比较好也运用比较多的一种淘宝店铺推广方式。但是，钻石展位效果的好坏也因人而异。

由于淘宝的钻石展位属于展示性质的收费形式，就是通过每千次展示收费的，所以，只要在每千次展示中获得更高的点击率就可以做到花同样的钱获得更高的回报率了。

利用好淘宝的钻石展位，可以取得和淘宝直通车一样的效果，在淘宝付费推广中算是非常划算的一种推广方式。当然，要推广得好，就要掌握使用钻石展位的一些技巧，否则钱不比直通车花得少。

用好钻石展位技巧的结论就是提高点击率，提高点击率就是要让看到广告展示的买家成为你产品的目标用户，例如买家打算买护肤品，你正好展示的是护肤品的广告，那么买家自然会点击了。

8.4.1 了解自己要推广什么

钻石展位不仅适合推广单品，还可以推广店铺促销、店铺活动、店铺品牌。可以在为店铺带来充裕流量的同时增加买家对店铺的好感，增强买家黏度。

钻石展位适合相对成熟的卖家，首先要求卖家可以制作漂亮的展示图片或 Flash；其次要求卖家有活动、促销等发布意识，并以最合适的噱头推广最合适的产品。

钻石展位提供了最大弹性的效果提升空间。促销活动、推广入口、推广产品等都是影响效果的因素。如果搭配得合理，将会产生连锁爆炸式的效果。

1. 推广商品

如果主推的是商品，一定要把商品做到最好、最优，因为钻石展位是按照流量付费的，广告是否成功，很大程度上是用点击率来衡量。商品有绝对优势和吸引力，才能吸引买家点击；商品没有优势，点击率少或没有点击，这个广告就是失败的。图8-20所示为商品推广的一个经典案例。

图 8-20

2. 推广店铺

推广店铺是钻石展位广告中用得比较多的广告形式。成功的钻石展位推广往往能引爆店铺的销量，前提是先把店铺装修好，各种促销活动要吸引人，才能把引进的流量转化成成交量。否则流量暴涨却不能提升成交量，也是失败的广告。图8-21所示为整个店铺推广的一个典型案例。

图 8-21

3. 推广店铺活动

促销活动很容易抓住买家的眼球，尤其是一些优惠力度很大的活动，做钻石展位也可以带来很大的流量，如图8-22所示。

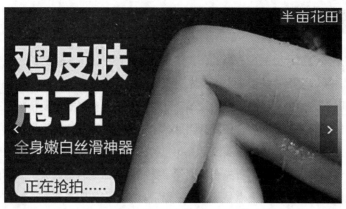

图 8-22

8.4.2 选择什么位置进行投放

1. 和商品属性相匹配

钻石展位只要展示了就要收费，如果你选的广告位不是你目标受众集中的页面，打开你广告位所在的页面什么人都有，那无疑是一种浪费。

比如你做的是男装，把这个广告投放在淘宝网首页和在"男人/服饰/"频道，哪个会更省钱、更有效果？首页流量巨大，但男女老幼都有，不管是不是受众，打开了首页就收钱。100 个人中或许只有 10 个人是想买男装的。而在"男人/服饰/"频道中，来浏览的人一般都是对这个商品有兴趣的，有可能打开网页的 100 个人中有 50 个是潜在买家，比投放在淘宝网首页划算。当然，对于资金雄厚的大卖家来说，那就另当别论了。

从广告费使用效果最大化的角度来考虑，最好选择和自己的产品相匹配的频道进行投放。

2. 和广告预算相符

广告投放在哪个位置，除了和商品类型有关外，还和广告预算密切相关。

每个展位都有最低日限额，如果你的预算低于这些广告位的最低预算，可以不用考虑。

对于展位的价值估算，有两种误区：一种是认为 CPM 越高，价格就越高，价格就越贵；另一种误区是认为流量越高，CPM 越低，这个展位就越有价值。

3. 和店铺经营状况相当

除了预算，买什么位置，要多少流量，还和自己的店铺经营状况有密切关系。

即使你的资金充足，可以一天买进 10000 个点击量，但如果你的店铺没做广告前只有几百个流量，而客服也只有一两个，对于这个流量店铺是承受不住的。因为一两个客服远远无法应付 10000 个流量下买家的咨询。建议每天由广告引进的流量比平时多 2 到 3 倍，这样还可以承受，再慢慢加大投入。

8.4.3 打造关键的广告图片

钻石展位是按流量计费的广告形式，其效果又是通过点击率来估计的，点击率越高则说明广告效果好，所以，图片是否吸引人，是否让看到的人有点击的欲望，则是广告成败的关键。有创意有吸引力的图片，能让你的成本降到最低。图片在形式上要精美而有冲击力，这样才能吸引人的眼球；图片的内容还要有卖点，毕竟你的最终目的并不是仅仅要别人欣赏图片，而是要别人点击图片，进店购买商品。

所以，在计划推广商品前，首先要找到你要推广的商品或店铺最吸引人的闪光点。然后用有冲击力的图片，把这个闪光点呈现在买家面前。如果你的图片普普通通，毫不起眼，很容易就被买家忽略；相反，如果它能一下就跳入买家的眼帘，就有可能产生高的点击率。图8-23所示的案例，图片很精美，但真正让人忍不住去点击的还是它的卖点"每周三12：00限量开售"，对此家具感兴趣的人很快就会被吸引住了。

图 8-23

皇冠支招

钻石展位是除了直通车外，最受淘宝卖家欢迎的一个付费推广手段。但是，只有合理运用，才会用最少的成本带来最好的效果。这里就来介绍几个钻石展位推广中的省钱技巧。

▶ **招式01：钻石展位的竞价技巧**

钻石展位是按展示收费的，只要有买家浏览页面，你的广告有展现就要收费。不过它是每展示1000次收一次费用，而且不同的广告位收费也不一样。这是由于各个位置给出的图片尺寸不一样等，收费价格也会有差别。

1. 竞价一定要冷静

找到最适合自己店铺的广告投放位置，并且根据利润及销售量计算出能够承受的价位，如果有较多的人抢这个位置，能抢到固然好，但是，如果超出预算的话可以看一看其他位置是否合适。

建议在开始竞价前先研究自己选中的广告位的特征，以及最近的出价数据，看准了、算好了再出手，切忌不顾一切地去抢广告位，有时候一时冲动，有可能不小心抢到了不适合自己商品的展位。

2. 科学出价

不是出价越高越好，钻石展位和直通车的竞价是不一样的，直通车竞价是争抢商品排名，而钻石展位只是为了获得优先投放的权利。

这两种展位的区别很好理解，直通车展位是出价最高的广告排在最前面；而钻石展位出价最高的广告获得被优先投放的权利，也就是说出价最高的广告先被投放，投放完毕后才轮到出价在第二名的广告进行投放。至于广告展示多久，和广告竞价的高低无关，当然要看预算了，预算充足，能扛得住，就展示时间长一点。

我们应该在流量没有被购买完的情况下，竞价尽量低，才可以在相同的预算下拿到最多的流量。

当然，有些卖家是挑时间段的，比如他一定要在上午10：00~11：00投放广告，一个比较短的时间段内的流量有限，那么取得优先权就很必要。

3. 快速竞价

每天在15：00之前的几分钟是竞价最激烈的时候，很多卖家往往在前几秒出价或加价，所以，创建了投放计划后，可以利用创建快速竞价迅速抢位。

4. 什么时间最好

选择白天还是晚上展示，不同时段流量也不一样。购物高峰期流量相当大，那些排在前面的预算可能很快就用完了，轮到后面的那些出价比较低的卖家展示，因此有个小技巧，我们做预算的时候可以选择流量比较大且在这段时间内出价可以相对较低，但是预算要足，这样我们才能出价比较低，又能买到大流量。有些卖家只求出价低，但是你买不到流量，或者展示了没几分钟就下来了，这样就失去了钻石展位的意义了。

▶ 招式02：决定钻石展位效果好坏的因素

钻石展位受到了很多卖家的青睐，很多卖家就靠着钻石展位流量节节攀升。那么，决定钻石展位效果好坏的因素有哪些呢？广告图片、广告文案、目标人群、投放时段都是决定钻石展位是否成功的重要因素。

1. 广告图片

广告图片常常被大家所忽略，但却极为重要，拥有一个适合自己、凸显主题的广告图片就会给自己带来无限的收益。

很多人都没有意识到广告图片的重要性，大家都觉得自己可以做，虽然做出来不是那么好看，能用就行，虽然节省了开支，但是却大大制约了收入。如果广告图片可以展现店铺所要表达的东西，那带来的收益就会上千元，上万元，甚至上几十万元。

2. 广告文案

图片的内容上还要有卖点，毕竟你的最终目的并不是仅仅要求别人欣赏图片，而是要别人点击图片进店购买商品。图片广告上的广告文字内容和图片一样也能决定广告的效果。同样的图片，上面的文案不同，广告所带来的效果也不同。

广告文案不能太乱，只要包含主题、价格、产品就可以了，也可以加上一个点击按钮，或者加上一个时间能给客户造成紧迫感，来提高点击率。切记一定不要乱，站在客户的角度想想，要让客户一眼就能看明白。如图8-24所示的案例，图片很精美，但是真正吸引人忍不住去点击的还是它的广告文案"9.9元上门更换空调滤芯"。

图 8-24

3. 目标人群

对于自己的产品，我们要去了解其所对应的目标人群，然后再对自己所面向的人群进行广告投放。这样可以有效地去提高广告所带进来的流量的转化率。

还有一个就是按照地域投放，地域是最容易选择的，因为我们电商主要面对的群体以网络使用群体为主，所以我们可以直接选择网络比较发达以及消费水平相对较高的几个地域来投放。

4. 投放时段

最后一个就是投放时段的选择，我们要选择转化率高和流量高峰时段来投放，让我们的广告产生最大的效果。

建议从以下两个方面来选取投放时段。

买家的作息时间：一般在上午10：00~12：00、下午15：00~17：00、晚上19：00~22：00是买家购物的高峰，选择这些时间段投放最好。

客服的工作时间：确保在广告投放时段内有客服在线，这样客户的购买率会上升，客户体验也会提高。

案例分享： 一个小混混的淘宝大道

小陈是一个超级喜感的人，20世纪70年代出生于浙江温岭箬横镇，这个农家孩子的成长经历完全可以拍成一部卓别林式的喜剧片。

他小学时成绩很差，语文没学好，到现在都不会用拼音来拼写自己的名字。他后来开淘宝店是用五笔打字，但是，当初学五笔的动力却是为了打传奇游戏时方便在网上骂人。

2002年，身无分文的小陈无所事事便开始玩起了传奇游戏。不得不承认，小陈在打游戏方面是极具天赋的。很快他就所向披靡了，那些不服气的人就在网上骂他，小陈恨得咬牙切齿，想回骂对方却不会打字。于是小陈果断地给电脑培训部交了300元学费，花了十几天把五笔打字学会了。这为他后来开淘宝店奠定了坚实的基础。

三百六十行，行行出状元。后来，小陈还真靠帮别人打传奇游戏小赚了20万元。生意红火的时候，他"请"了十几个不务正业的小混混到家里天天打游戏，帮客户挂机、练级，每个客户收两三千块钱。请来的"员工"是不用付工资的，管饭就行，两厢都乐不可支。

这期间，小陈也开始持续相亲，准备完成人生大事，不过连续跑了三四趟，对方连电话号码都不愿给他，小陈很受伤。他发现问题就出在陪同人员身上，因为每次他叫去的同伴都比他帅。小陈后来专门叫朋友中长得丑的作伴，这亲还真相成了。2003年下半年，小陈结婚了。

结婚后的小陈的主业还是继续打游戏，积累的客户和经验多了后，小陈又干起了倒卖游戏币和装备等买卖，生意十分红火。这门生意小陈一直干到了2006年，行情衰落后小陈就没继续干下去了。

2008年7月16日，小陈开始开淘宝店卖男鞋。刚开始他以为淘宝上只注重价格不讲质量，他的鞋子全是在当地批发市场上拿的便宜货。小陈试穿了三天就破了，他心里很犯嘀咕。恰巧这时候有人在他店里看上了这款鞋，说买来结婚期间穿。小陈知道这款鞋子有问题，找各种理由拒绝卖给他，他怕买家会在婚礼上出丑。但是世事蹊跷，你越是拒绝别人越是要买。小陈被逼无奈只能说实话，对方这才作罢。不过，这个人后来成了小陈的铁杆老顾客，每年都要在他店里消费几千元，这是后话。

2008年10月起，小陈调整了产品结构，将店名改为"小博士童鞋城"，依托永康一个开厂的朋友，小陈在自己的淘宝店里卖起了童鞋、滑板车、溜冰鞋、玩具等，赚孩子们的钱。小陈那时对淘宝几乎还是一窍不通，他当时订的计划也是两年不赚钱，慢慢来养团队，因为很多事他自己不会做，什么都得请人。小陈也因此"爱才如命"。有一次，小陈亲自驱车从温岭松门到台州黄岩去接一个美工MM过来面试，可是MM看了小陈公司的架势后，不干，小陈还得把她送回去，往返一趟140千米。

起步的时候，池子小，养不起大鱼，连个大学刚毕业的小姑娘都没把小陈的网商生意看上眼。不过，这个小姑娘可能做梦都没有想到，今天的小博士童鞋城已经是淘宝上的一个五皇冠店，为小陈创造了不菲的利润。

不过，小陈也为此付出了"血的代价"。为了钻研淘宝的规则，还要干好客服、采购、发货等全部工作，小陈每天早上9点起来，深夜三四点钟睡觉，累得像头牛一样，眼睛睁不开的时候用冷水洗一把脸，实在立不起来的时候就躺沙发上眯一下眼……就这样奋战到2009年10月，小陈趴下了，腰间盘突出，住院一个月。

在淘宝上尝到甜头的小陈没有退却，反而越战越勇，他又在淘宝上开了一个叫"舞悦"的汽车用品店，主营汽车坐垫、脚垫等产品，他的口号是"车垫舞悦、品质卓越"。此时的小陈对开淘宝店这种事已经驾轻就熟了，舞悦汽车用品店不到一年就做到了一皇冠。小陈始终坚持品质第一、服务第一，避开同行，以免做无谓的恶意竞争。

在淘宝上做生意久了，遇到各种"刁钻"的亲们便是常有的事。小陈的童鞋尺寸都是用钢尺很精准的度量后再清晰地展示在宝贝描述里，几乎没遇到什么麻烦，不过一个新疆的亲收到鞋子后非说自己用皮尺测量的尺寸和小陈测的不一致，200多元的鞋子最后白送了。河南的一个亲在小陈的店里买了一个玩具给儿子作为生日礼物，小陈承诺5天到，双方约定每逾期一天小陈赔50块钱，15天都不到货的话产品不要钱。宝贝通过EMS发出去后，对方一直没有收到货，打11815也查不到，这单生意最后的结果是小陈不但产品白送，还赔了1500块钱。还有更戏剧的，浙江嘉兴的一个亲，在收货时和快递员起冲突，被快递员打伤住进了医院，这个亲一直向小陈索要赔偿……

如今的小陈已经是台州地方小有名气的优秀网商，除了C店的小博士童鞋城和舞悦以外，他后来还在天猫上开了两家卖汽车用品店。除了零售生意之外，小陈还开通了阿里巴巴诚信通，做起了批发，生意非常红火。团队成员也发展到了三十几人，公司总部也从温岭下面的松门搬到了台州路桥市区。如今的小陈整天开着自己的宝马到处转悠，参加各种各样的培训。

阿里巴巴和淘宝彻底改变了小陈，也完完全全地造就了小陈，这个一没文化二不靠谱的江湖小混混，通过做网商实现了脱胎换骨般的新生。小陈告诉记者，现在开同学会，同学们叫他打牌，他说他早就戒赌了，几乎所有的人都不相信，但是他真的早就戒了，今非昔比。

第9章

加入试用中心，打造独家爆款

本章导读

淘宝的"试用中心"是淘宝推出的一个免费的试用平台，淘宝商家可以免费在上面派发试用商品给自己的会员，为商家培养潜在客户，让买家通过试用品更为方便地了解店铺及店铺所销售的商品，扩大店铺和商品的浏览量并促成交易。

知识要点

通过本章内容的学习，读者能够了解到淘宝试用中心以及加入的好处，同时介绍了如何报名加入淘宝试用中心进行商品和店铺的推广等。需要掌握的相关技能知识如下。

- 淘宝免费试用中心
- 试用中心的好处
- 卖家如何报名试用中心
- 用好试用中心吸引流量

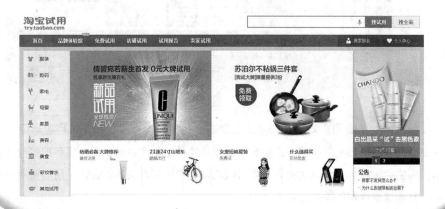

9.1 淘宝免费试用中心

淘宝试用中心是全国最大的免费试用活动平台。淘宝试用中心汇集了上百万份的试用品，聚集了亿万消费者对各类数码产品、美容护肤品、家居日用品、母婴用品、美食保健品、汽车用品的试用报告和体会，同时这里还有最公正客观的买家点评、淘宝最划算的活动。

9.1.1 淘宝试用中心

好的产品不怕试用，免费试用也是商家推广自己产品的一个很好的方法。图 9-1 所示为商家的免费试用促销广告。

图 9-1

淘宝网的大量用户对于一些陌生品牌或产品持怀疑态度。淘宝试用应运而生。淘宝试用中心的活动一般是这样的：商家拿出试用品免费给淘宝会员试用，想参加的会员就提出申请，淘宝会审核，申请成功的会员就可以获得免费试用商品的机会，试用后要写一个试用报告。其实这是商家的推广促销活动。

9.1.2 试用中心分类

在淘宝试用中心，买家可以有机会获得免费试用、付邮试用等体验购物。

1. 付邮试用

顾客承担商品的邮费，商品费用由卖家承担。如左下图所示，淘宝网上的付邮试用商品。

2. 免费试用

商品费用及邮费都由商家承担，一旦申请试用通过审核，无须承担任何费用，只要保证在1个月内及时提交优质的试用报告即可。图9-2所示为淘宝网上的免费试用商品。

图 9-2

免费试用能避免传统网下试用流动和普通试用网站容易引起商家电话骚扰的情况，吸引了更多试客的青睐。在网上，由于试用者对发布试用报告拥有完全自主性，商家必然会在服务方面不断改进，避免引起试用者不愉快从而影响试用效果。据了解，参加淘宝试用中心免费试用的试客目前已有超过数百万人的规模，随着试用中心的不断宣传，这一数量还将继续增加，在庞大的用户群体中，此活动对于商家无疑是一种很好的营销方法，但商家在活动上应更加注重信誉，在活动前更应做好相关活动策划与其他准备。对于买家来说，这也是一种很好的互动参与方式。

9.1.3 试用中心展示位置

试用中心立足为自有品牌商家打造产品推介，最新、最热、最火、最热卖的商品展示，是原创试用报告汇集的媒体平台。为商家进行精准、高效的口碑营销传播，淘宝免费试用频道上线五个月以来已经吸引了很多品牌厂商的青睐，成为3亿淘宝用户发掘消费者的理想平台。试用中心一般展示在下面的位置。

（1）淘宝首页 Banner、文字链、图片推广。图 9-3 所示为淘宝首页钻石展位左侧的链接文字推广等。

图 9-3

（2）淘宝试用中心首页 http://try.taobao.com/ 的 Banner 推广，以及其他图片和文字推广，图 9-4 所示为淘宝试用中心首页的推广。

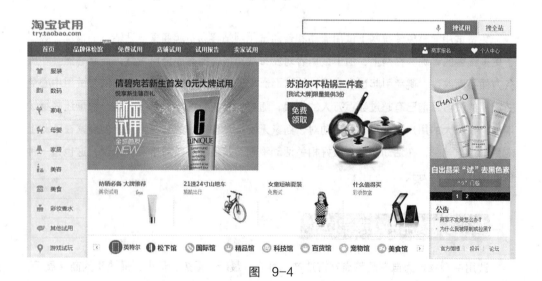

图 9-4

（3）在试客分享页面有大量的试用商品的图片和文字，如图 9-5 所示。在试用中心的试货排行榜页面也使用了图文来展示试用商品，如图 9-6 所示。

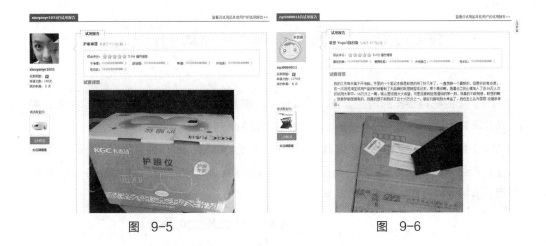

图 9-5　　　　　　　　　　　图 9-6

9.1.4　试用中心入口

免费试用能够给顾客带来一种安全感，人们往往喜欢免费的东西，也更喜欢试用后再买。越来越多的商家选择免费试用这种推广方式来树立店铺的品牌形象。由于试用产品大多都是免费的，所以它被越来越多的买家所喜爱。

第1步　打开淘宝网首页，❶ 单击"免费试用"，如图 9-7 所示。

第2步　进入"试用中心"首页，在这个页面中有试用的商品展示，❷ 淘友和商家可以分别登录，如图 9-8 所示。

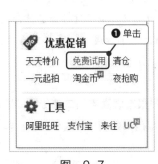

图 9-7　　　　　　　　　图 9-8

9.2　试用中心的好处

试用中心在试用期间，极大地增加成交和店铺信誉，同时商家还能得到宝贵的产品试用反馈。在这里商家不需要花大钱就能抓住新客户，每天数千人的申请，在赢得巨大流量和好评的同时也在淘宝树立了强大的品牌形象和店铺形象，如图 9-9 所示。

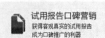

图 9-9

（1）可以获得更多的淘宝流量，倍增业绩，如果收藏越多、销量越大、评价越高、购买转化率越高，在淘宝关键字搜索时，该类商品排名就越靠前。

（2）每个试用品每日都可获取数万的流量，申请人数达几千人，并有独立的产品信息页，即使试用结束也长期保留。试用商品页直接链接商家店铺及宝贝详情页。如图9-10所示，试用品有独立的页面，有57787人申请试用。

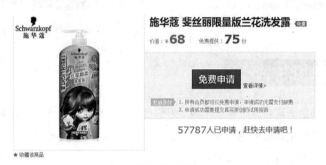

图 9-10

（3）商家每日通过试用中心直接或间接达成的交易量大大超过平时，新上线的试用折扣价将更大程度地促进商品成交。

> 小二开店经验分享——了解试用折扣
>
> 所谓试用折扣价，就是商家在报名参加免费试用时，可以设定给申请试用的会员一个进行折扣购买该商品的机会。在试用品展示期间，只有申请这件商品试用的会员，才有资格专享这个商家提前设定好的折扣价。不管试用申请成功与否，只要单击过申请即可享受折扣价，单击"在线购买"就可以到相应店铺用折扣价进行购买。

（4）通过试用产生良好的使用体验，获得试用会员最客观真实的口碑传播，增加品牌美誉度。当顾客在搜索类似产品时，试用报告可给消费者提供网购的参考依据，如图9-11所示。

图 9-11

（5）独享推广资源：获得淘宝首页、试用频道首页等最优质资源推广机会。

 小二开店经验分享——了解试用豆

"试用豆"是一个用于促进大家在试用中心更公平、更公正进行试用品申请的积分。你在试用中心登录的次数越频繁，提交的优质申请理由和试用报告越多，你的活跃度越高，则"试用豆"将越多，你能够申请的试用品次数将越多。

当你在试用中心仅仅是碰运气，而不是认真地完成试用任务，同时没有提交充分的申请理由与翔实客观的试用报告时，你的试用豆不会增长，甚至会因报告和理由质量低下而被扣除"试用豆"，你能够申请试用品的次数将越来越少。

9.3 加入淘宝免费试用

淘宝试用中心是一个能提供卖家的产品给买家试用的平台，并且买家一定要反馈使用心得，加上免费能快速吸引目标顾客并且推广传播卖家的产品。

很多人认为免费试用还要包邮，是亏本运作，其实不然。免费试用最初兴起是在国外，并且现在被很多国内外的行销大师所运用。以前是通过报纸、杂志等广告让顾客索取产品，现在能在网上索取，所以传播力度大大提升了，只要整体策划得好，免费试用带来的效果是远远超乎想象的，图9-12所示为淘宝试用中心加入流程。

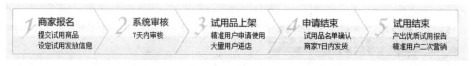

图 9-12

9.3.1 卖家报名条件

试用中心卖家报名需要哪些条件呢？报名试用中心卖家的要求如下。

（1）集市店铺：一钻以上 / 店铺评分 4.6 分以上 / 加入消保。

（2）商城店铺：店铺综合评分 4.6 分以上。

9.3.2 卖家宝贝要求

卖家报名免费试用的宝贝具体要求如下。

（1）试用品必须为原厂出产的合格全新且在保质期内的产品。

（2）试用品总价值 (报名价 × 数量) 需不低于 1500 元，价格不得虚高。

（3）美容彩妆、日化、珠宝配饰、个人护理等类目，必须有假一赔三或分销平台品牌授权。

（4）食品保健类商品必须有生产日期，且必须有 QS 或进口食品标记。

（5）试用品免费发送给消费者，消费者产出试用报告，商品无须返还卖家。

试用品价值越高，数量越多，通过审核的可能性越大，同时营销效果更好，并做好活动期间的关联促销，要结合自己的承受能力申报相应试用品数量。

大于等于 100 份的试用品（总价值 1 万元），将会优先在试用中心内外部重要资源位上投放，具体位置如下。

（1）淘宝首页的免费试用广告，如图 9-13 所示。

（2）试用中心首页：免费试用精选，如图 9-14 所示。

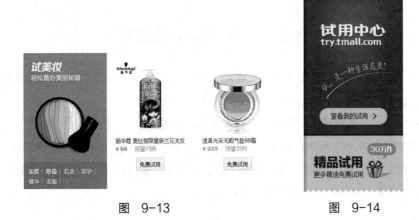

图 9-13　　　　　　　　　　　　图 9-14

9.3.3　卖家试用中心报名

试用中心卖家报名具体操作步骤如下。

第 1 步　打开淘宝试用中心首页 http://try.taobao.com/index.htm，❶ 单击"商家报名"按钮，如图 9-15 所示。

第 2 步　在打开的页面中，❷ 单击"报名免费试用"，如图 9-16 所示。

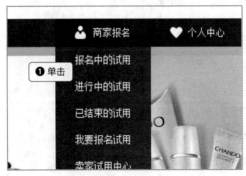 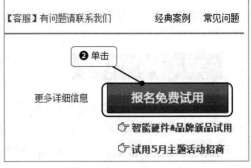

图 9-15　　　　　　　　　　　　图 9-16

第3步 根据具体的步骤提示，完成商品提交。在试用商品提交成功后，小二会在一周内审核完成。审核通过后会有相关类目的试用小二联系店主旺旺。

免费试用活动注意如下一些规则。
● 如因试用品质量问题引起会员投诉等一切后果由商家承担。
● 商家必须在收到试用名单后七个工作日内发货，并且，所有的试用品发放由商家承担运费，商家必须确保试用产品的及时发放，否则淘宝将根据会员投诉对此欺诈行为进行屏蔽店铺处罚，同时永久取消试用中心报名资格，拉入黑名单。
● 上架必须承诺活动期间不得修改宝贝信息。
● 商家在发货前务必确认会员送货地址及收件人，之后方可发货。如果联系不上，在发货通知中注明让会员在一个月内主动联系商家，确认送货地址，逾期视为自动放弃。
● 商家发货完成后到发货单公布区，公布发货信息。
● 一般情况下你发货后，申请试用者3~5天就会收到货物，你应当再隔3天左右跟试用者联系一下，并且告知店里的一些促销活动。尽量让那些申请成功的用户都转化为你的客户，毕竟这些客户都是精准的。

小二开店经验分享——定时查看报名的试用产品

若需要了解自己之前申请的试用是否成功，可以直接点击进入"我的试用"，然后在左边菜单栏选择"申请成功的试用"进行查看。

皇冠支招

淘宝试用中心就是一个能给试用者免费申请试用品的平台，而且试用者必须要反馈使用报告，加上免费能快速吸引目标客户并且推广宣传卖家的产品。只要审核通过了卖家的试用产品，试用申请人数会在短时间内增加得很快，甚至会达到几万的申请人数。活动即使结束后，但试用的报告始终留在试用中心，由此带来的流量也是非常可观的。

▶ 招式01：利用试用中心打造爆款

在我们的店铺中先打造一些爆款，然后利用爆款来带动整个店铺的流量和销量，等整个店铺健康运营时才需要考虑如何把店铺做大、做强，向品牌化发展。

首先，打造爆款是为了提升销量。其次，打造爆款是为了提升人气。最后，打造爆款是为了获得利润，以及带动整店商品销售。在不同的阶段、不同资源的卖家可能打造爆款的目的都会不同。在打造爆款之前，必须要确立打造爆款的目的。一般来说，相对成熟的店铺以提升销量为目的，而在成长期的店铺都是以提升人气为目的。挑选一个好的宝贝作为爆款,是成功的开端。能不能正确地选择一个具有潜质的爆款商品,直接关系到爆款是否成功。

下面是利用试用中心打造爆款产品的一些经验。

● 找对产品的目标人群,学会定位消费群体,除了群体外还要有适合的时机,时机可以是店庆、可以是节日。然而,并不是所有的爆款都可以在短时间内打造成功,一蹴而就。如果没有各方面的资源,打造爆款过程是相当漫长的。

● 有一个明确的目的会让商家打造爆款的同时又规划店铺的发展,仔细地琢磨在打造爆款之后的店铺发展方向,事关长期经营。

● 爆款打造的最终目的不就是销售,为了提高营业额等商业目的么?销售营业额的提高靠的不就是销路和顾客吗?因而顾客是成就爆款的衣食父母,任何一个爆款在成就的过程中失去顾客的参与就等于无源之水、无本之木!

● 保证正品。在试用活动的爆款打造过程中,对品质的要求绝不马虎。诚信是根本,注重品牌建设,对口碑更应重视。

● 店内促销活动同步进行,赠品环节也要细心对待,赠品包装精致、保证品质,顾客是可以感受到卖家的细心的。

图9-17所示为苏泊尔三件套的免费试用页面,可以看到上线一天的申请人数就达72354人,短时间内聚集人气。

图 9-17

▶ 招式02:通过试用中心进行关联销售

关联销售是试用活动效果的主要考核之一,这一块做好了,才能减少参加试用中心的亏损。关联销售这一部分是非常重要的,要精挑细选出店内近一个月内热销宝贝、收藏量大的宝贝以及新品作为活动关联促销产品,在店铺页面用多种促销活动连带促销。

在做好关联销售时要注意如下一些事项。

● 页面做好相关产品的搭配套餐、限时打折,能包邮的尽量全场包邮。

● 参加活动的款式备货充足,能完全满足活动需求,尤其重视商品质量,坚决不让不合格商品流入市场。

● 活动宝贝及重点主推宝贝的描述页要力求完善、图片力求完美,图文详细,全面介绍活动宝贝的详情、特点,让买家全方位了解欲购宝贝,提高自主购买率。

● 在活动详情页,针对客户可能提出的问题,先在商品描述里面说清楚,以减少客服的工作压力。

● 做好客服工作，解决顾客疑问，客服的旺旺上都设置好快捷短语，介绍本次活动及店里其他活动，争取做到尽量让每个进入店铺的买家都满意。

● 仓库预先做好全部包装准备，并严格审单。提前联系好物流公司。确保在规定时间内完成发货，让买到宝贝的买家少些等待。

图9-18所示为参加免费试用的苏泊尔店铺里的其他关联宝贝。

图 9-18

▶ 招式03：试用中心的口碑效应

互联网赋予了试用体验一个广阔的、低成本的、快捷的平台。淘宝试用中心一经推出就得到了广大买家和卖家的狂热追捧。淘宝卖家利用试用中心进行口碑营销，买家则利用试用中心进行免费使用，真可谓是一举两得。试用推广得到的不仅是一大批潜在买家，更是一大批能够帮店铺宣传和推广的买家，并可以引导他们成为店铺长期的宣传推广员和忠实的买家。

向买家派发试用产品从而获得大量买家真实使用过程中的感受和评价，从而分析出买家在产品使用过程的使用方式、使用态度、使用评价。买家对试用产品的评价以及对品牌的认知广泛地影响着其他买家。

口碑很重要，你应该把质量过硬的商品给他试用，并且有良好的售后服务，把他当成朋友，这样才能让买家感觉到你的店铺不但商品质量好，服务态度也不错，才能把你当成他的朋友帮你宣传商品，或者说会再次购买你的东西。一个好的买家不只带来一个好评，相信好的口碑能给店铺带来源源不断的客户，这就等于你已经成功一大半了。

图9-19所示为试用报告中的口碑效应。

图 9-19

招式 04：试用中心带来二次营销

淘宝新品试用中心每款申请免费试用的产品最低 10 件，上架之后来申请的会员从几千到几万甚至几十万人。按单品申请人数一万计算，得到产品的会员是 10 个人，还有 9990 人无法获得，所以，店铺同时需要设置相应折扣价以满足大量有需求的目标用户进行购买，同时做好店铺关联销售。

可是有一些人可能在免费试用期间没有得到或没有买到心仪的产品，怎么办？

（1）亏本试用。必须先做免费试用，产生试用报告之后才可以在后台报名，基于免费试用时的目标用户群设置亏本试用，商家让利，对目标用户群进行二次营销。

（2）付邮试用：100 元以内的产品，以 10 元付邮。付邮的目的是扩大用户群体，锁定目标用户群，让买家自身体验产品后对商家和店铺内的产品做良好的口碑传播，通过用户的宣传，扩大店铺的回头客基数以及提高品牌的含金量。

案例分享： 小王的铁观音茶铺之路

小王是安溪茶乡人，因为不爱读书，沉迷网游，一度被认为是一个不学无术的败家子。2008 年的一个偶然，他在某个视频中听到了马云的一段演讲，其中有一句话深深地触动了他："未来的电子商务商机无限，未来的电子商务一定属于 80 后、90 后。"这句话为小王的互联网创业埋下了种子。

小王的父亲王大伟是一个多年的茶叶商，小王因为沉迷网游而只念到初中二年级，经常被父亲骂："败家子，天天只会玩游戏，不会做点正经事。"这句话刺痛了小王的自尊心，他决定改变，向父亲证明自己，于是他在玩游戏的同时开始试着向其他玩家推销自家的铁观音。

2009 年 2 月，小王还在网上开启了淘宝店，专门卖茶叶，接到的第一笔单子在没有收到付款的情况下就发了货，结果钱没收回来，让他很气馁，但是，每每想起马云的话就又会重新站起来。之后，他开始网店装修、上宝贝、经营人气等，小王一点点地了解电子商务，因为之前经常玩游戏，所以在控制网店流量等方面，他做得很好。之后，小王采用了先寄样再卖的方法，很快就收到了订单，赚到了第一桶金，然后陆续就有了很多单生意。

2009 年 5 月，小王将自己的茶叶店 "中闽弘泰" 开进了天猫商城。他认为 "从茶园到茶杯" 的经营策略是茶叶网店脱颖而出的关键，"和传统销售相比，我们省去了采购商、批发商、经销商等关卡，成本降低价格自然就有优势"。

小王还在网上组建了网商团队，取名 "西游销售团队"，团队由自己堂姐弟组成。其中，姐姐王思茵是 "唐僧"，心无杂念；小王自己是 "孙悟空"，网络技术纯熟，任运营总监兼策划；堂弟王思东是"猪八戒"，常常有新主意，任研发部主管；妹妹王思婷是"沙僧"，任劳任怨，做客服主管。

小王的网店就在这样神奇的团队下，生意一下火爆起来，2009年250万元、2010年1000万元、2011年3000万元、2012年5000万元、2013年7000万元。在网上，小王创办的铁观音旗舰店年度销售额几乎每年都在快速增长。从茶园到茶杯的销售渠道扁平化策略、滚雪球式的客户转化率提升，小王在电商领域的努力让他收获了巨大的成功，也完成了人生的第一次蜕变。

说到自己淘宝创业的成功秘诀，小王认为，细节很重要。茶叶是易消耗品，重复购买的概率很大，而如何从众多茶叶电商中抢夺客户，细节的客户服务很关键。"在电商时代，网商就像是舞者，要上台表演，要亲近观众才能赢得更多关注度。"

组建淘宝客大军，让广告遍布全国

本章导读

随着电子商务的发展，出现了一大批淘宝客，这些人通过推广商品获得佣金，不少人已经加入了月入过万的行列。任何网民都可以帮助淘宝掌柜销售商品，从中赚取佣金。在未来一两年内，网上的"营销大军"预计将超过百万，淘宝客将一跃成为最大的网络职业人群，也推动了淘宝店铺的发展。

知识要点

通过本章内容的学习，读者能够学习到淘宝客方方面面的知识。需要掌握的相关技能知识如下。

- 了解淘宝客
- 设置店铺淘宝客推广
- 如何寻找淘宝客
- 如何吸引淘宝客

10.1 财神淘宝客概述

淘宝客推广已经成为继直通车、钻石展位、品牌广告之后,淘宝掌柜的又一营销利器。与其他广告形式相比,淘宝客推广具有很高的投入产出比,不成交不付费,真正实现了少花钱,多办事。可以这么说,淘宝客就是淘宝卖家的财神爷。

10.1.1 什么是淘宝客

淘宝客——简称"淘客",是指通过互联网帮助淘宝卖家推广商品,并按照成交效果获得佣金的人或者集体(可以是个人、网站、团体、公司)。在淘宝客中,有阿里妈妈、卖家、淘客以及买家四个角色,他们每个都是不可缺失的一环,如图10-1所示。

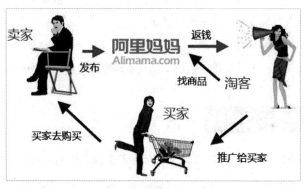

图 10-1

- 卖家:佣金支出者,他们提供自己需要推广的商品到淘宝联盟,并设置每卖出一个产品愿意支付多少佣金。
- 淘客:佣金赚取者,他们在淘宝联盟中找到卖家发布的产品,并推广出去,当有买家通过自己的推广链接成交后,就能够赚到卖家提供的佣金(其中一部分需要作为淘宝联盟的服务费)。
- 买家:就是单纯的购买者。

●阿里妈妈：阿里妈妈旗下的淘宝联盟专门负责淘宝客管理，帮助卖家推广产品；帮助淘客赚取利润，每笔推广的交易抽取 1%~50% 不等的服务费用。

淘宝客推广是专为淘宝卖家提供淘宝网以外的流量和人力，帮助推广商品，是卖家推广的新模式，就像聘请了一些不需要底薪的业务员，业务员越多，店铺就越有可能开拓更大的市场。

> 小二开店经验分享——阿里妈妈和淘宝联盟的关系
>
> 阿里妈妈是阿里集团旗下的广告平台，下设众多淘宝推广工具，如淘宝联盟、淘宝直通车、淘宝橱窗推广、钻石展位等。就像淘宝和天猫都隶属于阿里巴巴集团一样。

10.1.2 淘宝客的优势

淘宝客先推广、后付费的模式是淘客最大的优势。对于淘宝卖家来说，找到一个优秀的淘宝客将为其带来可观的流量。

● 最小成本：展示、点击、推广全都免费，只在成交后支付佣金，并能随时调整佣金比例，灵活控制支出成本。

● 省时，只需要把佣金比例调整好，等着淘客来推广就可以了，用句前辈的话说就是"让淘宝给你打工"。

● 拥有互联网上更多流量、更多人群帮助推广销售，让你的买家无处不在。

● 推广精准到店铺和商品，直击用户需求。

● 推广内容和推广途径完全自定义，灵活多样。

● 推广流程简单，一键获取推广代码，甚至不需要拥有自己的网站。

10.1.3 淘宝客的佣金

设置淘宝客佣金时，也不要一味地追求高佣金而忽视了商品本身的售价。在商品单价和佣金之间寻找到好的平衡点，佣金比例的合理设置，应该在自己能接受的范围内，给予淘宝客更多的佣金，只有这样才能激发淘宝客们为你推销商品的热情。图 10-2 所示为佣金的一般比例。

这里首先介绍一下关于佣金的几个概念。

● 佣金比例：是指淘宝卖家愿意为推广商品而付出的商品单价的百分比。

● 个性化佣金比例：淘宝卖家加入淘宝客推广后，可以在自己的店铺中最多挑选 20 件商品作为推广展示商品，并按照各自的情况设定不同的佣金比例，这些商品的佣金比例称为个性化佣金比例。

图 10-2

● 店铺佣金比例：淘宝卖家加入淘客推广后，除了设定个性化佣金比例外，还需要为店铺中其他商品需要另外设定一个统一的佣金比例，用来支付由推广展示商品带到店铺其他商品成交的佣金。

● 佣金：指的是该商品的单价 × 佣金比例，是淘宝卖家愿意为推广商品而付出的推广费。当淘客推广的交易真正通过支付宝成交后，除去阿里妈妈服务费，就是淘客的收入。

买家通过支付宝交易并确认收货时，系统会自动将应付的佣金从卖家收入中扣除并在次日记入淘客的预期收入账户。每个月的 15 日都会做上一个整月的月结，月结后，正式转入淘客的收入账户。

10.2 设置店铺淘宝客推广

上一节里我们知道了淘宝客推广的基本概念，下面就可以学习加入淘宝客，在阿里妈妈进行淘宝客推广设置。

10.2.1 加入淘宝客推广的条件

淘宝掌柜参加淘宝客推广要满足以下条件。
● 淘宝店铺星级在一心以上或参加消费者保障计划。
● 掌柜的店铺状态是正常的。
● 掌柜的店铺内，商品状态正常，并且结束时间比当前系统时间晚。
如果不满足以上条件则无法参加推广。大家要记得唯一一点是，参加淘宝客推广是完全免费的，掌柜唯一支付的只是推广佣金。

10.2.2 制订合理的佣金计划

淘宝联盟提供了推广计划管理,可设置 1 个通用推广计划、1 个工具推广计划、9 个定向推广计划。

9 个定向推广计划根据店铺不同情况针对不同等级的淘客,提供不同的佣金计划,下面是佣金设置实例。

- 通用计划佣金 10%:为一般及刚加入的淘宝客提供。
- 定向 12% 佣金计划:月推广 50 笔以上者。
- 定向 15% 佣金计划:月推广 100 笔以上者。
- 定向 18% 佣金计划:月推广 200 笔以上者。

以一个梯度式会员高佣金制度来吸引鼓励淘宝客推广。

10.2.3 加入淘宝客推广的步骤

淘客推广是一种按成交计费的推广模式,淘宝客提供单个商品和店铺的推广链接,可以指定推广某个商品或店铺。下面将讲解使用淘宝客推广的方法,具体操作步骤如下。

第1步 登录我的淘宝,❶ 单击"营销中心"栏中的"我要推广"超链接,如图 10-3 所示。

第2步 进入我要推广页面,❷ 单击"淘宝客推广"按钮,如图 10-4 所示。

图 10-3

图 10-4

第3步 打开淘宝联盟页面,❸ 单击"进入我的联盟"按钮,如图 10-5 所示。

图 10-5

第4步 ❹在进入的页面中单击"推广管理"下的"CPS 计划管理"链接,如图 10-6 所示。

第5步 在底部出现的"推广计划"管理页面,❺单击"新建自选淘宝客计划"按钮,如图 10-7 所示。

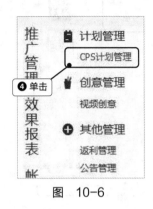

图 10-6

图 10-7

第6步 ❻弹出"新建推广计划"页面,在页面中设置计划名称、计划类型、起止日期等,❼设置类目佣金,❽完成后单击"创建完成"按钮,如图 10-8 所示。

第7步 完成创建后,单击该计划进入商品设置页面,❾在下方的佣金管理下单击"新增主推商品"按钮,如图 10-9 所示。

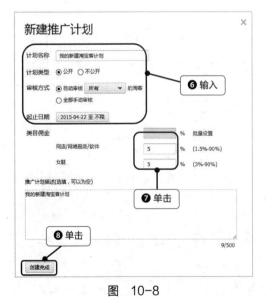

图 10-8

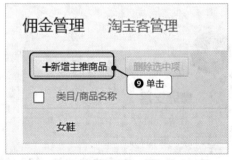

图 10-9

第8步 ❿弹出主推商品设置页面,在这里选择要进行推广的商品,⓫然后在右下侧输入要推广的分成比例,⓬单击"完成添加"按钮,如图 10-10 所示。

第9步 设置完成,当有淘宝客选择卖家商品进行推广并售出后,将以卖家设置的佣金进行支付。卖家也可以在这里随时修改当前商品的淘宝客推广提成,如图 10-11 所示。

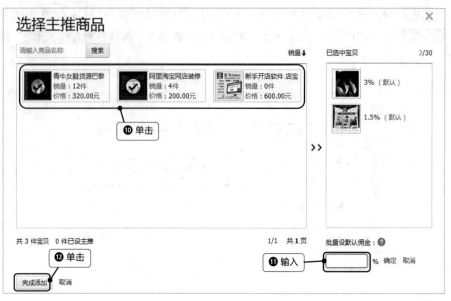

图 10-10

图 10-11

皇冠支招

前面给初学者介绍了淘宝客相关知识的应用，下面，给淘宝商家新手介绍一些自己的感悟和技巧。

▶ **招式01：给予淘宝客更多的利润空间**

虽然淘宝客推广看起来很简单，寥寥几步就能够设置完成。但是，如果你想要更好地利用淘宝客来为你的店铺创造更高的效益，那么在推广过程中还要了解一下推广的法则。

调整好心态，定期及时优化，尽量给淘宝客以最大的利益，不要因为支付淘宝客佣金而觉得少赚了，要看到，淘宝客带来的绝不仅仅是一个买家，而是更多的买家。实际上没有任何一种推广是立竿见影的。推广是一项长期的工作，淘宝客推广也不例外。只有长期用心学习总结，吸取他人好的经验，找到最适合自己的推广方法才是最有效的。

新手开始时可以将自己的宝贝佣金设置高些，自己赚取的利润低点，这样才会引起淘客去给你宣传，淘客们宣传的渠道很广，他们有的是宣传的手段和方法。当店铺慢慢地有销量了，自然就会提升你的流量，虽然基本不赚钱，但是也别着急，俗话说心急吃不了热豆腐。当每天都有销量时，这时候可以适当地降低淘客佣金，让点利润给自己。

▶ **招式 02：教你到哪里找淘宝客**

淘宝客是帮助淘宝卖家推广商品，在推广的商品成交后获得一定佣金的人。淘宝客分为两类：个人（博客主、论坛会员、聊天工具使用者、个人站长）和网站（博客、门户、资讯、购物比价、购物搜索等）。

因此，对于淘宝卖家来说，如何有效的找到淘宝客非常重要，针对个人淘宝客，我们可以通过图 10-12 所示的 QQ 群进行查找，一些淘宝客群内有很多淘宝客在里面活动，非常方便我们寻找。

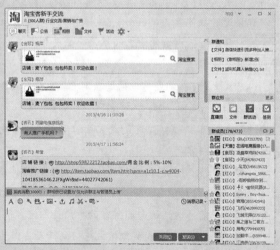

图 10-12

针对一些做淘宝客的网站站长，沟通起来则比较麻烦，因为网站太多，需要浪费一定的人力和精力，图 10-13 所示为一家专业的特价产品销售网站每日特价网（www.mrtjw.com），其他也是淘宝客经营方式，淘宝卖家可以直接在该平台上进行申请，将自己已经加入淘宝客折扣的商品提交到该网站上进行展示和售卖。

图 10-13

> 小二开店经验分享——教你更快速地找到淘宝客
>
> 　　如果抽出大部分精力去寻找淘宝客，对于个人开店的卖家来说是件非常头痛的事情，而且不同淘宝客，所主推的类目和产品也不一样。有时候可能会发现好不容易找到一个有实力的淘宝客，却发现他不做自己的产品。其实这个问题很好解决，我们可以直接通过找淘客（www.ztk.pw）这个专业平台来快速查找自己所经营类目的相关淘宝客。基本上国内做淘宝客的个人和站长都在上面。

　　除此之外，我们还可以通过在淘宝联盟社区利用守株待兔的方法来被动寻找淘宝客。在社区活动常见的方式如下。

　　（1）发布招募帖，这是最常见的形式，直接向淘宝客发布招募公告。完整的招募帖包括以下内容。

　　● 店铺介绍：包括店铺的好评、转化、品牌简介，可以图文并茂。

　　● 佣金介绍：爆款产品的佣金，可以上传爆款的图片，以及各个计划的佣金，佣金不菲且稳定，这样适合淘宝客的推广，淘宝客很忌讳卖家中途将佣金调低。

　　● 奖励活动办法和奖励方式：好的活动，给力的内容，才能吸引淘宝客们。

　　● 联系方式：联系电话、QQ 或旺旺等。

　　（2）参与社区活动，小二或社区版主会不定期地组织一些社区活动，如征文、访谈等。

　　（3）利用签名档，将签名档设置为店铺招募的宣传语，引导至自己的招募帖，并且积极参与社区中的讨论，热心回答会员的问题，在互动的同时这样做也起到了宣传的作用。

　　（4）事件营销，社区宣传不一定是广告，有意地策划一些事件，短期内可以迅速积累大量的人气。

（5）主动出击，在社区中有许多乐于分享的淘宝客，这些人往往具有丰富的推广经验和资源，多关注一些经验分享帖的淘宝客，通过回复或站内信取得联系。

> 小二开店经验分享——合理利用 SNS 媒体
>
> SNS 如人人网、淘江湖、开心网等，活跃着众多的营销者，它们往往聚集了大量具有相同兴趣爱好的会员，如购物促销群、时尚群、亲子群等，具有非常精准的客户群，在淘宝客的推广中具有很高的转换率。

▶ 招式 03：教你吸引更多的淘宝客

什么样的商品才是淘宝客喜欢推的商品呢？怎么才能让自己推广的宝贝吸引更多的淘宝客来推广呢？

1. 主推最好的商品打造爆款

不要推广那些滞销的产品。如果推广的产品一点销量都没有，即使设置更高的佣金也是很难让人有兴趣推广的。热销的宝贝自然比无人问津的宝贝更容易卖出，推广那些热销品不但可以吸引更多的淘宝客推广你的店铺，还有更重要的一点是可以积累销量。

质量好又热卖的商品，有利于招到淘宝客，也有利于培养忠实的淘宝客。有不少淘宝客把商品推荐给身边的亲朋好友。如果产品质量过硬，可增强他们推广的信心。

在商品的销售中，集中力量重点打造几款高人气的主推宝贝，俗称"爆款"，利用其高人气的特性，带动店内其他商品的销售，即单品制胜。同理，在淘宝客中也存在同样的现象，通过几款拥有大量淘宝客关注的主推商品，同样可以带动店内其他商品推广量的上升。图 10-14 所示为主推的爆款商品。

2. 商品图片美观

在提交推广商品到阿里妈妈时，注意提交的图片要美观清晰，有简洁和有吸引力的商品名称、不重复的商品描述。淘客推广，大多数选择图片推广，如果图片模糊不清，推广的效果肯定差，而且对于那些对自己网站质量要求高的站长，不美观的商品图片，会破坏其站点的美观，他肯定不会推广。图 10-15 所示为非常美观的商品图片。

图 10-14

图 10-15

3. 单价较低的商品

对于选择淘客推广的商品，要做好薄利多销的准备。众所周知，顾客买东西，肯定要货比三家，价比三家。在选择主推宝贝的时候，应当选择一些单价较低的商品，因为低价位的商品也具有较高的利润率，可以为佣金比例的设定留有更大的灵活性。宝贝价格最好设置在大众能普遍接受的范围内，这样可以获得更多的关注度，图10-16所示为单价只有20多元的女鞋。

图 10-16

4. 佣金比例有竞争力

对于淘宝客来说，高佣金才是硬道理，相同的推广成本，佣金越高，收益自然越好。因此，淘宝客在挑选商品时往往会较多关注佣金比例，因此建议主推商品应当在低价的同时还要保持较高的佣金比例。

较高的佣金比例，对淘宝客来说是非常有吸引力的。所以在能承受范围内，要尽量让利给淘宝客，才能激发淘宝客无限的推广潜力。当然佣金比例并不是越高越好，而是根据不同的推广阶段、不同的竞争情况，随时调整佣金策略。比如一款新上架的商品正处于推广期，同时作为吸引淘宝客的主推商品，在定制佣金比例时，需要考虑最大程度地让利淘宝客，以获得更多的推广，此时应适当高佣金回报淘宝客；而处于成熟期的商品，可适当调低佣金比例，以保证足够的利润。

> 小二开店经验分享——制定佣金比例注意事项
>
> 在制定佣金比例的时候，也需要参考同类商品的竞争情况。处于进攻阶段时，可根据竞争对手佣金比例进行适当上调；而处于防御阶段时，需要实时关注对手的佣金变化，采用跟随策略。

5. 具有很好的销量和评价

淘宝客作为推广者，同时也会作为消费者，当选择推广商品时，往往也会站在买家的角度去审视，如果所选商品具有良好的历史成交记录以及正面的评价，会让淘宝客更有推广信心，如图10-17所示。

图 10-17

6. 经常更新主推商品

对于一些季节性很强的商品来说，淘宝客主推商品的更新速度要跟得上店铺更新的速度，这样才能更加吸引新淘客，同时留住老淘客。

在一定的时间段内，可根据淘宝客成交的记录来对一些推广比较好的宝贝进行佣金调整，如提高佣金，更能促进宝贝的推广；对于一些很久都无人推广的宝贝，则可以删除，另推其他商品。经常更新或根据效果来调整你的商品和设置，才是提高销量的保证。

7. 宣传你的淘宝客推广服务

已经使用淘宝客推广的卖家非常多，产品如何在如此众多的推广宝贝中脱颖而出是非常重要的。当然，如果只是设置好推广的那几个产品就撒手不管的话，也多多少少会带来一些成交量，但是，想要有更好的效果的话，还是需要多宣传自己。

8. 额外奖励刺激

对于那些推广做得好的淘宝客们，还可以给他们制定一些额外的激励机制，让他们长期保持高昂的斗志，更加努力地为你工作。一般来说，额外的奖励有以下几种方式。

● 奖金，除了淘宝佣金外，另有奖金，奖金一般与淘客的业绩直接挂钩。比如，累计推广多少件宝贝得多少奖金。

● 送现金，如推广就送现金。

● 送礼物，如推广就有大礼。

案例分享： 农家"80后"的辣椒之路

每当电脑里传出"叮咚叮咚"的声响时，小刘都会比常人更加兴奋，因为对于一个淘宝店主来说，这声音意味着生意上门了，财富又要增加了。

小刘出生于湖南怀化溆浦县岗东乡洞坪村，是一个聪明勤劳的80后小伙。大学

本来学的是电子商务，但是，为了能更快更稳地挣钱孝顺父母，毕业后的小刘选择了去沿海发达城市做销售。凭着聪明和勤奋，小刘的销售业绩一直不错，收入也很可观，逐渐成长为公司的销售精英。

2013年回家探亲时，小刘吃到自家自制的剁辣椒便忍不住夸赞起来，说大城市找不到这么好吃的辣椒。听到小刘这么说，父亲便叹气道："大城市里的人想吃我们这么好的辣椒吃不到，我们的辣椒又卖不出去只能放在地里烂。"

父亲的一席话让小刘如梦初醒，自己每天忍受着思乡思亲之苦在外忙着"淘金"，却连自家地里的这些宝贝都没发现。

2014年初，经过对农产品市场的详细考察，小刘辞职回到了溆浦，开始了自己的创业之路。而他选择的创业方式则是网店销售。

于是，小刘从一个销售精英变成了淘宝店主。新店开张三月销售额超3万元。

2014年5月，小刘的溆云轩农产品贸易有限公司成立了，与此同时，他的淘宝店也上线了。在运营的短短3个月的时间里，小刘的淘宝店就已经拥有了别的淘宝店家可能花上三年时间也未必能达到的三颗钻的销售业绩，好评率也达98.94%之多，月销售额已经悄然超过了3万元。

小刘把店铺喜人的销售业绩归功于自己的"85后"搭档舒韩飞。他说，淘宝店刚开始的销售业绩关键看店铺的装修和产品的描述，专职公司网络设计的舒韩飞功不可没。而舒韩飞则告诉笔者，这个网店之所以能在短短三个月内达到这样的业绩，小刘付出的比谁都多。

"溆云轩"推出的第一款产品是农家手工制作的剁辣椒，刚开始销售就收到多位买家的投诉，说寄到的剁辣椒全撒出来了。明明密封完好的剁辣椒怎么会出来了呢？如果不尽快解决这个问题，源源不断的订单怎么满意送达？小刘连续好几天晚上思考、实验，终于发现：原来剁辣椒有一个发酵周期，运输时如果不错开发酵周期，就会让发酵产生的气体冲开罐子导致辣椒撒出来。从那以后，小刘意识到细节的重要性，对每一件事都更加的细致认真，以至于舒韩飞总说他现在得了强迫症。

"味道老爽了，下次再来！""宝贝收到了，包装好，口感好，很愉快的一次网购。""味道非常好，用料实在，纯正口味，价格实在……"看到每天都在增加的顾客好评，小刘对现在的自己更加有信心了。

小刘说他家的淘宝店现在仍处于冲量的阶段，收益并不高，但是，一旦他们在淘宝上累计的销售业绩和好评超过了其他店铺，生意就会越来越好。等到一切上了正轨，他将会直接去优质辣椒的产出地油洋乡和村民签订收购辣椒的合同，再和自己本村的生猪养殖户签订合同收购优质的农家腊肉，而蒿菜糍粑、猪血丸子等一系列农产品也都将采取这种优选订购的方式采购。让农户清楚地知道自己每年需要生产多少，避免生产出来的宝贝再烂在地里，保障农民的利益。

很多朋友都认为小刘的发展计划会给"溆云轩"带来很大的市场风险，毕竟顾客的需求量是无法精准预计的，但是小刘却说："我希望赚钱的不只我一个。"

扩大网店的规模,参加供销平台

本章导读

开淘宝店的人越来越多,但是其中有非常多的人虽然会开淘宝店,却没有好的产品,并且这样的人越来越多,所以,发展淘宝分销是一个很好的模式。分销是商家凭借外力拓展渠道、扩张销售网络的常见手段。淘宝分销平台不仅让网络分销管理变得更为高效,而且能为品牌快速搭建网络分销渠道,从而帮助商家更好更快地建立自身的网络分销模式。

知识要点

通过本章内容的学习,读者能够学习到常见的商品供销分销技巧。需要掌握的相关技能知识如下。
- 加入供销平台的好处
- 了解淘宝供销平台
- 供销平台的入驻技巧
- 供应商后台操作技巧
- 供应商和分销商如何合作
- 维护好客户关系

11.1 加入供销平台的好处

淘宝供销是指由淘宝研发提供的供销平台,用于帮助供应商搭建、管理及运作其网络销售渠道,帮助供销商获取货源渠道的平台。供销平台的入口是 http://gongxiao.tmall.com/,如图11-1所示。

图 11-1

淘宝供销平台对供应商和分销商的好处分别如下。

1. 对供应商而言

(1)解决了推广销售难题,不必为商品找不到买家及合适的销售方式发愁了。供销平台的交易额每天都在不断攀升,不少供应商已经通过供销实现了销量的高速增长。图11-2所示为参加了供销的商品。

(2)解决了对分销商的管理难题,对分销商监控也加强了,库存、下单、打印发货都可以实现自动化,大大简化了供销流程。

(3)做到了对下面代理商的绝对控制。

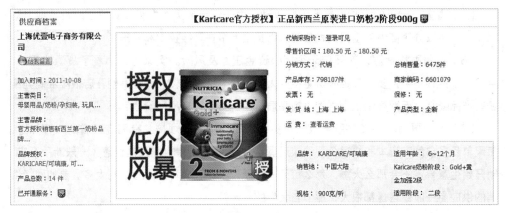

图 11-2

2. 对分销商卖家而言

（1）彻底解决了货源问题，淘宝网的供应商非常多，分销商现在不必担心找不到货，更不必担心找到的是赝品。可以随便挑选商品，信息非常透明。图 11-3 所示为淘宝供销平台的供应商。

图 11-3

（2）不必再查库存了，对商品的上架、下架、缺货、补货都变得非常容易。

（3）不必担心商品质量和退换货了。由于供应商是淘宝审核的，相对于以前的代销要正规得多。商品质量、售后服务、货款风险都得到了非常大的保障。

（4）分销卖家可以直接引用供销宝贝的图片及商品描述文字。一般情况下，淘宝掌柜在宝贝上架后都要对宝贝进行详细的分类，并将宝贝尽可能地进行细致地描述，以让自己的宝贝能让买家尽快找到，所以需要将大量的时间和精力花在编辑宝贝方面。供销则避免了这方面的问题，一般供应商都有专业的团队来处理宝贝图片的拍摄、后期修改和商品描述等，分销商只需要将宝贝下载后在自己的仓库管理中选择对应的宝贝并上架即可销售了。

（5）省去了宝贝的发货设置及发货管理。由于供销宝贝的发货设置是上级设置成自动状态的，所以分销商上架宝贝的发货管理都是由上级在直接控制和管理。

（6）不用囤积货源，新开店无须担心资金压力及风险。卖家可别小看了货源这方面，宝贝少了品种不全，多了又担心资金投入太多，一时难以周转。而且刚刚开店很难准确判断哪些产品畅销，而网络供销不再担心商品质量、不再担心交易风险。

（7）不会再为单一发件所导致快递费用过高的问题而烦恼。在淘宝开店的人都知道，每天单量多自然有资本和快递公司洽谈运费，为自己争取到最大限度地优惠。一般新手开店，刚开始生意肯定不会那么火爆，那么每天一两单，快递公司肯定不会让利太多。参加网络供销的供应商一般销售量都很大，能节省大量的快递费。

（8）分销卖家只需要做好服务、店铺的特色化和推广就行了。

11.2 供销管理平台

通过淘宝供销平台发展网络供销渠道，一方面，供应商能从淘宝几百万卖家中快速找到优质分销商，发展零售终端，实现网络销售渠道的快速搭建、管理及运作；另一方面，分销商利用淘宝供销平台，能更便捷地寻找供应商并由此获得货源。在淘宝供销平台上分销商有经销与代销之分。图11-4所示为淘宝供销的流程，而图11-5所示为供应商、分销商、买家之间的关系。

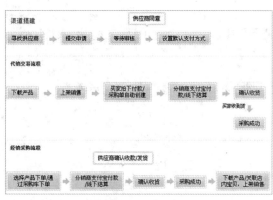

图 11-4

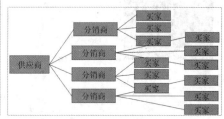

图 11-5

分销商以代销的方式向供货商采购货品，货物放在供货商的仓库里，所有权仍归供货商。在销售过程中，由分货商向买家发货，系统实时分账。销售商品只从供应商发给分销商的买家，供销商在该过程中看不见所售商品。网店代销的售后服务也由供应商行使。

网店代销对于分销商来说几乎是零成本创业，销售过程也比较简单，不用头痛进货采购等问题，没有囤货的风险。网店代销只需要将供应商提供的商品数据上传到自己的网店并上架销售。网店代销上架商品后，只需要保持能和到网店来的买家即时沟通就可以了，不用花很多时间和精力在这上面。图11-6所示为网店代销的过程。

图 11-6

渠道销售中分销商往往事先采购厂家的一部分货源予以销售，货物的所有权转移为供销商所有。产生成交后，由分销商直接发货给买家，这样的销售性质称为经销。一般情况下，经销商和供应商只有买卖关系，没有其他关系。图11-7所示为经销过程。

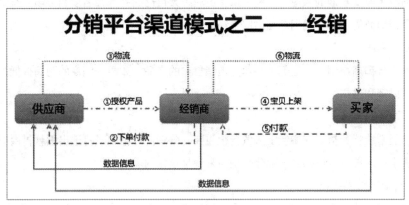

图 11-7

11.2.1 选择什么样的商品做网络供销

网上开店的核心和前提是商品，但不是什么商品都适合做分销。以下一些商品是适合网络供销渠道的。

1. 知名度较高的平民化商品

因为知名度高，因为平民化，所以市场空间足够大。新品牌或不知名品牌不是不能做网络供销，只是做起来非常艰难。

2. 标准化程度高的商品

什么是标准化商品？就是可以实现工业化量产的商品。因为标准化程度高，所以你的渠道客户不需要深刻地了解商品，这便极大地降低销售门槛。这点非常重要，因为渠道客户无法接触所有实物，所以对产品的了解就只能通过商品的标准化信息来获取。

3. 有足够的商品库存

库存宽度，是指商品款、色、码的种数。库存厚度是指某一款、色、码的件数。如果库存宽度太少，那就对商品能否热卖的要求相当高；如果库存厚度不够深，那么当出现爆款的时候，损失的潜在收入就大了。库存厚度要视品牌商的实力和规模，还有库存情况而定。

4. 单价不能太高也不能太低的商品

目前国内网民对单价过高的商品还心存疑虑，这是客观因素。如果单价太低，那么你的下游利润空间太小，他们也不太会有动力去卖你的商品。

5. 绝对利润不是太低的商品

一般情况下，绝对利润很低的商品基本可以不用考虑供销，除非可以销售出千万级别的量来。

11.2.2 如何扩大网络分销队伍

如何成为最受欢迎的供应商，利用供销迅速扩大自己的品牌知名度和市场占有率呢？经过对大量分销商的了解，我们总结出以下经验。

1. 让出利润

只有让分销商赚到钱，他们才会卖力地销售你的产品。如果分销商的利润很低，就不敢轻易去做促销和推广。

2. 货源稳定

不能经常缺货断货。在淘宝上人气分很重要，分销商好不容易打造出爆款，供应商那边却说没货了，这种打击对相当一部分分销商来说是致命的。

3. 描述跟实物要相符

我们追求图片的质量，但描述一定要足够真实，不然买家收货后发现实物和图片差别太大，最终还是找分销商的麻烦。随之而来的就是中差评和不良口碑，失去客户。大多数情况下，分销商看不到供应商的产品，只能通过描述来了解。

4. 产品管理

供应商的产品分类一定要清晰明确，做好商品编码，以便供销商查询。产品的类目和属性一定要正确、完整，这些是分销商无法修改的，一旦类目属性错误，分销商会失去很多淘宝搜索上免费优质的流量，甚至被判违规，以致遭受处罚。

5. 有诚意

有些供应商在产品描述里，到处是供应商自己店铺的广告信息，让分销商给自己做广告；甚至会在宝贝描述里加入自己店铺的隐形链接；或者供应商在给买家发货时，把自己的店铺信息和联系方式给买家，下次购买时，可能直接就去找供应商了。

6. 发货时间和发货速度

供应商应该明确发货时间，如果供应商没有按自己定好的时间准时发货，产生的问题责任供应商应该主动承担。一般在24小时之内发货，越快越好。大多数买家都很看重发货速度，速度跟不上，网购的快捷就失去了意义。

7. 保证在线时间

供应商在线时间不稳定。这个就直接导致有买家询问的时候分销商不知道有没有货。加上有的供应商库存信息更新慢，有时候买家拍下了又没有货。这会直接影响店铺服务质量，导致客户流失。

8. 监督管理供销价格体系

很多供应商的供销之路毁于供销价格体系的混乱，造成内部供销商之间的自相残杀。

9. 敢于承担责任

供应商、分销商、买家之间，出现矛盾是不可避免的。问题出现了，不要相互埋怨和推卸责任，而要及时沟通和积极解决问题，要把争议和纠纷最小化。力争做到让买家购物满意，让卖家轻松省心销售。供应商作为领头人，应该敢于主动承担责任。

11.3 供应商如何入驻供销平台

淘宝（天猫）供销平台上的供应商数量已经达数十万家，分销商的数量更是达到了几百万家。如此多的分销商也吸引了越来越多的供应商入驻，越来越多的品牌商也在加速进军淘宝供销平台。你还在等什么呢？

11.3.1 入驻条件

淘宝供销平台为企业的网络营销之路打开了另一扇门，它不仅让网络供销管理变得更为高效，而且为品牌快速搭建了网络供销渠道，从而帮助店铺更快更好地建立起自身的网络供销模式。

成为供销平台供应商，需要满足以下条件之一。

（1）在天猫开店的用户。

（2）淘宝店铺两冠及以上卖家并且通过企业支付宝实名认证。如果是个人支付宝，则必须提供本人是企业法人的资质材料。

供应商申请通过审核的资质说明如下。

（1）无法通过申请的类目：网络游戏点卡、网游装备／游戏币／帐号、代练、电子客票（包含代售门票类）、充值类（移动联通充值中心、腾讯QQ专区、彩票）、二手闲置手机、网络服务／电脑软件、书籍、杂志／报纸、音乐／影视／明星／乐器、古董／邮币／字画／收藏、成人用品／避孕用品／情趣内衣、烟酒、医疗器械、翡翠等宝石。

（2）店铺没有受到侵权处罚。

（3）服装类个人供应商需同时满足店铺好评率98%及以上，DSR动态评分4.7及以上，否则无法申请通过。

11.3.2 成为供应商

下面，我们通过实例来教大家如何入驻淘宝供销平台成为供应商。

第一种 打开供销平台首页，单击"我要入驻供销平台"按钮，如图11-8所示。

第二种 在淘宝首页登录后，进入卖家中心，单击"货源中心"下的"分销管理"超链接，如图11-9所示。

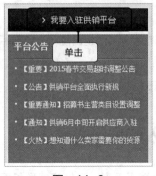
图 11-8

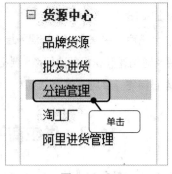
图 11-9

不管通过何种方式，都会出现如图11-10所示的入驻界面，在这里根据自己需要进行选择，目前淘宝关闭了品牌商入驻，只能进行授权供应商入驻。

图 11-10

供销平台的供应商资质是五钻以上大卖家，企业支付宝认证，所以，在成为供应商的过程中可能会出现以下3种情况。

（1）"店铺未达到星级要求"，即店铺没有达到信誉要求，不能成为供应商。

（2）"已经入驻供销平台"，即公司已经入驻供销平台。

（3）顺利进入基本信息填写页面，已经符合成为供应商的基本条件，可以进入下一步操作，进行基本资料填写。

- 淘宝网络供销联系人资料：包括联系人、联系电话、E-mail、阿里旺旺。
- 主营类目：选择与自己要招募供销商的产品相符的类目。
- 主营品牌：请填写要招募供销商的产品的品牌，如有多个品牌，请以逗号隔开。

当完成基本资料填写并提交后，淘宝小二会进行审核，一般等待 2~3 个工作日，如果通过审核，会通过旺旺系统消息或者站内信通知卖家。

11.3.3 写好有吸引力的招募书

一份优秀的招募书必须有公司名称、品牌、自身优势、供销商申请条件、供销商激励政策、折扣措施、支持政策、售后服务、产品优势、联系方式。在这些条件都具备了后再进行招募书的美化工作，色彩不可偏杂，尽量选择同一种色系，排版规整，字体统一并有意识地突出重点，适当插入图片，让整个招募书图文并茂，使客户有看下去的意愿。图 11-11 所示就是典型的分销招募书。

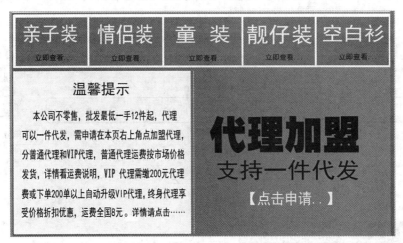

图 11-11

11.4 供应商后台操作

开淘宝店的人越来越多，但是，其中有非常多的人虽然会开淘宝店，却没有好的产品，并且这样的人越来越多，所以，发展淘宝供销是一个很好的模式。下面介绍供应商后台的一些操作。

11.4.1 设置产品线

产品线的设置在整个供销系统中有非常重要的作用，根据其用途进行产品线的划分，主要作用有以下两点。

（1）管理供销商的可销售产品。将产品按照产品线分组后，可将不同的产品线授权给不同的供销商去销售。一个供销商可被授权多条产品线，但一件产品只可放在一个产品线下。

（2）根据产品线设定该产品线默认的供销商采购价格及供销商允许进行销售的零售价范围。

第1步 添加产品线方法是进入"产品管理"，❶单击"添加产品线"，❷设置产品线名称和零售价范围及供销商采购价，❸设置完后单击"确定"按钮即可添加成功。

第2步 编辑产品线方法是，❹在产品名称的一项后面单击"编辑"按钮，如图11-12所示。修改"产品线名称""零售价范围"或"采购价"后，确定即可。

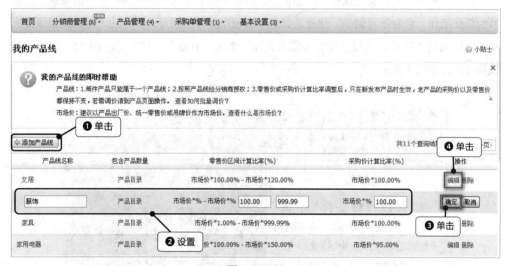

图 11-12

11.4.2 邀请分销商加入

供应商邀请卖家成为分销商，具体操作步骤如下。

第1步 首先进入分销管理后台，❶选择"分销商管理"|"邀请分销商合作"，如图11-13所示。

第2步 ❷输入需要的供销商ID，单击邀请即可，如图11-14所示。

第3步 弹出确认要邀请的供销商信息，❸单击"立即邀请"按钮，如图11-15所示。❹接着提示发送成功，单击"确定"按钮，如图11-16所示。

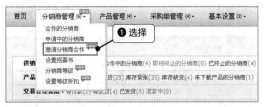
图 11-13

图 11-14

图 11-15

图 11-16

11.4.3 给分销商设置不同的采购价

给分销商设置不同的采购价具体操作步骤如下。

第1步 首先进入分销管理后台，❶选择"分销商管理"|"分销商等级"，如图 11-17 所示。

第2步 ❷单击"添加等级"按钮，如图 11-18 所示。

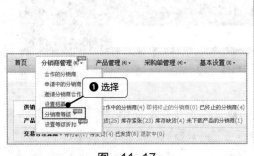
图 11-17　　　　　　　　　　　图 11-18

第3步 可以填写黄金分销商、白金分销商、钻石分销商等名称，❸然后单击"确定"按钮，如图 11-19 所示。

第4步 完成前面的步骤后，❹选择"授权供销商等级"，如图 11-20 所示。进入"编辑分销商"页面，选择需要授权的分销商即可。

图 11-19

图 11-20

皇冠支招

前面给初学者介绍了淘宝分销的相关知识的应用，下面，给想要进行供销供货的卖家们介绍一些实操手段和技巧。

▶ 招式01：分销商如何寻找供应商

很多新加入的供销商，在进入供销平台后，不知道如何找到代销的商品和供应商，导致他们进入供销平台后无所适从。下面讲述怎样找到供应商，具体操作步骤如下。

第1步 通过搜索找，搜索在供销平台的右上角，可以搜索到产品和供应商，如图11-21所示。

图 11-21

第2步 通过上面的搜索和类目引导，❶可以查看符合要求的产品列表。在利用搜索条件和排序，搜索出产品列表后，❷单击产品后面的"招募书"链接查看详情，如图11-22所示。

第3步 打开供应商招募的页面，了解具体详情，如果有意并且符合供应商条件，❸则可以直接单击左侧的"申请合作"按钮，如图11-23所示。

申请成功后，需要等待供应商处理申请信息，也可以提前通过旺旺咨询供应商在线负责人了解进度。

图 11-22 图 11-23

> **招式 02：挑选适合自己的供应商**
> 对于淘宝网新手卖家来说，选择做分销商无疑是最明智的选择，以最小的投资来换取宝贵的淘宝经营经验。作为分销商，很有必要了解怎样选择适合自己的供应商。

1. 行业类目

作为淘宝店主，我们有自己所擅长的主营行业。对于供应商的选择，选择自己熟知的行业供应商是促进自身成长及提高店铺交易的必备条件。

2. 产品种类

在供销平台上，大家会看到很多不同产品的供应商，有专注于某一个产品方向的供应商，也会有产品较为全面的供应商。选择产品种类多的供货商，这样可选择的余地大很多，顾客的选择多了，成交的概率也就大。店主应该根据自己的发展需要，挑选与店内所售产品最匹配的代销产品。

但有一点必须注意，不要选很多不同类别的商品，这样店里什么都有，像个杂货店。选同类的商品，做专业化比较适合新手店铺。

3. 产品价位

注意分析业内产品价格走势，结合供应商的代销价和渠道政策，在同品牌或同类商品中进行比较，确保"有利可图"。根据自己的资金情况选择适合价位的产品，作为分销商是需要一定的资金运转的。

4. 产品质量

保障买家权益，保证产品质量，是分销商和供应商合作的前提。分销商务必就产品质量问题与供应商深度交流，避免后续时常出现纠纷等一系列恼人问题的产生。

可以从供应商先订购一件商品，这样就可以看到实物了。可以将实物和网上的商品照片对比，如果质量、款式等都很吻合，那么，这家供应商就是比较"安全"的，可以放心做代销。

5. 产品库存充足

产品的库存一定要充足且更新及时。对于分销商来说，把产品的人气做起来不容易，当刚刚有起色，供应商缺货又无法补货时，无疑是件痛苦的事情。或者好不容易接到单，

到了供应商那里却因为库存更新不及时，已经缺货却得不到通知，同样的无奈。所以在选择供应商的时候，一定要考察其实力是否足够雄厚，以及库存更新是否专业。

6. 商品描述

有人说过，网络市场之所以能成功销售在于商品描述的好与坏，当买家看不到实物的时候描述对销量的作用将发挥主导作用。在要求供应商提供完整详细且富有细节图的同时，后期的自身描述修饰也是非常有必要的。

代理的产品，在平台下载完毕，有时间最好自己给宝贝修改名字，可以在淘宝搜索看看最近同类型的产品哪些比较热卖，哪些字眼是买家在购物搜索时常常搜到的，给自己的宝贝加一个特别的名字，可以避免和其他分销商的产品同名，加些买家搜索的热门字眼进去，可以大幅度地提高宝贝被搜索到的概率。

7. 运费优势

确保供应商的运费低于市场平均费用，为销售的畅通铺平道路。有些供应商的邮费比所有卖家的邮费要高，这样的不要选。

8. 尽量选择在淘宝有店铺的卖家

这样的卖家在线时间长，好沟通。有些大卖家经验很丰富，可以给你不少帮助。但是，淘宝的大卖家每天都是很忙的，不能经常指望人家去教你怎么做，还得靠自己主动去学、去做。

9. 找到其他分销商

找到同时代理该供应商产品的其他分销商，看看他们的销售业绩跟买家的口碑。因为买家的评论往往最能直接反映供应商产品质量的优劣及运输的快慢。

10. 售后服务到位

售后服务也是选择供应商时需要注意的地方，确保买家在遭遇产品质量问题或运输问题后可以得到良好解决。供应商总是不在线不要选，如果代理卖了几件商品，然后找供应商，发了几百条信息都不回话，结果肯定没法成交了。

11. 研究条款

需要仔细研究供应商的供销条款，看是否合适自己。选择好并提交了代销申请以后，一定要主动地联系供应商留下的客服旺旺，这样可以通过简单的聊天加深对方对你的印象。主动出击的好处在于，申请的人很多，光看旺旺名称和简单的资料介绍，一不小心就被排除在审核名单之外。另外，如果对方的客服态度冷淡，对于你的招呼和咨询爱理不理的，还是早点选择放弃该供应商为好。

> **小二开店经验分享——小心网络分销骗局**
>
> 在现实中能与供应商面对面交易是比较安全的。而在网上如果想做代销或者代理就要仔细考虑，避免一些骗局。
>
> （1）不要随便相信任何QQ或是旺旺上给你发来的代销代理的消息，就算是免费代销的也要多加小心，因为这里面多数暗藏陷阱。

（2）如果是代发货，但不支持在线、不按正规流程交易的，不要做他们的代销。

（3）对于自己不熟悉的产品，在没有详细了解之前不要轻言代销，以免发生纠纷让自己陷入尴尬地位。

（4）过于低价的名牌一定不要做他们的代销，因为很多都是假货或次品。

（5）如果你想做代销，一定要看好他们是否有售后服务，以免上当。

（6）代销前要知道详细的实物质地、颜色、性能等重要信息。

（7）不要接受来路不明的虚拟商品类代销。例如Q币充值、QQ秀、QQ会员服务。因为这些多数都是偷来的，一点安全保证都没有。

▶ 招式03：挑选适合自己的分销商

近年来，随着电子商务的高速发展，网络供销被广泛看好。对于传统品牌厂商来说，对渠道控制能力和品牌管理能力十分重要，他们希望能够实现有序的网络供销模式，在同行业内率先树立网络营销的标杆。一般情况下在筛选分销商的时候需要通过下面几个方面的信息来进行综合参考。

（1）分销商店铺的所属类目：店内商品或品牌的主要方向。考察分销商与供应商的匹配程度是双方深入合作的前提。

（2）要确立规范的代理运作体系：如果没有一个正式的代理制度，不仅会增加供应商的工作量，也容易出现纠纷，从而影响双方的合作诚意。

（3）要规范市场价格：代销商大量涌入后，如果不规范价格，势必导致原有的价格体系变得混乱，因为他们没有风险，而且可能为了赚取信用，就以低价出售，这样就会使品牌贬值，不利于品牌的健康发展。

（4）分销商成交量：通过信用评价来判断分销商每周、每月的成交量，可以看出卖家经营淘宝的经验和能力。虽不准确，但可作为大致的参考标准。对于部分店面经营时间不长，信用等级稍差但拥有很大潜力的店铺，此项是较佳的考察信息。图11-24所示为分销商最近一周、一月的成交量。

（5）在线时间：卖家一天中旺旺在线时段及在线时间的长短，开通多少个子旺旺，反映了卖家对淘宝经营环境的方便性和重视程度。

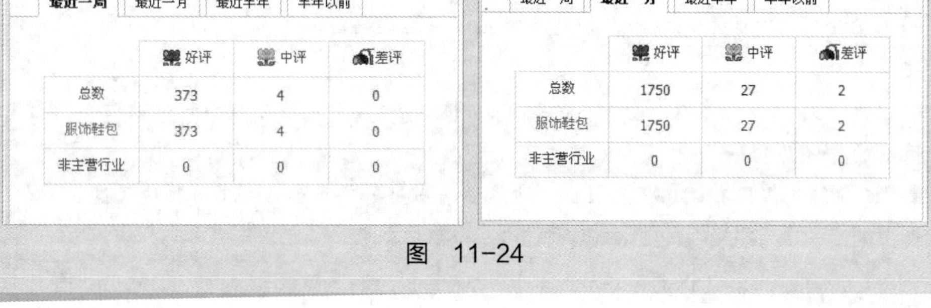

卖家信用评价展示 好评率：99.33%					卖家信用评价展示 好评率：99.33%			
最近一周	最近一月	最近半年	半年以前		最近一周	最近一月	最近半年	半年以前
	好评	中评	差评			好评	中评	差评
总数	373	4	0		总数	1750	27	2
服饰鞋包	373	4	0		服饰鞋包	1750	27	2
非主营行业	0	0	0		非主营行业	0	0	0

图 11-24

(6)分销商店铺的信用等级：信用等级的高低代表供销商的经营能力以及对网络销售的了解程度，如果累积信用中包含实物与虚拟信用，实物交易的信用比例要占全部信用的70%以上，且还要了解卖家是否有炒作。

(7)不能盲目地发展代销：一是要审核他们的资质，看符不符合规定的要求。资质不仅仅要看店铺的信誉，也要看他们的销售管理能力。二是要与他们进行一定的沟通，了解供销商的品质等，因为他一旦代销了自己的产品，供销商即代表了商品品牌。

(8)收藏流量：卖家店铺现有收藏人数、每天的店铺流量，流量越高则商品曝光力度越大，收藏越多，黏度越高。

(9)买家评价：买家对供销商的评价，顾客对卖家的服务评价内容、服务态度，好评率要求达到98%，好评率对成交业绩非常重要，同时也会影响到店铺和品牌形象，也反映了卖家的用心程度。

(10)装修风格：从侧面反映了卖家对淘宝的操作能力及重视程度、淘宝打理知识和基本技能。

(11)销售技巧：店铺内的促销手段，满就送、限时折扣、推广技巧、直通车、淘宝客、淘宝社区中发帖数量和频率，加入了哪些帮派。

(12)注册时间：这个并不是决定性的因素，但结合等级、好评率，就可以大致判断出掌柜的能力和用心程度。

(13)行业知识，对行业的熟悉程度，对产品的了解程度，通过分销商之前对此行业的销售经验积累，考察分销商对业内主流产品的知识，方便双方的交流，节约与分销商对商品知识的沟通时间。

案例分享："80后"小伙打造行业第一的无缝墙布

一次灵光乍现的"头脑风暴"，一群"80后"找准了突破口，开始了自己的创业之路。自己研发，自己跑市场，自己做电商，不到一年，浙江杭州萧山产的无缝墙布就被他们卖到了全国各地，卖成了天猫行业No.1。来看这群"80后"的淘宝创业故事。

出生于1988年的小倪，一直想找个项目自己创业。大学毕业后，在和小伙伴们的一次聚会上，大家聊到装修，聊到墙纸受潮以后边角翘起十分惹人厌，创业的灵感就突如而至。

既然那么多人难以忍受墙纸的缺点，那么，是不是能够研发设计一款由别的材料做成的替代品呢？

"你们觉得用布来替代怎么样？墙纸变墙布可行吗？"不知道是谁说了这么一句，大家短暂沉默了一会儿之后都觉得，这个主意很不错。

"当时进行了网络搜索,发现无缝墙布还属于小众产品,生产的厂商并不多。"但小倪和他的小伙伴都觉得,这款商品有卖点,未来应该有市场。

确定了创业方向,接下来就是把产品做出来。这可让大学学土木工程,和化学一点儿搭不上边的小倪吃了很多苦头。

"我们先列了一下传统墙纸的缺点,准备一个个击破。"在小倪和他的伙伴们列出来的单子上,他们未来将要出炉的产品,必须要能防污、防潮、防火。由于布比纸重,用什么材料才能把布贴在墙上几年甚至十几年都不掉下来,也成了一道十分棘手的"附加题"。

由于没有专业知识,小倪只好和同伴带着问题跑工厂。"比如防潮的问题,就找专门做防水产品的厂家;用什么材料把墙布贴在墙上,就找专业做涂层的厂。"几个人花了近一年时间,把萧山的几个工业区基本都跑了个遍,做了无数实验,终于在2011年把符合预期要求的产品给做了出来,还把这项技术申请了专利。

产品出炉,几个小年轻先开始了线下销售。跑市场拓业务,风里来雨里去,虽然苦点累点,但看到业务量以每年3倍的速度增长,大家的积极性很高。

但小倪渐渐发现,线下销售也有被动的一面。比如面对的都是要求产品经常换花样的经销商,库存压力越来越大。他开始考虑,是不是可以用电子商务的办法,把萧山产的无缝墙纸卖到全国各地去?

从2013年起,小倪开始打造自己的电商团队。同年5月,他的网店正式开张,品牌名叫"嘉格纳",从装修网店、写产品介绍、拍照、商品上架、发货、售后,全都由自己的团队一手操办。

他还组建了一支自己的贴墙布队伍,师傅驻扎在全国208个城市。"只要顾客买了我们的墙布,我们就会联系我们的师傅上门贴。"小倪说。

生意越来越好,从开业到年底,8个月时间的销售额,就有250万元,小倪的无缝墙布生意,也做到了天猫商城的行业第一。

未来有啥打算?小倪的想法挺简单:"只希望一步一个脚印,把萧山产的无缝墙布,卖到更多地方。"

培养售前客服，提高商品转化率

本章导读

根据对买家购买商品时的心理分析，多数买家对于自己想购买的商品，在某种程度上都抱有疑虑。在售前的服务中如何巧妙地让顾客打消这些顾虑是卖家的职责，也是交易成功的前提。否则只会让店铺的客流量越来越少，销售业绩越来越下降。

知识要点

通过本章内容的学习，读者能够学习到售前客服的基本内容。需要掌握的相关技能知识如下：

- 打造专业的淘宝客服人员
- 如何应对不同类型的买家
- 服务好老顾客，留住回头客
- 合理激发买家购买欲望

12.1 打造专业的淘宝客服人员

随着网店数量越来越大,网店的管理营销已不是店主单打独斗所能够应付的,许多网店开始寻找专门的网店管理人员,从而催生了一项新的职业——网店客服。

12.1.1 专业的知识

对于网上店铺而言,顾客看到的商品都是一个个图片,往往会产生距离感和怀疑感。这时通过和店铺客服人员在网上的交流,顾客可以切实感受到商家的服务态度。网店客服需要具备的知识有哪些呢?

1. 商品专业知识

(1)商品知识:客服应当对商品的种类、材质、尺寸、用途、注意事项等都有所了解,最好还应当了解行业的有关知识、商品的使用方法、修理方法等。

(2)商品周边知识:商品可能会适合部分人群,但不一定适合所有的人。如衣服,不同的年龄、生活习惯以及不同的需要,适合于不同的衣服款式;又如,有些玩具不适合太小的婴儿。这些情况都需要客服人员有基本的了解。

2. 网站交易规则

(1)淘宝交易规则:客服应该把自己放在一个买家的角度来了解交易规则,以便更好地把握自己的交易尺度。有的顾客可能第一次在淘宝交易,不知道该如何操作,这时客服除了要指点顾客去查看淘宝的交易规则,有些细节上还需要一点点指导顾客如何操作。

此外,客服人员还要学会查看交易详情,了解如何付款、修改价格、关闭交易、申请退款等。

(2)支付宝的流程和规则:了解支付宝交易的原则和时间规则,可以指导顾客通过支付宝完成交易、查看支付宝交易的状况、更改现在的交易状况等。

3. 付款知识

现在网上交易一般通过支付宝和银行付款方式进行。银行付款一般建议同银行转账,可以网上银行付款、柜台汇款,同城可以通过 ATM 机完成汇款。

客服应该建议顾客尽量采用支付宝方式完成交易。如果顾客因为各种原因拒绝使用支付宝交易，需要判断顾客确实是不方便还是有其他的考虑；如果顾客有其他的考虑，应该尽可能打消顾客的顾虑，促成他们完成交易。

4. 物流知识

了解不同物流方式的价格：如何计价、价格的还价余地等。

了解不同物流方式的速度。

了解不同物流方式的联系方式，在手边准备一份记有各个物流公司联系方式的电话单，同时了解如何查询各个物流方式的网点情况。

了解不同物流方式应如何办理查询。

了解不同物流方式的包裹撤回、地址更改、状态查询、保价、问题件退回、代收货款、索赔的处理等程序。

12.1.2 谦和的服务态度

坐在办公室里通过聊天软件与客户沟通，接受客户的询价等，这是网店客服要做的基本工作。在与买家的沟通中，对买家保持谦和友好的态度是非常重要的。

1. 微笑是对买家最好的欢迎

当迎接买家时，哪怕买家只是一声轻轻的问候，客服也要送上一个真诚的微笑，虽然说网上与买家交流看不见对方，但言语之间是可以感受到客服的诚意与服务的。多用些旺旺表情，并说"欢迎光临！""感谢您的惠顾"。加与不加旺旺表情给人的感受完全是不同的。图12-1所示为添加旺旺表情与顾客沟通。

图 12-1

2. 保持积极态度,树立买家永远是对的理念

当卖出的商品有问题时,无论是买家的错还是快递公司的问题,都应该及时解决,而不应回避、推脱。要积极主动地与买家沟通。对买家的不满要反应积极,尽量让买家觉得自己是被受重视的;尽快处理买家反馈意见,让买家感受到被尊重与重视;能补发货的最好尽快再给买家补发货。除了与买家之间的金钱交易外,更应该让买家感觉到购物的乐趣和满足。

3. 礼貌待客,多说谢谢

礼貌待客,让买家真正感受到"上帝"的尊重,买家询问之前先来一句"欢迎光临,请多多关照"或"欢迎光临,请问有什么可以帮忙吗",诚心致意,会让人有一种亲切感。并且可以先培养一下感情,这样买家心理抵抗力就会减弱甚至消失。有时买家只是随便到店里看看,客服人员也要诚心地感谢人家:"感谢光临本店"。

4. 坚守诚信

网络购物虽然方便快捷,但唯一的缺陷就是看不到摸不着商品实物。买家面对网上商品难免会有疑虑和戒心,所以对买家必须要用一颗诚挚的心,像朋友一样对待。包括诚实地回答买家的地问,诚实地告诉买家商品的优缺点,诚实地向买家推荐商品。

5. 凡事留有余地

在与买家交流中,不要用"肯定、保证、绝对"等字样,这不等于售出的产品是次品,也不表示对买家不负责任的行为,而是不让买家有失望的感觉。因为每个人在购买商品的时候都会有一种期望,如果保证不了买家的期望最后就会变成买家的失望。如已卖出的商品在运输过程中,我们能保证快递公司不会误期吗?不会被损坏吗?为了不让买家失望,最好不要轻易说"肯定""保证"。可以用"尽量""争取""努力"等,多给买家一点真诚,也给自己留有一点余地。

6. 处处为买家着想,用诚心打动买家

让买家满意,重要一点体现在真正为买家着想,这也是人人知道的技巧。但是请您自问:"我真的做到了吗?"如果客服真能站在顾客角度,就会发现有很多不能理解的都理解了,有很多不能接受的要求也接受了。处处站在对方的立场,想买家所及,把自己变成一个买家助手。

7. 多虚心请教,多听听买家声音

当买家上门时,需要先问清楚买家的意图,需要什么样的商品,是送人还是自用,是送给什么样的人等。了解清楚买家的情况,才能仔细对买家定位,了解买家属于哪一种消费者,如学生、白领等。尽量了解买家的需求与期待,努力做到只介绍对的、不介绍贵的商品给买家。做到以客为尊,只有满足买家需求才能走向成功。

当买家表现出犹豫不决或不明白的时候,也应该先问清楚买家困惑的内容是什么,是哪个问题不清楚。如果买家表述也不清楚,客服人员可以把自己的理解告诉买家,问问是不是理解对了,然后针对买家的疑惑给予解答。

8. 要有足够的耐心与热情

常常会遇到一些买家，喜欢打破砂锅问到底。这时客服人员就需要耐心热情地细心回复，这会给买家信任感，不要表现出不耐烦。即使不买也要说声"欢迎下次光临"。如果服务好这次不成下次，有可能还会回来的。在彼此能够接受的范围可以适当地让一点，如果确实不行也应该婉转地回绝。如说"真的很抱歉，没能让您满意，我会争取努力改进"，或者引导买家换个角度来看这件商品让她感觉货有所值，就不会太在意价格了。也可以建议买家先货比三家。总之，要让买家感觉客服是热情真诚的。

9. 做个专业卖家，给买家准确的推介

不是所有的买家对店铺的产品都是了解和熟悉的。当有的买家对产品不了解时，就需要客服人员熟悉产品专业知识。这样才可以更好地回复买家，帮助买家找到适合他们的产品。不能买家一问三不知，这样会让买家感觉没有信任感，谁也不会在这样的店里买东西的。

10. 坦诚介绍商品优点与缺点

在介绍商品时切莫夸大其词地来介绍自己的商品，介绍与事实不符，最后失去信用也失去买家。

12.1.3 良好的沟通技巧

沟通与交流是一种社会行为，是每时每刻发生在人们生活和工作中的事情。客户服务是一种技巧性较强的工作，作为网店的客服人员，更是需要掌握和不断完善与客户沟通的技巧。

1. 使用礼貌有活力的沟通语言

态度是个非常有力的武器，当客服人员真诚地把买家的最佳利益放在心上时，买家自然会以积极的购买决定来回应。而良好的沟通能力是非常重要的，沟通过程中客服人员怎样回答是很关键的。

让我们看下面小细节的例子，来感受一下不同说法的效果。

"您"和"MM 您"比较，前者正规客气，后者比较亲切。

"不行"和"真的不好意思哦"；"恩"和"好的没问题"。都是前者生硬，后者比较有人情味。

"不接受见面交易"和"不好意思我平时很忙，可能没有时间和你见面交易，请你理解"，相信大家都会认为后一种语气更能让人接受。

2. 遇到问题多检讨自己少责怪对方

在遇到问题的时候，先想想自己有什么做得不对的地方，诚恳地向买家检讨自己的不足，不要上来先指责买家。如有些内容明明写了，可是买家没有看到，这时不要光指责买家不好好看商品说明，而是应该反省自己没有及时提醒买家。

3. 多换位思考有利于理解买家的意愿

当遇到不理解买家想法的时候，不妨多问问买家是怎么想的，然后把自己放在买家的角度去体会他的心境。

4. 少用"我"字，多用"您"

要从内心深处尊重客户。多用"您"，多写短句，多按回车键，别让客户久等。少用"我"字，让买家感觉我们在全心全意地为他考虑问题。

5. 表达不同意见时尊重对方立场

当买家表达不同的意见时，要力求体谅和理解买家，表现出"我理解您现在的心情，目前……"或者"我也是这么想的，不过……"来表达，这样买家能觉得你在体会他的想法，能够站在他的角度思考问题，同样，他也会试图站在你的角度来考虑。

6. 认真倾听，先了解买家的情况和想法，再做判断和推荐

有时买家常常会用一个没头没尾的问题来开头，如"我送朋友送哪个好"，或者"这个好不好"，不要着急去回复他的问题，而是先问问买家是什么情况，需要什么样的东西。

7. 多使用旺旺表情

旺旺表情是所有的交流工具中最美的表情。初次接触多用微笑、握手，熟悉了用憨笑、大笑、干杯。表情是使用旺旺的优势，是沟通的润滑剂。图12-2所示为丰富的旺旺表情。

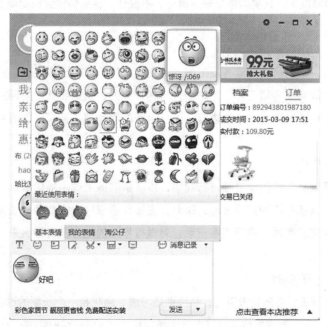

图 12-2

8. 经常对买家表示感谢

当买家及时地完成付款，或者很痛快地达成交易，客服人员都应该衷心地对买家表示感谢，谢谢他为我们节约了时间，谢谢他给我们一个愉快的交易过程。

9. 坚持自己的原则

在销售过程中，会经常遇到讨价还价的买家，这时应当坚持自己的原则。如果作为商家在定制价格的时候已经决定不再议价，那么就应该向要求议价的买家明确表示这个原则。

10. 保持相同的谈话方式

对于不同的买家，应该尽量用和他们相同的谈话方式来交谈。如果对方是个年轻的妈妈给孩子选商品，应该站在母亲的立场，考虑孩子的需要，用比较成熟的语气来表述，这样更能得到买家的信赖。如果客服人员自己表现得像个孩子，买家会对推荐表示怀疑。

12.1.4 店主如何培训新手客服

网店客服是网店交易中重要的角色，如何帮助这些职场新手迅速进入角色，让他们为网店创造更大的价值至关重要。那么，怎样培训新员工呢？有如下几点需要注意。

1. 制定样板

样板即根据各项标准要求所做出来的模板，是员工日常工作的参照物。店主可以按各种工作标准做出样子来，如每一步流程怎么走、工作中所遵循的规则等。以最直观的方式让客服新手明白什么是正确的，如何去操作。

在标准化的制度下，只要店主依规定执行，不放任，客服们便会自觉地在你为他们划定的圈子内施展所长。

2. 协同员工一起做

协同即带领、陪同员工完成各项工作。店主按工作标准做出样板后，要亲自和被培训者按样板要求共同完成各项工作，比如如何与客户沟通、如何收款、如何发货等。这样不仅使客服人员更理解制度标准中的内容，还可以帮助新手解决初次工作遇到的困难和心理障碍。

3. 观察工作流程

观察即通过对其工作的全过程进行观察，以了解客服工作中的优缺点。经过前两个步骤，被培训者已具备一定的操作技能，这时，应该让客服独立完成每一项流程。这时，店长也应当要站在客服旁边，进行观察记录，对做得不足的地方及时指出来，做得好的地方进行肯定。

4. 不断强化，形成习惯

强化即按照样板标准坚持做下去，最终形成习惯。强化是一个长期的过程，必须逼迫客服不断坚持去做，而且要根据样板标准做出考核指标，没达到标准的要进行处罚。久而久之，客服就会养成谨慎细致的习惯。

12.2 如何应对不同类型的买家

在网上开店，令新手卖家最最头痛的就是顾客上门了，却因为卖家不了解顾客心理，三两句话没说,顾客就溜之大吉。这样,交易不成功,卖家也赚不到钱。要成为一个合格的卖家，了解客人心理就显得尤为重要。了解买家的心理有利于在沟通过程中把握商机。

12.2.1 分析买家的购买心理

如果卖家经销的商品能满足顾客的需求，成交的概率就会大增。要想使销售量大增，还必须要将买家的心理摸透，这样才能"对症下药"。从购买动机表现来看，可以将消费者的购买动机归纳为两大类：理智动机和感情动机。

1. 理智动机

（1）适用

适用即求实心理，是理智动机的基本点，即立足于商品的最基本效用。消费者在选购商品时不过分强调商品的美观悦目，而以朴实耐用为主。在适用动机的驱使下，顾客偏重产品的技术性能，而对其外观、价格、品牌等的考虑则在其次。

（2）可靠

顾客总是希望商品在规定的时间内能正常发挥其使用价值，"可靠"实质上是"经济"的延伸。名牌商品在激烈的市场竞争中具有优势，就是因为它们具有上乘的质量。所以，具有远见的商家总是在保证质量的前提下打开产品销路。

（3）经济

经济即求廉心理，在其他条件大体相同的情况下，价格往往成为左右顾客取舍某种商品的关键因素。折扣券、拍卖、特价、秒杀之所以能牵动千万人的心，就是因为"求廉"心理。图 12-3 所示为打折特价商品，这会吸引大量具有求廉心理的买家的关注和购买。

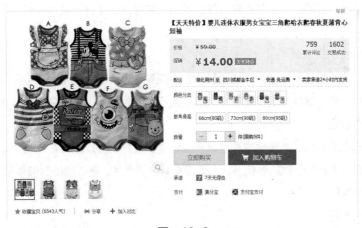

图 12-3

（4）安全

随着科学知识的普及，经济条件的改善，顾客自我保护和环境保护的意识增强，对产品安全性的考虑越来越多地成为顾客选购某一商品的影响因素。"绿色产品"具有十分广阔的前景，就适合利用这一购买动机来促进销售。

（5）美感

爱美之心人皆有之，美感性能也是产品的使用价值之一。消费者在选购商品时不以使用价值为宗旨，而是注重商品的品格和个性，强调商品的艺术美。图 12-4 所示为造型非常吸引人的特制茶。

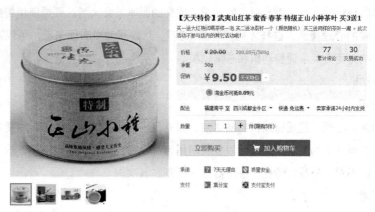

图 12-4

（6）使用方便

省力省事无疑是人们的一种自然需求。商品尤其是技术复杂的商品，使用快捷方便，将会更多地受到消费者的青睐。带遥控的电视机、只需按一下的"傻瓜"照相机以及许多使用方便的商品走俏市场，正是迎合了消费者的这一购买动机。

（7）售后服务

产品质量好，是一个整体形象。有无良好的售后服务往往成为左右顾客购买行为的砝码。为此，提供详尽的说明书、进行指导、及时提供免费维修、实行产品质量保险等都成为商家争夺顾客的手段。

2．感情动机

感情动机不能简单地将理解感情动机当作不理智动机。它主要是由社会和心理因素产生的购买意愿和冲动。感情动机很难有一个客观的标准，但大体上是来自下述心理。

（1）好奇心理

所谓好奇心理，是对新奇事物和现象产生注意和爱好的心理倾向，或称为好奇心。古今中外的消费者，在好奇心理的驱使下，大多喜欢新的消费品，寻求商品新的质量、新的功能、新的花样、新的款式。

（2）求新心理

有些消费者在选购商品时尤其重视商品的款式和眼下的流行样式，追逐新潮。对于商品是否经久耐用，价格是否合理则不大考虑。

（3）炫耀心理

消费者在选购商品时，特别重视商品的威望和象征意义。商品要名贵，牌子要响亮，以此来显示自己地位的特殊，或炫耀自己的能力非凡。这多见于功成名就、收入不菲的高收入阶层，也见于其他收入阶层中的少数人。他们是消费者中的尖端消费群，购买倾向于高档化、名贵化、复古化，上万美元的产品正迎合了这一心理。图 12-5 所示为价格昂贵的跑车。

图 12-5

(4) 攀比心理

消费者在选购商品时,不是由于急需或必要,而是仅凭感情的冲动,存在偶然性的因素,总想比别人强,要超过别人,以求得心理上的满足。人家有了大屏幕彩色电视机、摄像机、金首饰,自家没有,就不管是否需要,是否划算,自己也要购买。

(5) 从众心理

顾客在购物时最容易受别人的影响。例如,许多人正在抢购某种商品,他们也极可能加入抢购者的行列,或者平常就特别留心观察他人的穿着打扮,别人说好的,他很可能就下定决心购买;别人若说不好,则很可能就放弃。图 12-6 所示为该商品销售量很多,价格也优惠,很多买家都有从众心理,跟风购买。

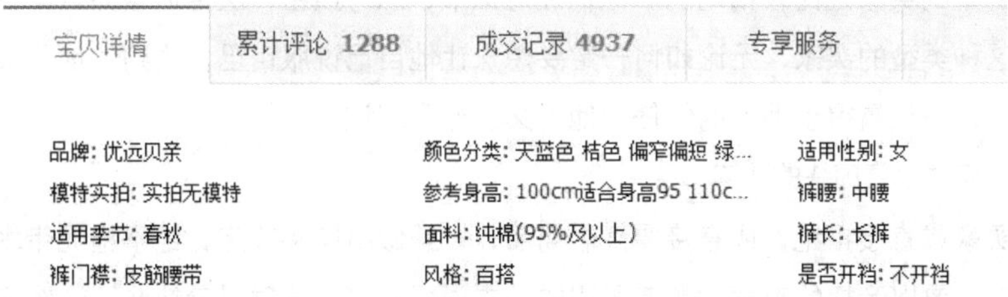

图 12-6

(6) 尊重心理

顾客是商家的争夺对象,理应被商家奉为"上帝"。如果服务质量差,即使产品本身质量好,顾客往往也会弃之不顾,因为谁也不愿花钱买气受。因此,应该真诚地尊重顾客的经济权利,有时尽管商品价格高一点,或者质量有不尽如人意之处,顾客感到盛情难却,也乐于购买,甚至产生再光顾的动机。

仔细分析顾客的心理需求,察觉到顾客想要什么,然后投其所好,便能大大激发顾客的购买欲望。

12.2.2 应对各种类型的买家

网上开店做生意的,必须要先了解顾客,才能更好地服务顾客,顾客受性别、年龄、性格等因素的影响,对相同的商品的反应往往不尽相同。因此,店主应该因人而异地对待顾客。

1. 如何应对外向型的买家

外向型买家一般做事情都很有自信，凡事亲力亲为，不喜欢他人干涉。如果他意识到做某件事是正确的，那他就会比较积极爽快地去做。对待性格外向的买家要赞成其想法和意见，不要争论，要善于运用诱导法将其说服。在向他们推荐商品或服务时，要让他们有时间讲话，研究他们的目标与需要，注意倾听他们的心声。

2. 如何应对随和型的买家

这一类买家总体来看性格开朗，容易相处，内心防线较弱。他们容易被说服，这类买家表面上是不喜欢拒绝别人的，所以要耐心地和他们交流。

3. 如何应对优柔寡断型的买家

有的买家在店主解释说明后，仍然优柔寡断，迟迟不能做出购买决定。对于这一类买家，店主要极具耐心并多角度地强调商品的特征。在说服过程中，店主要做到有根有据、有说服力。

4. 如何应对小气型的买家

喜欢贪小便宜是小气型买家最大的特征。买东西老嫌贵，还特别喜欢砍价。应对这种买家，跟他套交情是最佳做法：应该热情地向他打招呼，赞美他，并且要提醒他占到了便宜。

5. 如何应对稳重的买家

个性稳重的买家是比较精明的。他们注意细节，思考缜密，决定迟缓并且个性沉稳不急躁。对于这种类型的买家，无论如何一定要想法让他自己说服自己，否则他便不会做出购买决定。不过，一旦赢得了他们的信任，他们又会非常坦诚。

6. 如何应对心直口快的买家

有的买家或直接拒绝，或直接要某个商品，一旦做出购买决定，绝不拖泥带水。对待这种买家，店主要以亲切的态度，顺着买家的话去说服。答复速度尽量快些，介绍商品时，只需说明重点，不必详细说明每个细节。

7. 如何应对"慢性子"的买家

这种买家正好与"急性子"相反。如果碰到"慢性子"的买家，千万不能心急，只有耐心回答他的问题才能赢得赞赏。

8. 如何应对挑剔型的买家

喜欢挑剔的买家，往往对于店主介绍的真实情况认为是言过其实，总是持不信任的态度。对待这种买家，店主不应该反感，更不能带"气"来反驳买家，而要耐心地倾听，这是最佳的办法。

而对于难缠的客户，并不是要"对抗"，而是消除疑虑、解决问题和合作，并将最难缠的客户转换为最忠实的客户。客户的难缠，不管有没有道理，若能从难缠中仔细深入检讨，通常可发现一些自己的不足之处。客户在难缠过程中所提出来的建议，也许可直接采用，也许需经修改或转化才可采用，但也能对网店的销售和提升有益。

对待不同性格的买家，应采取不同的接待和应对方法，只有这样，才能博得买家的信赖。

皇冠支招

前面给淘宝卖家们介绍了淘宝售前客服的一些相关知识的应用，下面，给大家着重介绍一些客服应对买家刁难的技巧。

▶ **招式 01：让买家的购买信心更坚定**

和在实体店铺购物一样，在网络上购物也有很多优点和缺点，只要作为卖家的我们熟知网络购物的优缺点，我们就可以更好地完善它们，从而更好地解决买家的疑虑。网络购物的优点主要有以下三点。

第一个是价格便宜，这是因为网络店铺和实体店铺相比少了很多费用支出，也少了商品流通的环节，所以导致网店的商品普遍比实体店铺便宜。

第二个是方便，买家再也不用辛苦地花费大量时间和精力去街上购物了，只需在家轻点鼠标，商品就会送上门。

第三个也是最吸引买家的一点，那就是网店商品更加琳琅满目，只要进行很方便的搜索，买家就可以找到想要的商品。如图 12-7 所示。

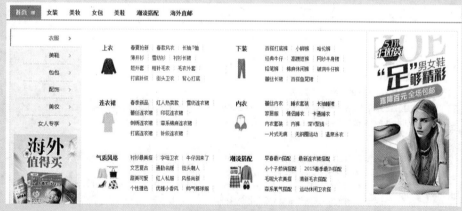

图 12-7

网络购物的缺点也就是买家所疑虑的方面，如针对交易网站、卖家信用、商品质量、货币支付、物流运输和售后服务的疑虑等，但只要卖家在上架商品时，多写上几句话就可以消除大部分的疑虑。还有些疑虑的打消是需要在经营店铺的其他工作中解决，比如针对商品质量的疑虑，这就需要使用商品的细节图片等。

1. 打消买家对售后的疑虑

在市场越来越激烈的今天，随着买家消费观念的变化，买家不管是在实体店中购物还是在网店中购物，都已经开始重视售后服务。但是，实体店铺的真实性很容易就可以解决买家的这个疑虑，因为实体店铺的地理位置固定，店主轻易不会搬家，当买家需要售后服务时直接来到店铺中就可以了。但是，网络店铺的虚拟性导致买家有摸不着看不见的感觉，于是买家往往对卖家做出的售后承诺不抱有太大的信任。所以对网店卖家来说，解决买家对售后问题的疑虑是重中之重。

解决售后问题主要可以分为两个阶段去完成：第一阶段是售前将售后信息告知买家，增强其购买的信心；第二阶段是对售后问题的处理，避免产生纠纷，并利用好的售后手段提升买家的黏度。

顾客可能存在对于售后服务的顾虑，可以采取有吸引力的售后保证措施，打消顾客的疑虑。售前将信息告知买家的方式主要有两种。

第一种售前信息告知方式就是在商品描述页面中或店铺其他地方将售后信息公布出来，如可以加入七天退货或者写一个买家须知，站在买家的角度，把所有的问题都写上去并附上答案，让买家产生信任感。图12-8所示为店铺的商品描述页面中有关于售后问题的信息公布，告诉买家7天无理由退换货，买家看到这样的信息就可以打消疑虑了。

图 12-8

第二种售前信息告知方式就是在沟通的时候将售后信息直接告知买家，大部分买家在决定购买一件商品前总会有一些疑虑，一般会通过旺旺向卖家咨询。在这个过程中，要向买家传达店铺的售后信息，买家会更容易接受。比如下面的沟通就比较好。

"亲，您放心好了，如果您收到货有问题的话，就及时联系我们，本店的宝贝都是包退包换的，如果是质量问题，来回的运费我们出，有任何问题都可以解决的。"

2. 打消买家对包装的疑虑

在实体店铺和网络店铺购物的体验是完全不同的，体验形式的不同导致买家满意度的差异非常大。网络店铺和实体店铺的不同点有很多，但是，买家在网络店铺中购物时会遇到一个在实体店铺购物时从未遇到的大问题，那就是物流问题。买家在实体店铺中购物时可以一手交钱一手取货，而在网络店铺中则不行，需要通过一定时间的物流运输，买家才能最终拿到商品，而在这一段时间内商品损坏和丢失的风险是很大的，所以会有很多买家对这一环节极不放心。如图12-9所示，在商品描述页面中，添加了商品的包装信息，很清楚地告知了商品的包装过程和防压抗震包装设计，因为对于小家电这类商品，买家很担心运输过程中是否会挤压变形等，有了这幅图片，相信买家很快会消除这样的疑问了。

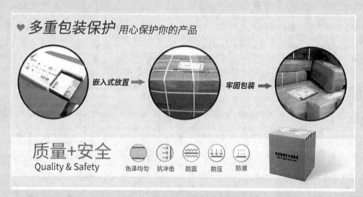

图 12-9

产品包装的好，能给客户带来良好的购物体验，对网店的生意是百利无一害的。在淘宝论坛看了一则帖子，一个买家在淘宝金冠店购买了一大堆的婴儿用品和洗衣液，由于金冠店包装简陋，导致洗衣液泄漏，污染了全部婴儿用品，价值400多元的奶粉、玻璃奶瓶等物品全部不能使用。

这个帖子目前引来了众多淘宝网友的热议，有人甚至怀疑这家金冠店是刷出来的。这家店的信誉达到了金冠，名副其实的大卖家，包装却不细心，也难怪别人会怀疑这家店铺刷信用。金冠信誉虽牛，但用户体验做不好，生意照样难长久。

经营一个网店，需要做的细节有很多，虽然我们不可能每一件都做到并做好，但是，为了自己的生意我们还是要努力。也许这些细节的工作产生的效果并不明显，但是，相信当把越来越多的细节工作坚持做到，您的生意也就会在不知不觉中好起来。有些卖家也困惑，觉得我们的店铺跟其他的店铺也没什么区别啊，图片也不是更差，服务态度也很好，直通车也一直在做，但是生意却有很大的差别，可能原因就出在很多看不到的细节上。

小二开店经验分享——用商品包装来收买人心

所有的买家都希望收到一个完好无缺的商品，那么，卖家该如何利用商品包装来收买买家的心呢？下面介绍以下几点建议。

● 发送店铺名片

在发送商品的时候，可以在内包装里塞上几张名片，名片中要印上自己的网店名、掌柜名、电话以及QQ等联系方式。一般来说，买家如果觉得你的商品不错的话，都会留下你的名片以便下回购买，或是将你的名片发给其他需要此类商品的好友，这样一来你也就多了许多隐性顾客。

● 赠送小礼品

许多买家都希望得到一些小赠品，即使这些东西对他们来说没有多大作用，但是收到的时候会觉得很高兴，就像我们在现实生活中收到礼物会有惊喜的感觉一样。在采购商品的时候，记得多留意一些小物件，比如头饰之类，价格越便宜越好，但是质量不能太差。一个质量好的赠品可以起到画龙点睛的作用，但是如果买家收到的是一个粗制滥造的商品，那么，他们对你的好印象也会大打折扣。此外还要注意控制赠品的成本。

● 问候贺卡

现代社会通信发达，人们的沟通方式已经从过去的信件、电话扩展到短信、电子邮件、视频等。很多人已经好多年没有收到过信件了。所以，在邮寄商品的同时，附送一张温馨的贺卡，必定会唤起很多人熟悉的感觉，增加顾客对卖家的好感。

● 不要擅自带价格标签

不要自作主张，把商品的价格标签放入包装箱内。因为有些买家购买商品是用来送礼的，这些买家希望网店直接发货给他的朋友，而他们一般是不愿意让朋友知道这件礼物的价格是多少、是在哪里买的。

● 要干净整洁

无论你用什么包装寄东西，都应把盒子弄得干干净净，破破烂烂的包装会让人怀疑里面的东西是不是已经压坏了，甚至怀疑产品的质量问题。所以包裹一定要干净整洁，在不超重的前提下尽量用硬壳包装。

● 热卖产品介绍

不是每个买家都会十分耐心的看卖家店里的所有商品，所以在快递商品时，可以送上一份店铺的产品介绍。可以是店铺里最热销的商品或新上架的商品，整理个小小的推荐表。

3.打消买家对物流的疑虑

选择一家可以令买家和自己都放心的物流公司，既可以选择卖家所在地口碑和服务最好的物流公司，也可以直接使用淘宝网的推荐物流公司。

目前国内各物流公司的服务质量参差不齐，在全国范围内很难说出到底哪家公司更好。选择一家可以合作的物流公司最简单的也是最有保障的方法有两个：一个是以快递公司出发点去寻找，也就是在当地选择口碑最好的一家来进行合作，我们可以通过身边的朋友、同城的卖家、淘宝社区得到物流公司的口碑信息；如果对口碑信息拿捏不准，我们也可以把收件员作为出发点去寻找，也就是通过对比收件员的服务质量来寻找更加合适的物流公司，具体方法就是可以多联系几家物流公司的收件员，在他们当中选择一个沟通得最好的进行合作，目前国内物流公司的网店数量、运输时间、费用、丢损概率都差不多，所以以收件员的服务质量作为选择依据也不失为一个好办法。

淘宝网推荐物流也可以成为大家的首选，目前与淘宝网有签约的合作物流有几十家，其中包括中国邮政、中通速递、宅急送、圆通快递、韵达快运、联邦快运、天天快递、汇通快运、顺风速运、申通E物流、港中能达等。使用推荐物流的好处大概有以下几种。

- 网上直连物流公司。不用打电话也可以联系物流公司，真正的网上操作。
- 价格更优惠。可以使用协议最低价和物流公司进行结算。
- 赔付条件更优惠。淘宝与物流公司协议了非常优惠的赔付条款。
- 赔付处理更及时。淘宝会监控并督促物流公司对投诉和索赔的处理。
- 订单跟踪更快捷。使用推荐物流网上下单，所购商品跟踪信息链接会放在物流订单详情页面，买家和卖家都可以方便地查看。
- 可享受批量发货功能。可以一次性将多条物流订单发送给物流公司，让卖家下单更快捷。
- 可享受批量处理功能。使用推荐物流发货的交易，可以一次性将多笔交易确认为"卖家已发货"状态。
- 可享受旺旺在线客服的尊贵服务。物流公司在线客服，即时回复卖家的咨询，解答卖家的疑惑。
- 日发货量超百票，特别的定制服务。

在卖家决定使用淘宝网推荐的物流时，建议选择规模较大，管理正规的公司。目前网络购物采用的服务大致有平邮包裹、快递包裹、E邮宝、EMS特快专递4种。比如中国邮政是国营企业，是国内最老牌的物流公司，经过市场化的改制，价格已经可以根据包裹量的增加而得到优惠。包裹的丢损率明显少于其他物流公司，服务水平也有了很大的提升。图12-10所示为使用淘宝推荐的物流公司。

如图12-11所示，这是用图表形式公告的物流信息，看起来更直观，能更好地把这些信息传达给买家，这张表里明确写明了4个信息：运送方式、配送范围、首件费用和续件费用。这样的信息公示的优点就在于信息的传达很准确，买家也就更容易接受从而消除疑虑。

了解了物流行业的一些相关常识，我们就可以为自己选择一家放心的物流公司了。

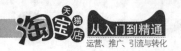

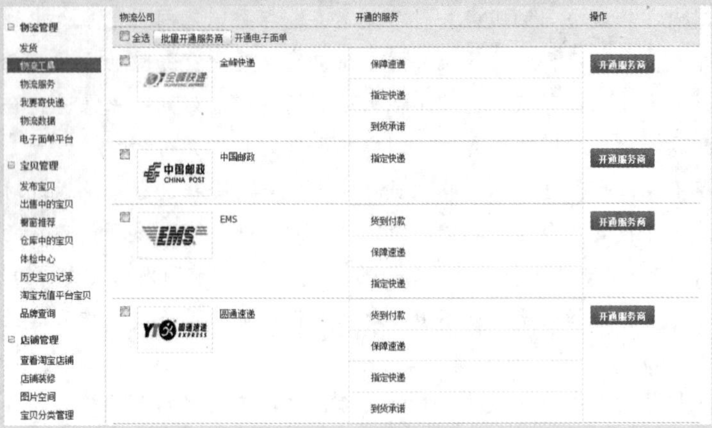

图 12-10

邮费说明

运送方式	运送到	首件（个）	运费（元）	续件（个）	运费（元）
快递	四川省，陕西省，黑龙江省，云南省，贵州省，青海省，甘肃省，吉林省，内蒙古自治区，辽宁省，宁夏回族自治区，广西壮族自治区，海南	1	15	1	10
快递	澳门特别行政区，香港特别行政区，西藏自治区，新疆维吾尔自治区，台湾省	1	30	1	15
快递	山东省，天津，河南省，山西省，福建省，河北省，江西省，北京，重庆，广东省，湖南省，湖北省	1	10	1	8
快递	浙江省，安徽省，上海，江苏省	1	6	1	1
EMS	陕西省，山东省，天津，河南省，山西省，福建省，河北省，江西省，北京，安徽省，重庆，广东省，湖南省，湖北省	1	15	1	8
EMS	四川省，黑龙江省，云南省，贵州省，青海省，甘肃省，吉林省，内蒙古自治区，辽宁省，宁夏回族自治区，广西壮族自治区，海南省	1	15	1	10
EMS	澳门特别行政区，香港特别行政区，西藏自治区，新疆维吾尔自治区，台湾省	1	30	1	15
EMS	浙江省，上海，江苏省	1	8	1	2

图 12-11

接下来我们需要做的就是把和物流公司相关的信息告知买家，物流相关的信息比较琐碎，告知买家的渠道相对来说就比较窄，为了能让每个买家都接收到这些信息，建议把物流信息放入商品描述页面里，如图 12-12 所示。

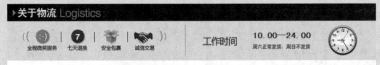

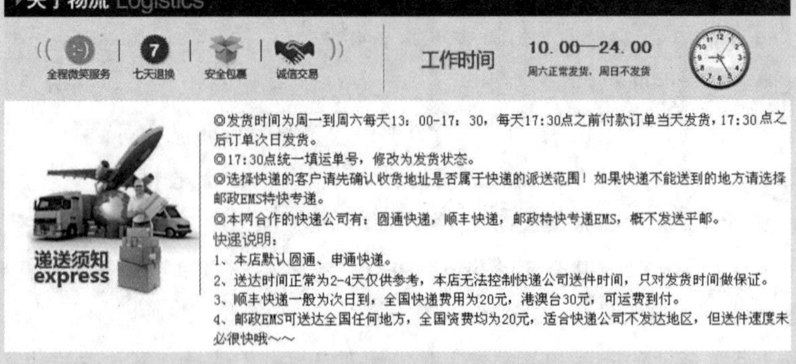

图 12-12

有时即使卖家做的再好，也避免不了出现物流纠纷，那么物流出现问题后，怎样才能得到一个双方都满意的解决办法呢？

第一要注意心态问题，经常发货出现问题在所难免，要有这个心理准备。出现问题也没什么大不了的，解决问题就是了。好多卖家不能以一个平和的心态来对待问题，买家跟卖家是平等的，同样卖家跟物流也是平等的，老觉得物流公司矮我们一等，用这样的态度来解决问题会有什么好结果呢？

第二注意买家方面。一般买家都会问几天能收到货，现在的快递基本上全国范围内是2～4天到货，偏远一点的要4～5天，同城的是今天发明天到。可以这样回答买家：一般是3～5个工作日收到，因为快递周末派件都不是很积极，给自己最大的余地，不要把自己逼得一点点意外的时间都没有，那就太被动了，要知道快递晚点的可能性是很大的，时间说长点，一是给买家一个心理准备，二是晚到的话自己也不至于太被动，三要是提前到的话买家会很高兴的。

第三注意物流方面，跟物流方面谈好出现问题后怎么解决？遵循平等合作和谐的原则。晚到的情况怎么解决，磕碰碎裂的情况怎么解决，态度不好怎么解决？都达成文字协议更好，这样出现问题都按协议来。

让你的快递员帮忙，因为快递员比较熟悉公司具体运作，而且他们自己的公司到底哪个方面出问题，他们也比较容易知道内情，方便追回货物。

建议向买家提供两种以上解决方案（退款或重寄等）供选择，这样可以有效改善买家的感受和提高解决问题的效率。

▶ 招式02：巧妙应对喜欢砍价的买家

在网上交易中，买卖双方是一对矛盾体，卖家希望以最高的价格成交，赚取最多的利润；而买家则希望以最少的支出购买到最好的商品。这是一个博弈的过程。在网络沟通过程中，买家可能要对报出的价格提出异议，进行讨价还价。事实告诉我们，讨价还价的过程可能直接影响乃至决定交易的成败。因而，卖家必须掌握一些讨价还价的策略和技巧。

1. 买家咨询多次，但还在砍价

有研究表明，回头客的购买率为70%。对待回头客，如果处理得当，成交的可能性还是非常高的。具体而言，首先一定要给足买家面子，应该用非常真诚自然的语气与买家沟通，同时将商品的利益点介绍给买家。当然，对于一些有讨价嗜好的买家，也可以在自己权限内适当地给予让步。但让步是有技巧的，让步时一定先要死守防线，在给足买家面子的前提下毫不退缩，最后再找个台阶以少量退步为代价达成交易，如赠送小礼品等。

卖家这时可以采用如下的语言来回复来店多次的顾客的砍价。

卖家：是啊，您以前也来过，确实非常适合您，我看得出来您也是真的喜欢它！我呢，也真心想卖你，但价格上真的让我为难了。这样吧，折扣上我确实满足不了您，我跟掌柜申请一下，看能否给您优惠一些，如果真的优惠不了也请您见谅，您看这

样行吗？

卖家：是啊，您也来过好几次了，确实这款数码相机也非常适合您，其实我也想做成您这笔生意。只是真的很抱歉，价格上我确实不可以再给您优惠了，因为我们的价格在淘宝上已经是挺便宜的了，您可以去网上查询一下。其实，您买相机最重要的还是看是否适合自己，如果便宜但不适合自己，买了反而更浪费钱，您说是吧？像这款数码相机不仅适合您，而且质量又好，保修三年，算起来还更划算一些，您说是吗？

卖家：是啊，您来我们店多次了，您这个要求我确实满足不了你。有的便宜几百块钱，但是质量不好，只用两年就有问题；而我们的虽然贵了几百块钱，但是绝对能保证您正常使用几年不成问题，我们的售后服务也有保障。

价格异议是任何一个卖家都遇到过的情形，如"太贵了""我还是想买便宜点的""我还是等价格下降时再买吧"等。遇到这种情形，如果不想降低价格的话，就必须向对方证明，店铺的商品价格是合理的，是商品价值的正确反映，从而使对方觉得你的商品物有所值。

2. 买家对商品满意，就是感觉价格高了

在销售中经常会碰到这样的情况：顾客说店铺的商品价格太高。这时卖家需要耐心地告诉顾客我们店的商品和其他同类商品的区别在哪、我们的商品能带给顾客哪些增值服务、我们商品的特色在哪里、能给顾客解决什么问题，要引导顾客去比较商品的价值，而不是只比较价格。这样才能让顾客觉得买的商品的确物有所值。

其实商品不一定越便宜越好，关键是适合自己。在销售时强调商品的卖点，告诉买家付太多的钱并不一定明智，但付太少的钱风险更大。付得太多，只是损失掉一点钱；但如果付的太少，有时会损失所有的东西，因为商业平衡的规律告诉我们便宜没好货。

卖家这时可以采用如下的语言来回复顾客感觉价格高的问题。

卖家：您好，我们以前有许多老买家也是这么说，他们认为这个商品很好，就是价格稍微贵了点。确实，如果单看标价的话会让人有这种感觉，只是我们的价格稍微高一些的原因，是因为我们的设计新颖，款式面料又很好，所以买家一般都比较喜欢，买了也会经常穿。如果买一件衣服结果只穿一两次就收起来，这样从价格上看反而更不划算，您说是吗？

卖家：亲，好价买好货，不要以低价买了一些次品，用不了几天就毁了，千万要慎重。您既然对我们的商品非常满意，我们的价格也不算太高，您看我们的销售记录，这一个月都销售了好几百件了，可以的话您就拍下吧，拍下今天就可以发货。

卖家：确实，我承认如果单看价格的话，您有这种感觉很正常。只是我们的价格之所以会稍微高一些，是因为我们在质量上确实做得很不错，我想您一定不希望买这件衣服只穿几次就变形不能穿了，那多浪费呀，您说是吗？

卖家：您说我们的商品价高，在网上基本没有比我们还低的价格了（如果确认自己的商品有价格优势的话），即使价比这低，他们的商品质量也不好说。

卖家只有首先把自己以及自己的想法卖出去，才能更好地把商品卖出去。一定要让买家信任自己并主动引导买家的观念。我们要记住，顾客只愿意购买两样商品：一件是让他有愉快的感觉，另一件则是问题的解决，这两件商品同等重要。因为"愉快的感觉"来自服务，"问题的解决"来自商品。下面是一个卖家应对顾客说商品价格高的典型案例。

顾客：您好，有没有300GB的移动硬盘？

卖家：亲！我们这有原装的移动硬盘，300GB的现在有一款，促销价是480元。

顾客：这个价格有点贵！

卖家：大品牌的移动硬盘价格是要贵一点，但它算上附加值的话，就不贵了。服务你不用担心：全国联保；品质100%严格测试，抗震性强，传输稳定、返修率低；还有专用加密工具、赠送正版杀毒软件；产品都有通过国家认证，还有800免费咨询电话；在外观上面，也比较时尚，美观大方；而且现在促销，价格很实惠。相对来说，有的店销售的价格是低一点，但是现在市面上有很多水货和假货，如果出了问题，返修就没这么方便了。

卖家：这个是我们产品的模具，您看一下。

顾客：这个外观是要好看一些，不过你的价格能不能再便宜一点。

卖家：这款现在是促销，今天才有这个价格的，不过我看您很有诚意买，我再送您一个小礼品吧。

顾客：好的，我就拍下了。

3. 买家说同样的商品别的店铺便宜

在网上销售商品的过程中，可能会经常遇到买家说别的店铺的商品便宜之类的话。这当然是一个价格问题。但卖家必须首先分辨出他真的是认为你的商品比别的店贵，还是故意为之，以此作为砍价的借口。了解买家对你的商品的品质、服务的满意度和兴趣度，这将对成功交易有很大的帮助。

（1）认真分析买家的话语

看看买家之所以认为我们的商品价格高，是在与哪家店铺的商品进行比较。如果买家拿大品牌的商品与小品牌的商品相比，就应向买家说明两者的价格是不能相提并论的，因为品牌的知名度和市场定位都不一样。

（2）不要贬低其他店铺

如果自己的商品好，那就没有必要通过诋毁别的店铺来证明；如果别的店铺比我们好，也没有必要去贬损他人。因为往往在贬低其他店铺的时候也贬低了自己在买家心目中的形象。

（3）分析自己店铺商品的优势

把本店铺商品和竞争对手的商品的各种优劣势进行详细比较，用数据、证书等直观的方式，从店铺的状况和商品的定位、包装、质量等方面向买家说明。如在质量方面，必要时可向买家出具商品获得的ISO 9000等质量保证体系的证明文件。

（4）强调完善的服务

告诉买家自己店铺的高价商品背后，有着优于竞争对手的完善的服务体系，它是商家持久发展的重要保障。

（5）处理买家异议的形式比内容还要重要

处理买家问题的时候一定要从容不迫、语气平和、语速适中，整个销售过程都要保持自信但不要自大，处理问题的专业形象与方式往往比处理问题本身还要重要。

卖家可以通过感谢买家的善意提醒，并将买家拉过来成为自己人，同时简单告诉买家自己店的商品与别的店的商品的差异点。

卖家这时可以采用如下的语言来回复顾客说别的店的价格低的问题。

卖家：是的，您刚才提到的这种情况我了解，不过还是要感谢您的善意提醒。其实一件衣服上市除了设计、工艺外，还有面料、品牌形象等都会影响到价格，最主要的还是服装的质量和穿起来是否舒适合身。如果一件衣服穿在身上不合适，虽然价格便宜点，可买回去穿几次就不爱穿了，这样的衣服其实反而更贵，您说是吗？

卖家：上次有个顾客也跟我说到过这个问题，不过后来还是到我们这里来买了衣服。因为他发现……因此，还是有很多地方不同，并且穿起来的感觉也很不一样。

在确定买家的购买意向后，面对买家压价的要求，先要以坚定的口气和平和的态度向买家说明不降价的理由，然后根据买家的态度逐渐改变还价策略。如果买家坚持认为价格过高，客服人员还可以借助引导之力，将棘手的价格问题转移。这样买家会感觉价格的降低来之不易，产生感激的心理并决定购买。

下面是一个典型的应对买家说别的店商品便宜的案例。

顾客：您好，这款数码单反相机究竟什么价格能卖？

卖家：真的很抱歉，按照我们店铺的规定，佳能数码相机是不打折的。因为佳能的产品在质量上从不打折，所以也很难在价格上打折。

顾客：我在批发市场看过价格，那里的老板能以3000元的价格卖给我。同样的品牌和型号，你们怎么贵了500多元呢？

卖家：其实，买东西大家都是希望买一个放心、舒心、顺心，批发市场里也不能排除个别老板将翻新的旧机或者水货以较低的价格出售，为自己牟取私利。这样做不仅损害消费者利益，还损害厂家的品牌形象。

顾客：话也不能这么讲，我查了淘宝上×××店铺的价格也比这里便宜50元。

卖家：我们店铺的赠品是8G的卡，而他们店铺的赠品是1G的卡，这两种卡的价格相差将近100元，总的算来我们还是比他们便宜。

顾客：原来是这样。

卖家：看得出来你是诚心想买这款相机。在价格方面我做不了主，我问问店主的意见，帮你争取一下吧。

顾客：非常感谢哦。

最后销售人员从店主那里为顾客争取到了再便宜50元的价格，顾客高高兴兴地付款购买。

4. 老顾客要求价格优惠

当顾客感到满意，他才有可能回头，这个"满意"更大程度是依赖于顾客消费时的感受和体验。如果在消费过程中顾客的感受是美好的，顾客就会有重复消费的可能。卖家的最终目的应该是把买家对店铺和商品的信任一起卖出去，让买家成为长期支持者，形成自己的老顾客群，并且利用老顾客的介绍带来更多的新顾客。所以，老顾客是店铺最好的顾客，他们在店铺的新品购买、品牌传播、市场竞争等方面都可以给店铺带来更多的支持。网店销售一定要充分利用老顾客资源，老顾客在购买中占的比例直接反映该店铺的竞争力。如果确实不能再降低价格，而老顾客还在强烈要求，为了能留住老顾客，可以对老顾客的消费行为加以回报。如可以通过会员制营销、包邮、赠送小礼品等方式来达到维护老顾客的忠诚。

卖家这时可以采用如下的语言来回复老顾客要求价格再优惠的问题。

卖家：真的很谢谢您这么长时间以来对本店的一贯厚爱与支持。您作为老顾客，我想您一定知道我们的价格一直非常实在，质量上乘，售后服务等方面也都非常完善，其实这也是我店赢得很多像您这样的老顾客厚爱的重要原因。我们更希望真正对老顾客负责，这样您才会对我们的品牌更加满意，您说是吗？

卖家：谢谢您这么多年来对我们的支持，其实您也知道每个店铺打折的原因都不一样，我们更关注的是能够提供什么样品质的商品和服务给顾客，毕竟价格只是您决定购买的一部分因素，如果东西自己不喜欢的话，我想再便宜您也不会考虑，您说是吗？像您看上这款产品就非常适合您。要不我们赠送给你一个实用的小礼品吧。

5. 买多件商品要求打折

如果遇到买家买多件商品要求打折，客服人员可以首先认同对方的感受，再把商品的不同之处、优越性以及令人信服的质量保证等来说服买家，让买家知道物有所值。如果对方还是不依不饶，则最后向老板申请或者附加赠品等让步达成交易。一定要让对方感觉到我们已经在尽力帮助他解决这个问题，并且语气要真诚、态度诚恳，这样，即使最后没有对买家做出任何实质性的让步，但买家也会明白你确实已经尽力了。及时做进一步的沟通，能合作最好，不能合作也要给买家留下一个好的印象成为以后合作的潜在买家。

卖家这时可以采用如下的语言来回复买多件商品要求打折的买家。

卖家：亲，我可以理解您的这种心情。如果换成我是您的话，我也会认为多买几件就应该得到一些折扣。不过这一点一定要请您多包涵。您作为我们的老顾客一定也很清楚，我们店的商品都是实实在在的价格，所以还要请您多理解和支持我的工作。不过考虑到您的情况，这样吧，我个人送您一个很实用的赠品，您看行吗？

卖家：是的，如果我是您的话，买三件我也会希望商家给我打更多折扣，不过话又说回来，一款产品要做到这么好的质量，并且款式您又十分喜欢确实也不容易。如果商品质量不好的话，即使价格再便宜，您可能也不会考虑，您说是吗？看您诚心想要，给您免运费吧！您拍下，我们马上就发货。

▶ 招式03：合理激发买家的购买欲望

顾客的购买结果往往存在许多不确定因素，这时客服人员只有以积极的心态，不失时机地刺激顾客的购买欲望，才能将一些潜在的成交变为现实的成交。

1. 适当地赞美买家

对于新开店的卖家来说，最难的莫过于信用低，买家不信任，好不容易来一个买家咨询，问了半天还不买，是最郁闷的事情。借用小沈阳的话说：在淘宝开店最痛苦的事情是没买家；最最痛苦的事情是好不容易来一个又给跑了；最最最痛苦的事情是问了半天没买跑了。

我们都知道，赞美别人是一门艺术，如果卖家运用得当，它会变成一种犀利的武器，让你战无不胜，攻无不克；可是如果运用得不好，就会让别人觉得有拍马屁的嫌疑，有时候反过来会让别人觉得不够真诚。

鲁杰的小店销售上衣、裤子、棉袄之类的中老年服装，买家基本上都是年轻的女孩，一般是送给父母或者长辈，也有个别是中老年人为自己买的。在与买家交流的过程中，鲁杰发现一点，适当地赞美一下买家，可以帮卖家轻松地拿下交易。人都多多少少有点虚荣心，都希望得到别人的赞美。鲁杰在与买家交流的时候一般尽量少催促她下单或者决定买东西，多与她交流，这样一方面可以拉近与买家的心理距离，另一方面可以了解买家买东西的动机，进行有侧重性的交流。

有一次鲁杰碰到一个买家，买家是一个女孩，打算买件衣服送给妈妈。开始的时候谈了好长时间，问这问那，非常详细，鲁杰感觉这里并不一定有适合她的衣服，觉得可能拿不下这笔交易了。在交流的过程中，女孩说是买给妈妈用的，鲁杰马上就赞美她很孝顺，像她这样孝顺的"80后"可很少。结果买家一乐，当场就拍了。

一句简单的赞美就可以拿下一笔交易，投其所好，适当赞美，满足买家的虚荣心，可以更轻松地拿下交易。

赞美是一件好事，但绝不是一件易事。赞美顾客需要审时度势，需要一定的技巧，否则可能把好事变成坏事。所以，在赞美顾客前，一定要掌握一些赞美的技巧。赞美顾客一定要注意以下几个方面。

（1）如果是新顾客，不要轻易赞美，只要礼貌即可。因为在大家还不是很熟悉的情况下贸然地去赞美顾客，只会让其产生疑心乃至反感，弄不好就成了谄媚。

（2）如果要赞美别人，一定要从具体的事情、问题、细节等层面赞美，如可以赞美其问题提得专业或者看问题比较深入等，这样有时反而更加让顾客感觉你的赞美很真实、真诚。

（3）如果顾客购买产品后，也要通过赞美来坚定顾客购买的信心。一般来讲，顾客购买完产品后，总是怀疑自己买亏了或者买的不合适，所以他们会去询问身边的朋友、亲戚、家人来判断自己这次所买的是否合适。所以如果买完后你能对他说："先生/小姐，你真是太有眼光了，这款是我们目前卖得最好，很多顾客都很喜欢！"顾客心里会很舒服。

（4）赞美要有针对性。实践证明，有针对性的赞美比一般化的赞美能收到更好的效果。例如，年纪大的顾客总希望别人不忘记他"想当年"的业绩与雄风，同其交谈时，应称赞他引为自豪的过去；和年轻的顾客交流，应赞扬他的创造才能和开拓精神；对于经商的顾客，应称赞他经营有方，生财有道；对于知识型顾客，应称赞他知识渊博，宁静淡泊。

（5）赞美要基于事实。虽然人人都喜欢听赞美的话，但并非任何赞美之词都能使对方高兴。基于事实、发自内心的赞美，更能赢得顾客的认同。相反，若无根无据、虚情假意地赞美顾客，他不仅会感到莫名其妙，而且会觉得你油嘴滑舌、蓄意讨好，为此心生厌恶。例如，当你见到一位其貌不扬的女性顾客，却偏要对她说："您长得像电影明星，真漂亮！"结果会如何？很可能招来一个白眼。但如果你着眼于她的服饰、谈吐、举止，发现她在某个方面的出众之处并真诚地赞美，她一定会高兴地接受。

2. 激发买家害怕买不到的紧迫心理

在现实生活中，人们对于俯拾即是的东西往往都不觉得稀奇，视而不见，不去理睬；而当它突然变得很难得的时候，反而又把它当成宝贝，认为它很珍贵，想方设法得到它。

害怕得不到的心理是人们的一种深层次的心理，在购物消费方面，这种心理表现得更加明显。人们常常对越是买不到的东西，越是想要买到它。例如，商家总是会隔三差五地搞一些促销活动，如"国庆七天全场产品一律五折""本店前50名顾客享受买一送一""5周年店庆，全场八折仅售5天"等。很多消费者知道这样的消息都会争先恐后地去抢购，因为机不可失，时不再来。

对待不能做出果断决策的买家的办法是创造出一种紧迫感。无论销售什么产品，总能想出一些使客户产生紧迫感的办法的。可以根据不同的情况采用以下回复。

"您好，该产品的需求量非常大，如果你现在不马上拍下的话，我就不能保证在你需要的时候一定有货。"

"您好，价格随时都会上涨，如果您现在拍下的话，我将保证这批订货仍按目前的价格收费。过了五一这几天价格就会涨上去了，您到时再拍的话，需要多付20%的费用。"

比如对于从事化工行业的卖家，因为原油天天上涨，当顾客在下单时犹豫不决，可以适时提醒客户：过两天这型号的原料可能大幅度上涨，到时再采购的话就会多付×××/吨。我的建议是，贵公司现在也每天都有固定的用料需求，不如这次趁没涨价时多进点原料。这样，给客户一种晚进原料就会多付钱的意识，而且这种感觉随着原油上涨效果越发明显。

当一个人真正需要得到某种东西的时候，就会害怕无法得到它，从而会不由自主地产生一种紧迫感，在这种心理影响力的作用下，就会积极地采取行动。针对买家这种心理，销售人员在与客户交流的过程中，要善于恰当地给买家制造一些悬念，比如

只剩下一件商品、只有5天的优惠活动、已经有人订购等,让买家产生一种紧迫感。觉得如果再不买的话,就错过了最佳的购买时机,可能以后就没有机会再得到了,这样就会促进买家果断的做出决定,使交易迅速达成。

物以稀为贵。在消费过程中,顾客往往会因为商品的机会变少、数量变少,害怕以后再买不到。卖家如果能掌握顾客的这一心理,适当地加以刺激,就可以激发买家的购买欲望。

案例分享: 销量千万的淘宝低端女鞋店

从温州市中心到藤桥南市路30多公里,路两边多是田地和农房,不熟悉的人驱车需要1个多小时。这条路,1988年出生的小黄一走就是两年。

小黄是鹿城人,大学毕业后不做体育老师,而是开了淘宝店,在偏远的藤桥一处简易仓库里,两年时间将销售额做到5000多万元。

小黄的"洋洋女鞋"主攻单鞋,定价15~40元,两年做到2个皇冠。在多数人呐喊个性化、品牌化是未来趋势时,小黄却坚持做低端女鞋。"任何品牌都需要经历原始资本积累期,一开始就冲着做品牌去,就意味着要砸很多的钱。"小黄说,"当所有人都个性化、品牌化,产品的价格也就被整体拉升,但需要低价女鞋的人群依然存在,这个空白正好由我填上。"

小黄说,他和一个高中同学于2012年真正开始运作淘宝店,两年累计销售额超5000万元。今年前5月日均4000票快递,预计全年销售额5000多万元。

办公区一楼,一条10多米长的流水线,10多名三四十岁的本地女工在不断地打包快递,末端有人将包裹按不同快递公司分类,以便快递取件。这在其他电商企业并不多见。

"这条流水线可以随意拆搭,双11等活动或者其他旺季,就直接将我们的流水线搭到韵达的流水线上,所有货物能以最快时间发货,'外来'的包裹都要在后面排队。"小黄对自己的"设计"有些自豪。

这个"设计"帮"洋洋女鞋"多次化解了爆仓危机。3月本是单鞋销售淡季,不想今年却订单暴增,连续10日达1.5万票,员工就自行搭建流水线,半个多月就处理完订单。去年双11当天的近4万票也是如此处理。

今年开始,小黄和韵达快递达成合作,不再以面积大小支付场地租金,而将租金与票件数直接挂钩。"如果一年票件数达80万以上,便可免租金。"对此,小黄非常自信,去年他们的票件就已达标,今年预计可以达到120万件。

很多电商企业的员工均龄不到25岁,"洋洋女鞋"却并不如此。继续往楼上走,二楼至五楼是货架陈列区,"90后"的姑娘或小伙儿麻利地按照订单拿货。六楼则是客服和美工的地盘。

"客服、分拣、仓库管理和打包,你都用了不同年龄层的人,很特别。"记者说。

"单鞋的主要销售人群以年轻女性为主,所以只有"90后"客服能懂得她们的心理;分拣货物要求效率,"80后""90后"员工比较灵活;仓库管理需要细致负责,我一般用三四十岁的男性;让本地妇女负责打包,主要看中她们的韧性。"这个话题令小黄滔滔不绝。

"我学华为,高薪留人。他们现在的平均工资3500元,年底还有奖金,却只需工作半年多。淡季他们还可带薪休假。"他说,"不过他们淡季时,我反而要忙着看大数据,筹备下一季。等进入旺季,我就可以去旅游了,因为其他具体操作由内行人搞定。"

"洋洋女鞋"从温岭、瑞安市场拿货,自己也设厂生产。自2011年年底创办以来,销售额连年"跳级"。小黄的思维和干劲,让记者想到温州1万多个体网商,其中不乏高校毕业生。草根电商是温州电商市场的有力支撑,他们的执着和独特的运营模式,丰富着温州电商业态;他们的成长壮大,代表着温州电商的未来。

第13章

把握网店售后经营，扩大店铺影响力

本章导读

售后服务是整个商品销售过程的重点之一。优质的售后服务会带给买家非常好的购物体验，可能使这些买家成为你的忠实客户，以后经常购买你店铺内的商品。如何经营好一家网店与实体店一样，想把网店经营好，店主要有网店经营策略。

知识要点

通过本章内容的学习，读者能够学习到如何进行淘宝网店的售后，带动网店的正常持续发展。需要掌握的相关技能知识如下。
- 网店售后服务的具体工作
- 如何让新买家成为老客户
- 服务好老顾客，留住回头客
- 正确处理中差评
- 维护好客户关系

13.1 网店售后服务的具体工作

售后服务是整个交易过程的重点之一。售后服务和商品的质量、信誉同等重要，在某种程度上售后服务的重要性或许会超过信誉，因为有时信誉不见得是真实的，但适时的售后服务却是无法做假的。

13.1.1 树立售后服务的观念

售后服务是整个商品销售过程的重点之一。好的售后服务会带给买家非常好的购物体验，可能使这些买家成为店铺的忠实用户，以后经常购买店铺内的商品。

做好售后服务，首先要树立正确的售后服务观念。服务观念是长期培养的一种个人（或者店铺）的魅力，卖家都应该建立一种"真诚为客户服务"的观念。服务有时很难做到让所有顾客百分之百满意。但只要在"真诚为客户服务"的指导下，问心无愧地做好售后服务，相信一定会得到回报的。

卖家应该重视和充分把握与买家交流的每一次机会。因为每一次交流都是一次难得地建立感情、增进了解、增强信任的机会。买家也会把他们认为很好的店铺推荐给更多的朋友。

13.1.2 交易后及时沟通

所谓交易后沟通，是指客人在付款之后所进行的沟通，主要通过旺旺、电话、站内信等方式进行沟通，也可以通过电子邮件、手机短信等方式进行沟通。主动进行售后沟通，是提升客户购物体验、客户满意度和忠诚度的法宝。砍掉主动售后沟通，就等于砍掉了老顾客，砍掉了卖家可持续增长的利润来源。当买家因为不满意而找上门来的时候，沟通变得很被动，沟通成功的概率也大大降低，即使通过沟通解决了评价问题，客户的购物体验也很难变好。

13.1.3 发货后告知买家已发货

买家付完款，货没到手，心里难免有牵挂，什么时候能发货？什么时候能收到？对一些新买家而言，难免会担心会不会被忽悠？发货后卖家可以把发货日期、快递公司、快递单号、预计到达时间、签收注意事项等告知买家，在让买家放心的同时，也体现了卖家的专业。可以参考此处的实例。

您好：

感谢您购买了本店的 ××× 商品，××× 型号，希望您能够喜欢，如果有任何问题可以和我联系：旺旺 ×××××× 或者 ×××@××.com。

本商品已经在 ×××× 时间发货，运单号是 ××××，请注意查收。

最后谢谢您购买小店的商品，期待您的下次惠顾！

店家：××××

日期：××××/××/××

13.1.4 随时跟踪物流信息

在预计该到货的时间，主动和买家进行沟通，体现卖家的责任心和专业度，出现状况及时解释、处理，消除买家疑虑，避免之后因问题给店铺中差评。买家付款后卖家要尽快发货并通知买家，商品寄出后要随时跟踪包裹去向，如有意外要尽快查明原因，并和买家解释说明。图 13-1 所示为发货物流信息。

2015-02-27 21:09:35	卖家已发货
2015-02-28 10:51:00	顺丰速运 已收取快件
2015-02-28 12:31:00	快件在 成都中和服务点，正转运至 成都双流集散中心
2015-02-28 14:11:00	快件在 成都双流集散中心，正转运至 成都金堂服务点
2015-02-28 16:48:00	在官网"运单资料&签收图"，可查看签收人信息
2015-02-28 16:48:00	已签收，感谢使用顺丰，期待再次为您服务 信息来源：顺丰速运 运单号：028757749190

图 13-1

13.1.5 买家签收主动回访

买家签收后，卖家要第一时间主动进行回访，主动收集客户意见，遇到客户不满的情况及时道歉、及时解释、及时处理，把危机化解在爆发前，进一步提升客户购物体验，提升客户满意度和忠诚度。

13.1.6 交易结束如实评价

评价是买卖双方对于一笔交易最终的看法，也是以后可能想要购买的潜在买家作为参考的一个重要因素。好的信用会让买家放心购买，差的评价往往让买家望而却步。交易结束要及时做出评价，信用至关重要，不论买家还是卖家都很在意自己的信用度，及时在完成交易后做出评价，会让其他买家看到自己信用度的变化。

评价还有一个很重要的解释功能，即如果买家对商品做出了错误的、不公正的评价，卖家可以在评价下面及时做出正确合理的解释，防止其他买家因为错误的评价产生错误的理解。

13.1.7 认真对待退换货

商品寄出前最好要认真检查一遍，千万不要发出残次品，也不要发错货。如果因运输而造成商品损坏或其他确实是商品本身问题买家要求退换货时，也应痛快地答应买家要求，说不定这个买家以后会成为店铺的忠实客户。

13.1.8 以平和心态处理顾客投诉

有时即使卖家做得再好，也难免会出现疏漏，出现客户不满而导致顾客投诉甚至出现交易纠纷。面对不满甚至是愤怒的顾客，卖家要把握以下几点，以消除顾客的不满，化解交易纠纷。

（1）换位思考。如"我们很理解您的心情"。
（2）真诚道歉。如"给您造成这种情况，我们真的很抱歉"。
（3）安抚买家。如"请放心，我们会尽快处理的"。
（4）合理解释。如"事情是这样的……"
（5）提出方案。如"我们为您提供如下解决方案……"
（6）争取谅解。如"给您带来麻烦还请您多多体谅"。

大卖家总在抱怨，客户爆满的时候，根本没有人力提供售后沟通。事实上，解决方法有两种：一是在装修店铺方面下功夫，让店铺和产品页面具有很强的"沟通功能"，引导更多买家自助购物，减少售中沟通，让更多客服提供售后沟通；二是增加客服人员或者应用先进的呼叫中心，提升客户接待能力。

13.1.9 管理买家资料

随着信誉的增长，买家越来越多，那么管理买家资料也是很重要的。卖家们应该好好地总结买家群体的特征，因为只有全面了解到买家情况，才能确保进的货正好是买家喜欢的商品，更好地发展。建立买家的资料库，及时记录每个成交买家的各种联系方式。

13.1.10 定期联系买家，并发展潜在的忠实买家

交易接受后，要定期给买家发送有针对性、买家感兴趣的邮件和旺旺消息，把忠实买家设定为你的 VIP 买家群体，在店铺内制定相应的优惠政策。定期回访顾客，用打电话、旺旺或者 E-mail 的方式关心客户，与他们建立起良好的客户关系，同时也可以从他们那里得到很好的意见。

13.2 如何让新买家成为老客户

经营网店，相信很多卖家都会遇到不少新买家。作为卖家的你，你会将新买家变成你忠实的客户吗？要想把新买家变成老客户就需要我们下一番功夫，作为来访的新买家，千万不要让买家第一次来就变成最后一次来。那么，如何让每一位新顾客都成为自己的回头客呢？

13.2.1 多从买家角度着想

做生意如做人，要站在别人的角度来考虑问题，人是将心比心的。多为买家着想，不仅售前、售中的服务要好，售后的服务也要好。让买家买得开心，他才会把你当朋友，下次自然还会再来买东西，而且他会给店铺好评，并向他的朋友推荐你的店铺。

在交易活动中，卖家和买家的信息不是对称的。卖家对商品十分了解，对商品的描述也是下了很大功夫，但即使是这样，也无法完全真实地在网上展示商品；即便是在传统商场、超市，消费者对商品的了解，也没有商家对商品的了解全面。所以，要设身处地地多为买家着想。

1. 卖家换位成买家，更容易与买家沟通

卖家对自己的商品很了解，但如何把这种了解传递给买家，就要讲究方法了。首先把自己当作买家，真实地客观地介绍商品的性能、品质，有助于买家对商品产生更为客观真实的印象，为以后的交易达成打下基础。

2. 卖家换位成买家，更容易达成交易

客观真实地回答买家的问题，知之为知之，不知为不知，能让买家觉得你是一个诚实守信的卖家，进而觉得店铺的商品也是一分钱一分货，有了这种心灵上的沟通，交易也就更容易达成。

3. 卖家换位成买家，能有效减少交易纠纷

由于卖家以买家的身份来看待自己的商品，所以在与买家沟通时必然会实事求是地讲解自己的商品，并为买家提出该类商品的优点和缺点。当然，在说到缺点时，一定要强调商品的价格与价值是一致的，这样才不至于让买家始终想到商品的缺点。经过这样的沟通而达成的交易，产生纠纷的可能性是极小的。

4. 把买家的问题当成自己的问题

在销售过程中，只有把买家的问题当作自己的问题来解决，才能赢得买家的信赖。因为适当地为买家着想，会使卖家与买家之间的关系更加稳定，也会使合作更加长久。

5. 为买家提供省钱的建议

时时刻刻为买家着想，站在买家的立场上来看待问题，先不考虑从中得到的利润，而是帮买家想一下，怎样才能够让他省钱。其实这也是帮买家赚钱，帮助他们以最少的投入获得最大的回报。

先为买家省钱，然后自己再从中赚钱，这并不矛盾。因为当买家充分信任卖家之后，才会继续多次合作。卖家从多次合作中获得的利益远远超过"一锤子买卖"。

下面是一个站在买家角度，为买家着想的典型例子。

小张的店铺前段时间一位顾客因使用化妆品后过敏要求退货。办理完退货后，这位顾客还想选一套适合自己的化妆品。小张得知顾客脸上过敏症状还未消除，便劝说道："您先不要着急，你的过敏症状一个星期后自己就能消失，如果你想快点好，可以吃两天扑尔敏。但在没有彻底好之前，我建议您不要用其他化妆品，以免造成二次伤害。"随后，小张又详细的给她介绍了产品的特征，并让她脸好了再来买，并承诺搞活动时给她打电话。

过几日正好是情人节活动的促销，小张把促销信息马上通知了她。顾客听到搞活动很是兴奋，立即过来购买了一套近300元的礼盒，并感激的对小张说："我不相信别的店，要是在别的店，我脸过敏他们也得劝我买，但你就是不一样，你是以我的健康为主，其次才是卖货啊！我真是谢谢你啊！"

顾客的一番话真挚朴实，也让小张从中感触颇深，作为客服人员站在顾客的角度为顾客着想，这绝不是一句空话，只要你做到了，你会发现，你会赢得更多的顾客更大的收益。

13.2.2 介绍最合适的商品给新买家

如果买家觉得商品不好，不适合自己，那么获取买家的信任就是空谈。买家的信任是建立在对商品肯定的基础上的。关键是客服和卖家要提供给买家好的商品，质量好、价格低，最重要的还是要适合买家。

好评里描述的显示是非常明理的买家，客观肯定商品的同时，提到商品有些不合适，但是并没有归咎给卖家，而是从自身找原因，没有抱怨谁，只是说自己没有说清楚，这样明白事理的买家，精明的客服一定要抓住，可以肯定的是，如果得到这样的买家的认可，他肯定是最好的老主顾。在为买家服务的时候，客服和卖家一定要细心，买家每天提供的信息，一定要主动询问，为买家提供最合适、最贴心的商品才是卖家获得买家信任的途径，如图13-2所示。

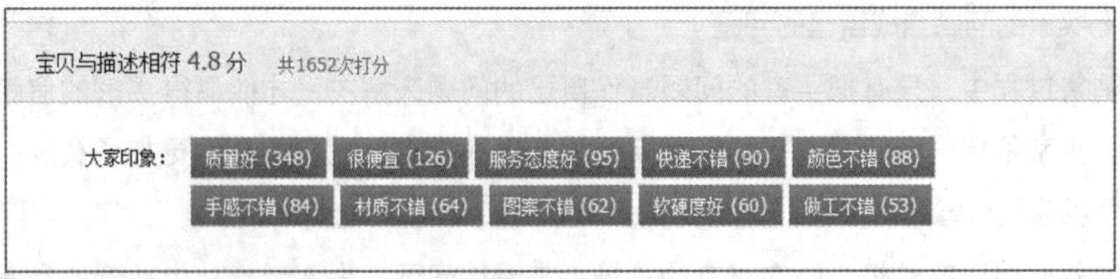

图 13-2

13.2.3 建立买家对卖家的信任

大部分的买家希望在电子商务平台上得到更加真实、准确的卖家信息。对于网店来说，得到买家的信任就如同得到了"免死金牌"，买家的信任让卖家做生意变得轻松和简单。

如图 13-3 所示，好评中的评价显示出卖家的实力，在得到老顾客肯定的同时，也能得到新买家的信任，只要有新买家明确表达出愿意再来光顾，就是卖家的成功。

图 13-3

回头客的好评显示出对卖家的充分信任，回头客一般会成为店铺的忠实顾客，对于卖家来说，有了稳定的老顾客，赚钱只是时间问题。

除了可以在评价中取得买家的信任外，在与买家沟通的过程中，良好的沟通技巧也可以取得买家的信任。下面是一个沟通取得买家信任的例子。

顾客："您好，在吗？"

卖家："您好，有什么能帮您的呢？"

顾客："您店铺的鞋子正装男士牛皮鞋是不是××牌子？"

卖家："您好，亲，我们的鞋子不是这个牌子的。但是这个牌子风格的，属于高质量的仿品。现在的鞋子竞争太大了，这个鞋子我们也是考察很久了才决定做销售的，信誉是金，要是宝贝质量不好，我们的销售也是没有意义，也是做不好的！"

顾客："嗯，我再看一下"

卖家："好的，欢迎再来！"

卖家："您好，亲，再打扰你一下。这个鞋子我们也是刚上架销售不久的，我们是做实在的生意，不弄虚作假，这里有一个前两天刚成交，收到货的亲们试穿了一会儿，马上就给我们写有评论了，有兴趣的话，可以来看一下！"

顾客:"嗯,好的。一般多少天可以到货?"

卖家:"您好,请问你要快递到哪里呢?"

顾客:"×××地方。"

卖家:"您好,一般三天就可以到货了。我们一般发申通或韵达,请问哪个方便点呢?"

顾客:"申通吧。"

卖家:"好的。谢谢您的信任和支持!请注意发货的信息,一般来说,发货后半小时,在淘宝的平台您就可以看到你的宝贝的物流信息。再次感谢您对我们的信任和支持。宝贝好,请告诉您的朋友;宝贝如有问题,请第一时间与我们联系,我们会给您一个满意的回复!"

人与人之间在于沟通、信任,在这个基础上,只要能让对方感到你是专业的、诚信的,相信做好每一个业务也不会很难。

13.3　服务好老顾客,留住回头客

一门生意的好坏主要取决于新顾客的消费和老顾客的重复消费。据统计,开发一个新顾客的成本要比留住一个老顾客的成本高4倍。可见,老顾客的数量决定了生意的好坏,决定了生意的稳定性。所以要想抓住每一个顾客,留住回头客、老顾客。

13.3.1　建立会员制度

为了吸引新客户,为了留住老客户,开通店铺的VIP会员制度是一个很好的方式,卖家能够提高交易转化率带来更多生意,老顾客还能享受折扣优惠,可谓双方受益。

会员制度的建立对于网店来说是非常有必要的,能够帮助卖家和客服更好地留住买家,为防止买家流失做出有效的预防措施。但是不同网店有不同的情况,一般在会员制的消费额度上要根据网店里的商品价格而定。

会员制度出台前掌柜要仔细衡量,在抓住买家的同时也要考虑经济上的收益。图13-4所示为某售卖女鞋的商店会员制,会员分为普通会员、高级会员、VIP会员和至尊会员4个档

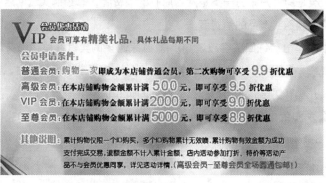

图　13-4

次，既能获得利润保证，又能对消费能力不同的买家给予相应的优惠。卖家要明确的是，会员制是有效吸收有购买能力的买家的方式，而不能采取菜市场倾销积压蔬菜论堆卖的方法。

会员档次分得越多越细，买家得到优惠的幅度就会越大。吸引回头客的同时，也是激励买家网购的方法。会员细则的说明简单为好，毕竟买家的时间有限，过于复杂买家会因为搞不明白而横生误会。一般情况下，会员制越早建立越好，即便是刚刚开店，让买家感受到卖家的用心、恒心和长远规划，有助于树立卖家的诚信形象。有些卖家对于会员制比较"粗线条"，来者皆是客，只要买过就是会员，一律打折，这样也是一种方法。不管会员制是划分层次还是"一刀切"，都是由网店的商品特点所决定的，也和卖家的性格有一定联系。

13.3.2 定期举办优惠活动

不管是实体店还是网店，定期举办优惠活动是必不可少的。哪怕是一本时尚美容杂志，都会有较为固定的节奏。网店的优惠活动也会受到实体店的影响，有浓重的节日情结。一年的头尾是春节和元旦，年中有"五一""十一"、中秋，另外再加上一些国外的节日，几乎每月卖家都会有特价优惠活动的借口。没有节日就以店庆为由头，总之，网店定期筹办优惠活动还是很有吸引力的。

● 时间上要富余，定出提前的时间段，因为节日前的快递总是很紧张，卖家要极力将活动提前，并将快递紧张的情况告知买家，让买家提前下单。

● 有时间段，不能长时间都在优惠，会让买家有倦怠感，对于打折没有感觉，长期下去买家会认为打折是理所当然的。一旦没有优惠就会认为卖家涨价了。

● 优惠活动要应景，根据网店具体商品有原则地挑选特价商品，畅销和滞销的商品要混搭，不要一味推出滞销商品特价优惠。

13.3.3 给老顾客设置不同的折扣

网店要生存和发展，必须创造利润，而网店的利润来自买家的消费。网店的利润来源主要有两部分：一类是新客户；另一类是网店原有的消费者，已经购买过网店的产品，使用后感到满意，愿意连续购买产品的消费者。

据统计，很多皇冠店铺回头客超过60%。越来越多的卖家在留住回头客上下功夫，并取得了不俗的成绩。设置买家级别的好处类似会员卡，买家在逛店铺时，在店铺首页会显示相应的折扣，并享有卖家"参与折扣"的商品的折扣优惠。

第1步 登录淘宝，进入"卖家中心"，❶单击"营销中心"下面的"会员关系管理"超链接，如图13-5所示。

第2步 打开"客户关系管理"页面，提示我们还未设置客户登记，❷单击"立即设置"按钮，如图13-6所示。

把握网店售后经营，扩大店铺影响力 第13章

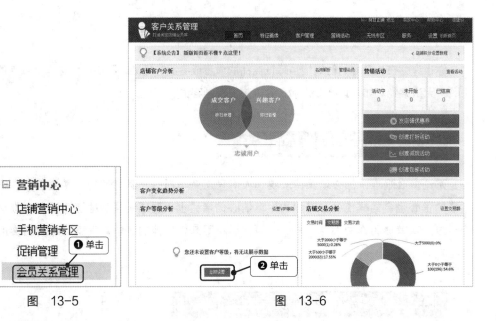

图 13-5　　　　　　　　　　　　图 13-6

第3步 ❸打开设置页面，分别设置店铺会员等级所需达到的条件，如交易额或者交易次数，❹单独设置不同会员等级的折扣，❺完成设置后单击"保存"按钮，如图13-7所示。

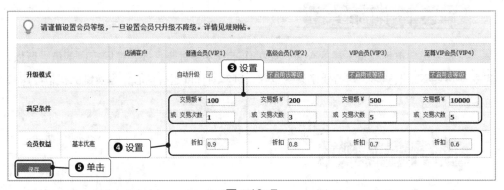

图 13-7

13.4　让老客户100%回头

对于想把店铺做大，想拥有100%的回头客，首先要做到商品好，服务好，回访好。

13.4.1　要熟悉本店商品的专业知识

顾客问你商品的问题，掌柜千万不能用"大概""可能""也许"等词语来回答，这样会给买家不信任的感觉，同样的商品，买家买的放心是最基本的要求。

page | 239

13.4.2 不要在生意好的时候降低服务标准

你也许会在生意好的时候悄悄降低商品的质量或者服务标准,不要认为这样一点点的变化顾客无法察觉。如果这样做,那么会流失很多顾客的。

13.4.3 改变消极懈怠的思想

无论多么艰难,都必须保持乐观。人们只愿意与那些充满自信的人做生意,你坚定不移的信心也会同样使顾客对你的生意信心倍增,也不要理所当然地认为顾客在你这儿购买过一次就成为你的终身客户。一旦你懈怠下来,其他的竞争对手就会随时将你的顾客拉走。

13.4.4 不要有意损害竞争对手的声誉

如果对顾客说竞争对手的坏话,这样做只能让你的顾客认为你是小人,明里竞争不过别人,就在背后说人家的坏话。

13.4.5 要不断地学习

在如今淘宝市场飞速发展的今天,如果你不求发展进步,就会在同行中落伍。所以,店主一定要不断地学习,对行业了解的越深,顾客对你就越有信心,当然赚的钱也会越来越多。

13.4.6 打包要认真

不要小看了打包,细心的买家会从打包中看出这家店有没有诚心做这笔生意,因此,掌柜们无论多忙都应该非常仔细地把包打好。

13.4.7 不要为自己的错误找借口

有了失误和过失很正常,但是千万不要为自己的错误找借口,因为买家只会记得,你承诺过的没有做到,与其找借口还不如老老实实地承认自己的过失,然后再尽力补救,哪怕是再给予顾客优惠。当你承担了所有的责任,并改正了错误,本来一个不好的事情,可能反而会让你赢得顾客的好感和信任。

13.4.8 货源一定要很可靠，让买家可信

不管怎么样，掌柜们对自己所出售的货源都要很清楚，要跟买家保证自己的货是什么档次，不同档次的货有不同的价格。

13.4.9 细节的处理

不是所有的买家对自己购买的商品都很满意的，有些买家收到货之后觉得不是很满意，就要求退货。针对这种情况店主要有自己的一套应对方案，不能在顾客要求退货或者换货的时候再想办法。

13.5 解决网店生意冷清问题

"门庭冷落，没有生意"这是开店新手经常遇到的，甚至一些信用相对高些的卖家也在发出同样感叹：究竟是什么原因让新手的生意不尽如人意呢？

13.5.1 选项目是否"偏门"市场需求不大？

网店销售的品种现在是五花八门、琳琅满目，但比较热门的还属女性用品、化妆品、衣服、包包、饰品等，当然并不是叫大家都去经营这一类商品。但你必须要了解自己所选择的商品是否关注度、需求度较高，较高当然成交概率就高；经营"偏门"需要付出更大的耐性和毅力，需要有等待被发现、被接受、积累的持久战心理准备，如果选择了偏门就不用过多烦恼为什么生意清淡少人询问，给自己耐心和时间，让自己"理性"地度过正常的"萧条"阶段。

13.5.2 商品定价是否合理

一件商品之所以有价格是因为有人需要它，需求的人越多它的价格可以定的越高，这也就是"物以稀为贵"的道理。但是，不能因为这件商品需求的人很多，就可以乱标价。价格标得太高了，超出客户接受的范围，同样赚不到钱。可以参考同行的网店，看看别人是怎么制定价格的，多参考几家同行然后再结合自身的成本制定属于自己的价格。

13.5.3 商品的照片有没有存在问题

网络销售第一感观就是图片，一张好的图片胜过千言万语，但不少图片有的长短不一、有的灰暗阴沉、有的背景杂乱、有的仅此一张没有其他细节介绍，如果图片连自己都吸引不

了,那顾客"挑剔"的眼球就更吸引不到。

13.5.4 商品描述文字是否过于简单

有了好的图片再加上详细明了的文字,顾客才会有下一步"触动";所以把商品的功能、特性、型号、质地、风格、甚至保养方法等尽数表达清楚,是促进成交的前提。

13.5.5 合理的排版

有的网店每天的访问量很大,但是下单购买的人却不多。究其原因主要是店铺首页、描述页面的排版有问题。很多店主在商品的选择上毫无策略,随意堆积。店主需要仔细研究网店的访客行为,对那些商品兴趣最大、爆款的商品重点突出。一般利润高、销量大、库存多的商品应该排在页面靠前、靠左的位置。

13.5.6 商品是否存在单一的状况

这一点笔者感受非常深刻,最开始我销售的品种基本限于服装,但随着顾客询问的需求增多,我不断丰富起了其他如包包、饰品、围巾、帽子等关联品种;事实证明改变之后的效果还真是不错;也许此举弥补了一些顾客一次完成多次购买需求的愿望,既节省时间也节约费用。

13.5.7 在线时间是否没有保障

这一点想必不用多费口舌,但其重要性却有目共睹,很多时候我们抱怨生意不好时,其实是没有认真去好好思考究竟还有什么方面我们没有做够做足;店铺被人吸引商品产生成交,有时真的只是一线机会,而作为新手连这一线机会都把握不到的话,又怎么不感叹"老天不公";在线时间足够长是网店成功经营的起码条件。

13.5.8 宣传手法是否实用

据统计,网店宣传推广的方法有近百种,如果你精力有限,那要在这些"琳琅满目"的宣传方式中选择几个重点,进行长期不懈的积累,才能厚积而薄发。

13.5.9 同行或最新流行资讯是否经常关注

多从网络、电视、杂志和老同行卖家那了解最新的资讯信息,选择判断就会是主动而不是被动,就不会"坐井观天"。掌握了顾客需求就是掌握了顾客的"购买欲望",所以不可小看这一点。

13.5.10 服务水平是否有欠人性与灵活

优质的服务包含两点,一个是客服,一个是快递。拥有一个好的客服也可以帮你省心不少,因为网店只是虚拟世界中的一个商店,顾客在你这里购买了东西,但是却没有和你取得沟通,这多少会让用户心里有点不安。如果此时客服人员能够和买家沟通联系,比如解决顾客购买过程中遇到的问题,告诉顾客他所购买的商品多少天之内能够送达等,这样会让顾客安心不少,同时也会提升店铺在顾客心中的形象。当然,一个好的快递也是必不可少的,现在有些快递很不负责任,以至于从快递变成了慢递,本来说好三天送达的货物结果七天才送到。如果能够找到一家好的快递公司并进行长期合作,准时送到顾客订购的商品,这样也会让用户对公司有一个好印象。当然,随时汇报快递配送情况,对于提高用户体验也有帮助。

皇冠支招

前面给初学者介绍了相关的售后维护知识,下面,给淘宝卖家们再介绍一些大卖家针对客户服务及沟通方面的内容。

▶ **招式 01:正确处理中差评**

网上开店基本上不可避免会有顾客的抱怨甚至差评。而其他顾客来店里购买商品,最主要的就是看看前人留下来的评论,所以一个差评的影响力是非常大的。对卖家来说,如果得到差评不仅仅影响店铺的"好评率",更会因为扣分而影响店铺的"冲钻冲冠"的速度。

买家的差评或是恶意差评会和销售业绩下降接踵而来,卖家要有十足的心理准备去面对。应对差评的态度和方法尽显卖家的智慧,卖家要在销售额和评价中衡量利弊,针对不同买家的特点做出明智的选择。不是所有差评都能用钱来解决的,在和卖家斗智的过程中,要做到在不得罪买家的同时又能保证网店自身的利益不受损失,卖家既要小心应对,又要对信用评价有辩证的认识。

1. 有效预防中差评

信用等级是记录会员在网上的所有交易情况,是衡量卖家信用的一个重要依据。信用记分、信用度和信用等级是有对应关系的。信用积分的累积造成信用度的增长,到达一定级别后就会给予某个信用等级。会员每成功交易一次,就可以对交易对象作一次信用评价。评价分为"好评""中评""差评"三类,每种评价对应一个信用积分,

具体为:"好评"加一分,"中评"不加分,"差评"扣一分。

卖家视评价如生命,但往往事与愿违,因为卖家做生意时间久了,和不同的人打交道,因为多方面的原因可能会得到客户的中评或者差评。

买家给卖家中差评的原因很多,把握好商品的质量,不断提高服务水平,努力做好以下几个方面,就可以最大限度地消除中差评。

(1)严把商品质量关

"以质量求生存"不是一句口号,而是关系卖家在网上能否长期生存和发展。网上竞争是非常激烈的,但任何时候卖家的商品质量都不能太次,否则就很难在网上立足。这就要求卖家在进货的时候一定要把好关。在进货时宁愿进货价格高点,也要选质量好的。在做宝贝描述的时候,切不可因急于卖出宝贝而夸大对宝贝的宣传,从而酿成恶果。在发货的时候再检查一下,保证发给买家的是一个非常完美的高质量的商品。

(2)关于色差问题

现在有很多卖家,往往喜欢利用杂志、网站或者厂家提供的模特图片,而不去拍实物图,造成图片失真,以致买家收到货后,给出"照片是天使,实物是垃圾"之类的差评。买家在网上买东西,是看不到实物的,所以图片就是买家判断商品优劣的重要依据,因此一定要是实物图,并且实物图要和商品尽量接近,商品描述也要是全面客观的。那么给差评的机会就会很少。

(3)商品包装要仔细完好

商品卖出以后,首先要包装好,一个认真仔细地包装会让买家在拿到货后有一个很好的印象。有的时候好的包装可以避免很多退换货的环节,还会为卖家的评价增光添彩。

(4)良好的售后服务

不要认为商品发出去了,就万事大吉了。如果快递发出去了好几天,买家都没来确认。这种情况可能有两种原因。第一是买家还没有收到东西,第二是买家收到了还没有来得及确认。如果是第一点,应该根据快递发货时间推算,如果到了时间买家还没来确认,这时就应该联系买家是否收到货了。这么做也不是为了让买家快点来确认,而是看看发出去的东西是不是有问题,买家是否真的收到,这样对于自己来说可以做到心里有数。即使收到了不确认,但至少也知道这个商品是否快递到了,对于买家来说,也会让他们觉得售后服务做得很好,他是被重视的。

(5)对待买家要热情

卖家有的时候会遇到一个人接待几个买家甚至十几个买家同时咨询的情况,感觉忙不过来,这个时候要说明情况,不要不回复或者很晚才回复买家,让买家等很久,这都是不礼貌的,是对买家的不尊重,要从增加人员等方面解决这个问题。

(6)勇于面对评价

如果收到了买家的中评或差评,也不要生气,不要去埋怨买家怎么这样。要先看看自己哪里做得不好了，才产生这样的评价。主动和买家进行沟通协调，不要推卸责任，如果真的是自己的过失造成的，要勇于承担责任，并真诚地道歉。如果遇到中评或者差评是可以取消的，这就要看怎么和买家进行沟通了，如果不是特别大的问题就真诚地道歉，相信买家也会被你的真诚打动的，也许这个评价就会被取消了。

（7）分析买家类别，区别对待

预防中差评的最好办法，就是不把产品卖给那些喜欢给人中差评的买家。卖家的好评离不开买家，因此，在交易前最好查看一下买家的信用度，买家对别人的评价以及别人对买家的评价。再综合各类买家的不同特点来区分对待。下面就来分析一下买家有哪几类。

● 新手买家。这类买家往往第一次来网上购物，买卖信用都为零。他看上了店铺的商品，但对网络交易还很陌生，对卖家缺乏信任。这类买家需要卖家有足够的耐心去引导。在购买前，不妨多与他沟通，让他产生信任是很重要的。这类买家最大的缺点就是发货后不及时确认货款，不给评价，或者不联系卖家随便就给中差评等。

> 小二开店经验分享——教你辨别新手买家
>
> 怎样确认是新买家呢，一般看注册时间、信用等级，或通过聊天来了解。对于这类买家，要多引导，通过言语沟通建立信任，事先解释清楚需要买家配合的环节，达成共识才能愉快交易。因为这一类的买家多半还是好买家，他也有可能成为忠实买家。

● 特别挑剔的买家。对这类买家要注意看一下其买家好评率，以及别的卖家对他的评价。这类买家多是完美主义者，喜欢鸡蛋里挑骨头，收到商品后，如果没有达到他的期望值，就有可能给个中评或差评。对于这类买家，建议要具体问题具体分析，并尽可能地做好服务，展示自己商品和服务的优点。其次还要正确评估自己的商品与服务是否与他的期望一致。如果不一致，购买前要诚信沟通，说明清楚，买家理解接受，达成一致再成交。切忌为了马上促成生意，尚未沟通清楚就交易。

● 喜欢给中评的买家。这类买家，以为中评就等于好评，如果碰上这样的买家，若是卖家重视好评，以100%好评作为经营中的目标，还是不要交易的好。

● 很会杀价的买家。这类买家其实大部分还是好买家，用最少的钱买到最心仪的宝贝是每个买家都想的。遇到这类买家最好要先看一下其买家的信誉度，如果有中差评就要注意了，要看一下中差评里的评价内容。遇到这类买家最好能够给其赠送一些小礼品，买家收到商品的同时，必定心怀感激，给以大大的好评。当然，也要综合考虑自己能否满足对方，如果满足不了就不要勉强交易。

此外，在发货的时候送给客户一个小礼物，给客户一个意外的惊喜，往往会收到客户的"手下留情"，毕竟人非草木，买家往往也会宽容卖家的不足之处的。

不满意的买家不仅会停止购买,而且会迅速破坏店铺的形象。研究表明,买家向其他人抱怨不满的频率要比向他人讲述愉快经历的频率高出三倍。反过来说,有效地处理抱怨能提高买家的忠诚度及店铺的形象。根据一项研究,如果抱怨能得到迅速处理的话,95%抱怨者还会和店铺做生意。而且,抱怨得到满意解决的顾客平均会向五个人讲述他们受到的良好待遇。

2. 妥善处理买家的差评

网店经营中,难免碰到一些急躁的顾客,在卖家还没有做出反应之前就给了个差评。作为卖家,莫名其妙得到一个差评,不仅扣分还会觉得冤屈。在看到有差评时,要心平气和地看看是什么原因造成的。一般差评有如下几种情况。

● 一是心急的买家抱怨物流速度慢。
● 二是由于卖家回复太慢,认为服务态度差,售后服务没能达到买家的意愿。
● 三是对商品的一些主观判断,如买家对商品提出的一些异议,颜色、大小和外观等。

如果是卖家的过错,要想办法去弥补,即使是运输过程出了问题,也不要让买家自己去完全承担损失。但是往往就是有些人抓住卖家这种心理,利用差评要挟,特别是新手卖家,一定要注意。如果遇到以差评要挟的,一定要找到有力证据,与这样的买家斗争到底,坚决维护自己的利益。

如果卖家在第一时间承担了错误,买家就会感觉到卖家是有责任心的,气就会消下去大半。如果卖家又在第一时间拿出处理问题的方案,大多数买家就都会用商量的口吻来讨论。

买家中有没有贪小便宜的人呢?当然会有,但一定是极少数。聪明的卖家在遇到差评的时候,首先想到的是:第一,买家的意见里有没有值得自己改进的地方?如果有,早改比晚改好。第二,能不能用这样的机会,向潜在的买家表明自己对待错误的责任和出色的售后服务管理制度。这样做,就会扩大自己的关注度。

一般情况下买家都是很好的。尽量和买家沟通好,如果认为买家提出的问题可以通过换货解决,那就尽量换货。如果买家提出的要求换货也解决不了,那就退货。

还有一种情况就是遇到职业差评师,一旦遇到这种人,最好的办法就是直接向淘宝官方提出维权投诉申请,维权中心的小二可以说个个都是身经百战,什么样的坏人没遇到过?如果你真的遇到职业差评师,相信淘宝小二一定会将他们绳之以法的,千万不要向差评师低头。

3. 人非圣贤孰能无过

淘宝网的信用评价里,有很多差评卖家都没有做出解释,这可不是卖家偷懒和不屑的时候,卖家在面对自己的过错时,不要放弃解释的机会,要开动脑筋,想出合理的理由并做出解释,委婉承认过错,体面地请求买家原谅,这也不失卖家的风度。

没有温习好功课的学生进了考场,面对不会作答的试卷而交了白卷,这种做法是不可取的,不管自己会多少,都不要开"天窗",能写多少是多少。卖家认为不屑跟这些买家说理，围观的买家可不这么想，会认为卖家默认了买家的指责。放弃解释就是不给自己申诉的机会，也不给买家原谅自己的机会，图13-8所示为无解释的差评。

图 13-8

- 卖家犯错误不可怕，可怕的是卖家没有悔改的意思。
- 要让买家明白自己的态度，不要对买家的指责置之不理。
- 在信用评价中适当解释，买家至少会认为卖家的态度好。

▶ 招式02：维护好客户关系

交易成功，双方互评之后并不代表服务的终止，维护良好的客户关系将会为你带来更多的交易。

1. 建立客户档案

随着开店时间的增加，买家越来越多，需要对客户的资料进行管理。除了需要整理已经成交的买家，对一些意向客户的资料也要进行管理，便于及时跟进，主动与之联系。

建立客户档案是非常必要的，一份完善的客户档案可以帮助卖家更好地维系客户，使他们变成回头客，并且卖家可以根据不同的需求运用适当的营销方法，促使他们产生二次购买行为。当来过店里咨询或购买的顾客再次登门时，卖家应该登记好顾客信息，可以在聊天的过程中有针对性地收集对方的信息，如用户名、淘宝注册时间、真实姓名、职业、年龄、身高、体重、爱好、所在地、是否买过东西、买过哪些东西等。对于新手卖家来说，不管有没有达成交易，都应主动把咨询的顾客加为好友，然后根据掌握的情况在旺旺里把顾客归类，如已购顾客、未购顾客、学生顾客、批发顾客等。

建立完善的客户资料，在下一次与客户交流的时候能够迅速说出顾客信息以及要求，会让顾客感觉到掌柜对他的重视，进一步增加买家对卖家及店铺商品的好感，反之则会有被怠慢、被轻视的感觉。

对意向顾客也要随时保持跟踪，保持联系，不要让自己的客户变成别人的客户，也不能把客户遗忘掉。

 小二开店经验分享——客户关怀经典语言

1."收到货物7天的客户"

非常好的买家,希望我们的货物能给您带来收获!如有需要欢迎再次光临小店!

2."当天确认付款的客户"

感谢您的及时确认!谢谢您对小店的支持,希望本书对您有所帮助!有了您的支持,我们会一直努力前进,推出更好的产品,提供更好的服务。期待您下次的光临!快乐淘吧计算机网络图书专卖!

3."一个月没有联系的顾客"

亲!好久不见了,最近过得可好?在这匆忙的日子里,别忘了还有您的朋友常牵挂着您哦。本店最近有好多新款上架了哦,而且优惠活动多多,别忘了常来小店逛逛哦。

2. 有效的管理顾客资料

在淘宝里开店管理好客户是非常重要的,是在淘宝创业成功比较关键的因素。因为在网络上做交易,买卖双方不见面,买方也不能见到商品的实物,一次成功的交易下来所建立的客户对你的信任感是很珍贵的,如果能把这个信任感很好地保持下来并加强,那么这些客户很容易变成你忠实的顾客,并把你的店铺介绍给他们的朋友。

(1)火眼金睛,筛选出有价值的客户

管理学上有个知名的"二八"法则,80%的利润来自20%的客户。对于卖家来讲,一定要有一双火眼金睛,发掘出那些大客户。俗话说,好钢用在刀刃上。卖家当然要把主要的精力用在那些优质的客户身上了。如卖电脑商品,家庭客户可能能用上5年,重复购买率很低。而那些单位客户,往往购买金额大、重复购买率高,对价格也不是很敏感。在顾客购买的时候注意一下对方的收货地址,对于一些来自相关单位的就要引起高度重视了。顺便多问一句,"您是单位购买还是自己用呀?""您们单位一般用些什么电脑啊?",等等。对于这些潜在的大客户,要注意搜集相关的信息,有备无患。

(2)及时随访,个性化服务,让新客变成熟客

有了第一次,下面的工作就是怎么样把新顾客变成老顾客了。良好的服务,及时的随访至关重要。只有那些个性化的随访信息,才会被买家所接受。记住买家每一次的询问,每次的购买周期,对店铺商品的每一次及时的反馈。记得过段时间问问客户,上次买的商品用的怎么样,等等。

(3)分级管理,个性化服务,顾客想走都难

也许大家觉得这么多随访工作,怎么做呀,哪有这么多精力呀?做这些尽管很累,也需要把自己的精力用在刀刃上,让自己的工作发挥出最大的效益。这就需要对客户进行分级管理。分级的标准无非是购买量、购买次数、利润的丰厚程度,还有一点就是不要忘了他的购买潜力!级别越高,当然服务更周到,工作做的更细了。淘宝高级

店铺自带的客户管理系统可以辅助对客户进行分级。不过记的分级也不是固定的,要实行动态的管理,定期对客户的级别进行调整。

▶ 招式 03:打造优秀的网络销售团队

当网店销售规模达到一定程度时,仅凭店主一个人很吃力,而且无法继续扩张,这时再想扩大经营时会有点力不从心,这时候就需要组建一个网络销售团队。在专门的网络销售团队中,有分工明确的客服人员、库房管理人员、财务出纳人员、采购人员等。

1. 寻找合适的客服

客服主要负责回复留言、收发邮件、联系买家、到账查款、信用评价这些烦琐的日常工作。所以第一个应该增加的职位是客户服务。客服最好是细致、耐心、机灵点的女孩,最基本的要求是普通话要标准、打字速度要快,反应灵敏。

客服人员首先需要掌握的就是先熟悉产品,如果可以的话,尽量多教客服点东西,当店主不在的时候,客服可以独当一面。

2. 怎样确定客服人员薪水待遇

客服人员的薪水一定要与销售额或销售量挂钩,千万不能是固定的工资,否则员工肯定没有积极性,而且很容易觉得收入和工作强度不成比例,万一掌握店铺的资料,辞职后成为竞争对手,那真的很危险。客服人员的合理薪水结构应该是"底薪+提成+奖励-处罚"。

底薪需要根据各地的消费水平来定,因为某地消费水平最能反映当地的经济发展情况。所以,各位卖家在聘客服前要仔细地了解一下当地的经济情况,把当地常见的服务行业的工资标准都了解一下。这样做的目的是不要亏待了客服人员。卖家肯定都知道,客服这项工作是最烦琐的,所以薪水不能定太少,太少了没有人肯干,但是底薪又不能定太高,太高了人容易产生惰性,要定一个合适的底薪。

不要只针对个人销售额进行提成。如果有两个以上客服的话,单一按个人销售额提成,她们会各忙各的,很难推心置腹地互相帮助。当一个客服出现问题时另一个客服会置之不理。

3. 商品拍照登录人员

在网店达到一定规模后,商品众多时,店主应该把主要精力放在进货上,至于拍照、描述、登录最好也找个有网页设计基础的人来做。第一,可以保证页面制作美观专业,第二,可以增加推广力度。任何职位工资要与业绩挂钩,这个职位的提成也可以用网上拍下商品的数量,或商品的浏览量来计算。

4. 财务人员

业务做到一定程度,最好注册一个公司。这样可以开发票,给一些可以需要报销的买家带来方便。最最关键的是可以接公司的业务,做到公对公。在信誉方面也给买家更大的保障。

财务是一个关键性的职位,夫妻当然最好,父母、兄弟姐妹等亦可。起码要懂财务知识,如果可能的话去读个会计上岗证,最好找兼职的专业会计来做账。财务的工作主要是管账，银行往来账、核查客户服务人员的往来银行账，还可以兼任后勤的工作，如采购办公用品等。

5. 采购人员

网店商品的采购一般是店主自己做，也可以让自己的亲戚负责帮忙进货。很多店主都不愿意用外人做采购，第一怕进货时吃回扣，第二怕采购员自己出去单干。不过如果采购量确实很大，而自己又没有亲戚可帮，那也可以招聘专门的采购人员，一般可以用下面两种人。

第一种是随遇而安型，这种人一般没什么太大野心，对生活也没有太多要求。可以跟着干很久，一直都是个帮手，没有自己创业的魄力。但缺点是进取心不强，另外可能会贪小便宜吃点回扣，只要不太过分完全可以采用。

第二种是豪爽型，这种人可能胸怀大志，野心不小，但是为人正直，性情中人。他不贪朋友的小便宜，而且进取心强，主动性很高。缺点是天下没有不散的宴席，也不可能让人家干很久，只要走后不用你的关系与你在同一个平台竞争就不算过分。

6. 奖罚分明

卖家最头疼的可能就是客服对于网上店铺信誉度并不是很关心，所以在售后服务方面并不是很积极，有时也会因为态度不好得罪买家，最好制定一些奖罚措施。如全年无中差评奖，只要客服人员出售的商品全年都是好评，则给予适当的奖励。对于得到差评的客服，要给予处罚。当然有一点要注意，要先分析原因，要仔细听客服的解释，再以店主的身份跟顾客联系，只要事实弄清楚就好办了，如果的确是客服的过错，那么必罚无疑，罚一次全体客服都会引以为戒的。还有就是处罚和奖励的额度一定要提前拟好，打印出来贴在客服的工作间里显眼的位置。

7. 设立投诉专线

设一个专门用于投诉的电话，这个专线最好是店主本人的手机号，这样做既可以监督客服工作，又可以服务买家。

案例分享："80 后"小伙的油焖大虾

在食品行业创业是时下"80 后"年轻人创业的首选项目，随着《舌尖上的中国》在热播，越来越多的创业者都紧盯着吃货们口袋里的钱，下面要讲述的这个 80 后小张在淘宝创业的故事，就是在吃虾上做生意赚了人生的第一桶金。

小张毕业于武汉大学电子商务专业，2012 年靠 8000 元起家，用 3 个月时间将自己的店铺在淘宝做到了油焖大虾类目中销量第一，网上单品销售同类第一。

2007年大学毕业后，小张便走上创业路，5年内在电商平台展开了三个创业项目，最后都以失败告终。第四次创业前，他暂时在深圳一家公司做起上班族。到了吃虾季节，他很怀念武汉的小龙虾，却找不到地方购买。小张由此发现商机，将已经做熟的小龙虾运往不同城市，别人一打开包装加热就可以吃。

2012年，他带着仅有的8000元钱离开深圳，开始在武汉、南京等地寻找虾源、技术设备和合作者。当年5月，他租了一间居民房，注册了淘宝店铺"舌尖上的龙虾"，开始运营。小张尝试将烹饪好的小龙虾，带汤汁进行冷冻。食客收到小龙虾后，可以用炒锅加热或是直接蒸着吃。"在电商这片红海中，找到了熟制食品这一蓝海。"小张说，当时几乎没有人在网上卖油焖大虾。他仅用了3个月时间，在没有任何推广费用的前提下，他把油焖大虾这个单品做到了同类第一，月销售额最高达到5万元。

在小张看来，网上卖小龙虾，最重要的就是对食品安全的把控。"生产源头的质量过关了，让人头痛的是最后一公里的质量把控。"为了解决冷链难题，小张买来各种保鲜包装，在各种条件下一一尝试。如今，好吃佬们收到小张寄来的油焖大虾时，会发现泡沫盒、冰块等三层包装。为了减少快递时间，小张往往选择在每天快递收班前最后一刻发货。

对于不同客户对物流的建议或投诉，小张会一一记录，然后针对不同地域，制订不同的包装方案。让小张得意的是，即便是在夏天，小龙虾的破损和变质率也被控制在6%以下。

如今，小张的产品卖到全国各地，每个月销售额达到10万元。2014年4月，小张拿到了一家餐饮企业的千万元投资。同时，他还通过与这家企业合作，将线上线下打通，让武汉的好吃佬们，能够上午下单，下午就吃上现做的油焖大虾。

第14章

皇冠卖家讲述常见的促销策略

本章导读

一般新手卖家往往通过免费方式进行推广,在其推广过程中,难免会遇到"成效达不到预期"的情况。这种情况比较普遍。在本章中,将主要针对卖家的网上促销策略,包括限时限量促销、网上赠品促销、购物积分促销、打折促销等进行讲解。这几种促销策略是网上促销活动中比较常见又较重要的方式。

知识要点

通过本章内容的学习,读者能够学习到常见的促销策略。需要掌握的相关技能知识如下:

- 促销对于淘宝店的作用
- 常见店铺促销误区
- 大卖家的促销手段
- 淘宝淡旺季促销策略

热门平台报名:

- 金牌卖家 优质商家荣营认证 立即查看
- 淘抢购 无线端最大的营销平台 立即报名
- 淘宝试用 小投入成就大营销 立即报名
- 天天特价 汇淘宝精品享折扣 立即报名
- 淘宝拍卖 全网最大拍卖平台 立即报名
- 聚划算 薄利多销,卖更多 立即报名
- 直通车 广告快捷引流量 立即报名
- 淘宝客 付佣金坐等流量 立即报名

14.1 促销对于淘宝店的作用

促销是指为达到买家购买目的而综合运用的各种销售工具、销售方法，促销能在短期内显著提高品牌的销售额，也能增加品牌的知名度。促销的作用有以下几个方面。

14.1.1 提高新品知名度

买家一般对新产品具有抗拒心理。由于使用新产品的初次消费成本超过使用老产品的一倍，买家就不愿冒风险对新产品进行尝试。但是，使用促销手段，旨在对买家或经销商提供短程激励。促销可以让买家降低这种风险意识，降低初次消费成本，而去接受新产品。新品促销是一种常见的手段，它可以使新产品能很快打开市场。

14.1.2 激励新买家初次购买

一般而言，促销都是让利给买家，这样的让利并非时时有，往往给人"机不可失，时不再来"的感觉，这是利用了买家怕错失良机的心理，促使他们快速购买。

14.1.3 建立顾客忠诚度

当买家试用了产品以后，如果是基本满意的，可能会产生重复使用的意愿。但这种消费意愿在初期一定是不强烈、不可靠的。促销却可以帮助卖家实现这种意愿。如果有一个持续的促销计划，可以使消费群基本固定下来。买家习惯了使用这个商品后，可能会长期购买。

14.1.4 消化库存积压商品

也就是说将库存比较大的商品作为促销对象，可以消化库存积压，使资金周转走向良性化，图14-1所示为某产品积压库存。

图 14-1

14.1.5 提升店铺整体销量

网店的业绩越好，信誉越高，购买记录就越多，而购买记录越多，越容易卖出商品。毫无疑问，促销是一种竞争，它可以改变一些买家的使用习惯及品牌忠诚。因受利益驱动，经销商和买家都可能大量进货与购买。因此，在促销阶段，常常会增加消费，提高销售量。图 14-2 所示为采用促销工具大大提升了产品的销量。

图 14-2

14.1.6 带动店铺其他相关产品销售

促销的第一目标是完成促销产品的销售。但是，该产品的促销过程却可以带动相关的产品销售。如鞋子的促销可以推动袜子的销售，反之亦然。

14.2 在正确的时间进行促销

促销虽好,但不能每天 24 小时都用,如果全部商品都在搞促销,那这样促销也没有什么意义了。一般来说,促销的最佳时机有以下几种。

14.2.1 新品上架

新品促销可以作为店铺长期的促销活动,因为一个用心经营的店铺总是会源源不断地上新款的。新品的促销既能加快商品卖出的速度,也有利于培养老顾客的关注度。进而提高他们的忠诚度。

14.2.2 节日促销

逢节日促销是现在商家惯用的手法,尤其是像情人节、中秋节、国庆、元旦、圣诞等大节日更是给商家带来促销的理由。图 14-3 所示为淘宝主导的"五一"促销活动。

图 14-3

当然,节日促销也要结合自身的商品实情及顾客的特征来进行,比如你是卖女装的,在父亲节搞促销显然不对。

> 小二开店经验分享——注意节假日活动要提前
>
> 需要注意的是,大节日对网店来说不一定是好事。和实体店相反,节假日期间网店即使做促销也不见得销量比平时好。这是由于节假日大家都有空逛商场或逛街了,而线下实体店的促销也热闹非凡,顾客都到实体店买东西去了,因而到网上买东西的人也会变少。比如春节期间做促销显然不好,一方面,春节期间大家都去实体超市商店买东西,或者走亲访友;另一方面,快递公司大部分也放假了不收货。
>
> 解决上述问题的方法是把促销的时间提前一周。

14.2.3 店庆活动

店铺在"升钻升冠"时,都可以庆祝一下,搞促销优惠。店铺开张周年庆更是大好时节,不仅可以做比较大的促销,还可以向顾客展示店铺历史,给人信任感。

14.2.4 换季清仓

一些季节性强的商品,换季促销活动力度一般都会比较大,而顾客显然也很乐于接受换季清仓这类的活动。一些断色、断码或即将断货的商品,进行清仓处理,往往能吸引不少人气。图14-4所示为换季清仓宝贝促销。

图 14-4

14.3 选什么商品来做促销

一般来说,促销商品在价格上都有极大的让利,虽说低价,但选择促销商品时却是马虎不得,如果用来做促销的商品一无是处,不仅不能带来预期效果,还有可能适得其反。什么商品适合做促销呢?

14.3.1 款式大众化

如果选择促销的商品都是一些没人喜欢的冷门商品,甚至是卖不出去的商品,即使价格非常低也缺乏吸引力。这样的商品不要指望能为店铺带来什么流量和人气。

14.3.2 质量好的商品

虽说是促销商品,但买了这个商品的顾客有可能会成为回头客。如果促销商品质量不过关,不仅不利于培养回头客,还有可能招来中差评,这对店铺的长远发展极为不利。

14.3.3 店铺主营商品

如果店铺主要是做男装的,促销的商品选择男装就很好。如果选择一款女士裙子来促销,吸引的恐怕大多是女性,也很难带动男装的销量。

14.4 店铺促销中常见的误区

在开展促销的过程中,存在许多误区,给店铺的销售非但没有带来效益,反而带来很多消极影响,如果掌柜在经营过程中能够避免这些误区,则可以大大提高促销的效果,提高销售额。

14.4.1 价格越低越畅销

毫无疑问,现在低价促销成了促销活动的主要内容,很多店铺觉得将价格当作促销工具,将降价当作促销活动能战无不胜。但大家都知道这是一把"双刃剑",刺伤了别人,同时也刺伤了自己。所以,如果能让价格不受促销活动的影响而下跌,继续保持稳定且又能让促销效果良好的话,这将是促销创新的极大突破。

这里举一个服装市场的案例。一个服装企业想扩大网络市场,在强大的竞争对手采取买10赠2的形势逼迫下,知道销量和利润都将有可能受到极大损失,两头都不能保的情况下,毅然孤注一掷,反其道而行之,希望能力保利润值。于是,网络营销经理大胆地将产品进行提价和渠道促销(产品每件提价2元,给中间商比以前更多地返利1元),每件1元钱的"多余"利润用在一些网站首页广告上,反而出奇制胜。不但击破了对手的阴谋,销售量竟然提高到了30%,产品价格提高了2元,利润丝毫不受损失。更为重要的是,品牌的知名度和形象得到了很大的提高,在买家心中树立了高档品牌的形象,而所有这些,都是以前做梦都没有想到的!这种破天荒式的提价促销方法却是许多店铺需要学习的。它毫不留情地否决了许多店铺"只有降价促销,才能赢得竞争的胜利,才能打败对手,才能夺得更高的市场占有率"的论断。

14.4.2 夸大商品优点隐藏缺点

买家是店铺的利润来源,是店铺的生存之本。然而,有一些卖家却将买家当作傻瓜,认为买家不懂什么，只要卖出去就行了。有些网商为了将产品尽快地销售出去，更是采取了极力吹嘘商品的办法，大肆夸张商品的某些优点，隐藏缺点。

事实上，无论是在淘宝上，还是现实生活的商铺中，买家不仅可以从众多同类产品中选择自己喜爱的商品，还可以凭自己的主观感受来选择自己消费的权利。如果言过其实，甚至故意欺骗顾客，那么对自己也没有什么好处。因为顾客这次如果感到很不满意，有可能会给你差评，下次也就不再光临你的店铺或购买你的商品了，与人谈起时也是负面影响。精明的网商不会随便吹嘘自己的商品，而是将自己的商品全面展示给顾客，让顾客自己作出判断和选择。

由此可见，要想生意兴隆，不能只图眼前利益，而是要注意自己的店铺形象和在公众中的口碑。从每个卖家的信用评价上就能明显看出这一点，也许好评很多，但基本都没做文字描述，也许是买家的原因，但我们也要在自己身上找找问题所在。

14.4.3　对买家的促销错觉

一些卖家在开展促销的时候，存在对买家的一些错误认识，这些错误认识导致促销失去了真正的目标和对象，因而使促销的效果大打折扣。常见的包括下面几种。

（1）误以为每个人都是买家

理论上，人人都是买家，但实际上由于年龄、性别、环境等因素，每个人的需要大不相同。因此，在制定促销策略的时候，要依据目标市场的买家的特点、购买力等为依据。

（2）误以为购买者就是使用者

购买者不一定等于使用者，促销时应该注意两者的差别，分别予以对待。例如，礼品就是一种购买者和使用者相分离的商品。

（3）误以为能够支配买家

促销的宣传力量并非在于支配买家，而是在于配合买家。如果无法迎合买家真正的需要，再出色、好看的商品广告都不会吸引买家。在很多卖家做店铺装修的时候应该注意这一点，你的商品描述、店铺公告都应该吸引买家的"购买欲"，而非单单是"眼球"。

14.4.4　售后服务差

在网络销售中，售后服务更为重要。虽然操作上会比现实生活中的商家有一些困难，但正是基于这一点，网商的售后就要更细致。

许多卖家在买家购买商品时，会向买家做出各种各样的承诺，以打消买家的顾虑，促使其尽快做出购买决定。但是，一旦买家掏钱购买后，他们就将自己所做的承诺抛到了九霄云外。

14.4.5　与买家争利

有些卖家在销售的过程中，对买家毫不让利，与买家争利，这样的结果只能是将买家拒之门外。

对于卖家来说，只有拥有了比较稳定的客户群，才能够获得相应稳定的利润。稳定的客户群是怎样获得的呢？给买家一点"甜头"，就会获得买家的心，他们会再次光临你的店铺，从而成为店铺的回头客。

14.4.6　想当然的推销商品

卖家要想生意兴隆，商品卖得好，当然要了解买家的心理。然而，有些卖家以为只要自己对商品感到满意，买家就会同样感到满意，完全以个人口味来决定大众的需求，这样就本末倒置，造成商品的滞销。

一位店主在开店初期，就是这种心理原因造成滞销亏本。一味强调商品的质量如何好，完全忽略了网购人群的喜好，进的第一批货到目前为止还在积压。

14.4.7　急功近利，忽视对忠诚顾客的培育

通常来说，店主在抱怨买家缺乏忠诚度的同时，自己也从来没有将忠诚的买家和一般的买家分别对待，店主一年做一百次的促销也只是为了促成更多的人在一个时段内购买你的产品而已。

那么，针对不同类型的客户怎样区别对待，创建客户忠诚度呢？我想，对于某些能让买家多次购买的产品，特别是单品金额较大的产品来说，在买家第一次购买后给他一定的积分，在平时给予适当优惠，在促销期更能得到促销优惠之外的优惠，当这些积分的主人消费到一定金额时还可以向他赠送礼物作为意外的惊喜，又或者告诉他再加上30元就可以买到一款其他人需要50元才能买到的商品，这样做不是更能让客户忠诚于你的品牌吗？

有条件采用这种促销手段的店主如果将临时促销与这种长期促销结合起来使用，效果自然会随着时间的推移而得到体现——用临时促销抢竞品的客户或是吸引新客户购买，用积分引导忠诚客户长期购买，双管齐下各取所需，又何乐而不为呢？

14.4.8　缺乏对目标买家的市场细分

现在网上开店的人多，网上购物者也不少。网上开店如何通过"市场细分"这把"刀"将市场切为哪些等份也很重要。没有多少店主的商品面对的是所有人群，基本上都有自己的特殊消费群体。而我们发现，很多店主的促销活动都想一网打尽天下所有买家，其实这是促

销的误区。套用哲学上一句话："多就是少，少就是多"，店主的财力、人力是有限的，全面开花往往顾此失彼，达不到预期的效果。

● 按人口和社会经济因素细分：这里的人口因素包括年龄、性别、家庭人数、生命周期等；而社会经济因素则是指收入、教育、社会阶层和宗教种族等。

● 按心理因素细分：影响网络买家购买行为的心理因素，如生活态度、生活方式、个性和消费习惯等都可以作为市场细分的依据，尤其是当运用人口和社会经济因素难以清楚地划分出细分市场时，结合考虑买家的心理因素如生活方式的特征等将会变得有效。

● 按地理因素细分：这是根据买家工作和居住的地理位置进行市场细分。由于地理环境、自然气候、文化传统、风俗习惯和经济发展水平等因素的影响，同一地区人们的消费需求具有一定的相似性，而不同地区的人们又形成不同的消费习惯与偏好。

● 按顾客利益细分：顾客之所以购买某项商品，是因为他们能够从中获得某种利益。可以根据顾客在购买过程中对不同利益的追寻进行市场细分。这种方法与前面几种方法不同，它侧重于买家的反应，而不是产品的购买者本身。

● 按用途细分：用途细分就是根据顾客对产品的使用方式及其程度进行细分。据此顾客大体上可以被划分成经常使用者、一般使用者、偶尔使用者和不使用者。服务网店往往关注那些经常使用者，因为他们比偶尔使用者的使用次数要多得多。

● 按促销反应细分：这是根据顾客对促销活动的反应进行市场细分的方法。因为，不同的顾客对于诸如广告、销售推广、室内演示和展览等促销活动的反应是各不相同的。

● 按服务要素细分：了解顾客对服务中不同要素的看法及反应，将非常有助于网店设计合理的产品组合。

14.5 销售旺季的促销方法

几乎任何店铺生意都有特定的销售周期，有着明显的淡季、旺季。一般说来，旺季占营业总额的70%以上。旺季促销是很多商家经常使用的手段，店铺经营者在旺季必须要做到热卖。

旺季热卖有如下几点需要注意。

（1）提前准备好商品，货源充足。这一点可以说是在旺季能否做旺至关重要的一点。

（2）及时发掘出重点推荐商品，这类商品尤其要货源充足。

（3）要在店铺内营造热卖气氛。要搭配些促销或优惠活动，不一定要多但一定要有。做生意掌握些顾客购物心理，进行人性化合理设置，会起到不错的辅助成交效果。例如"满200送礼品"和"满200包邮"活动，不少顾客购物金额差几十元时都会再补一件以达到满200包邮的目的。图14-5所示为在销售旺季"满199元使用10元优惠券""满299元使用20元优惠券""满599元使用50元优惠券"。

（4）到了旺季，平时不舍得"投入"的卖家可花点钱装修下店面，给买家留下好的印象。

图 14-5

（5）保证营业时间充足。时间也是网店销量多少的重要因素。网店经营时间并不像实体店那样有所限制，需要卖家根据自身条件灵活定制，尽量充分保证。特别是旺季时更应该保证时间，网店才有可能比别人更胜一筹。

（6）网店经营是否顺利需要方方面面的完美配合，而快递也是保证成交的重要环节。特别是旺季，一定要掌握多家物流信息，密切搞好合作关系。这对网店的经营起着很重要的作用。不要只一两个快递公司支配，"关键"时你就知道"兵到用时方恨少"。

14.6 销售淡季的促销方法

生意淡旺乃市场自然规律，市场人潮涌动、生意红红火火是商家最大满足与期盼，但这样的日子却不是天天都有的。店铺经营中出现淡季是正常现象，这是市场本身的特征，不是店铺可以改变的。淡季的最直接表现就是销售额难以提高，一般的促销措施根本无法使这种情形得到改善。

网店如能在销售淡季使自己的产品销售一枝独秀，不仅可以提高店铺的销售业绩和产品的知名度，还可以为即将到来的销售旺季打下坚实的基础，在未来的竞争中抢占先机。为此，必须明确洞悉市场淡季需求，抓住需求，努力创造销售，提高销售业绩，彻底改变淡季营销思想。店铺应对销售淡季采取如下几个行之有效的措施。

（1）淡季首要的是心态要调整。有些卖家一听说"淡季"来临了，认为即使投入再多，也不会有很好的收获。于是，不愿再像旺季那样去投入，去宣传了，从而致使原本应有的一些生意也没有了。如果卖家自己都没信心了，买家对你的宝贝还有信心吗？要树立"销售无淡季"的意识，只要多下功夫、多用心想想，总会找到出路的。关键是要有一个好的心态，能以一颗平常心来看世界。

（2）明确洞悉淡季需求是关键。在销售淡季，要想制定出有针对性的销售策略，必须首先找到买家对产品的需求，然后抓住需求，进而创造需求，引导消费，提升销售业绩。

（3）出奇制胜，使淡季不再淡，例如搞折扣促销或降价促销。但是，一定要注意一个产品都会有它的市场合理价格，一味的低价只能是扰乱市场秩序，引来买家猜疑。无限制的价格促销、一味的低价并不一定能带来更好的销售。

（4）开发新市场。在淡季开发新市场，主要因为淡季绝大多数竞争品牌处于宣传休眠期，对市场的管理工作减弱，在广告宣传上的投入也减少了。选择这时进入，市场上的干扰信息较少，有利于占领渠道和品牌形象的建立，市场的扩大会带动销售业绩的提升。

（5）创新寻找新利润增长点。销售淡季产生的一个主要原因就是产品无法满足买家的现实需求，因此增加新的产品功能就可以满足买家的市场需求。如夏季穿西服太热，但是有时必须穿。针对这种情况，报喜鸟清凉西服应运而生，它满足了夏季既穿西服，又不希望太热的需求，市场淡季销售额大增，为企业带来新的利润增长点。

（6）为即将到来的旺季备足货源。淡季往往空闲时间较多，充分利用好这个时间，多接洽些供货商，调整备足自己的货源。多看看市场，就会知道今年旺季什么宝贝更抢手。

（7）加深与顾客的感情。销售淡季，卖家的时间相对充裕。因此，利用销售淡季，加强、加深客户关系，是一种攻心战术。

（8）另外，这段时间里装修美化店铺也是成长中的卖家必须要做的，如将网店装饰得漂亮一点，重新拍照不满意的商品，增加匆忙上架而未来得及介绍详尽的宝贝描述，趁机将旺季销售的得失和对手的销售情况进行分析总结，利用空余时间为旺季到来和小店将来发展做一些准备，等等。

店铺销售的淡旺季是客观存在的，关键是用什么心态去看待。要改变淡季营销观念，海尔的张瑞敏曾说过："没有淡季的市场，只有淡季的思想。"商家要想在销售淡季提升销售业绩，必须改变经营观念，树立"销售无淡季"思想，面对如季节般轮换的淡旺季交替，只有以积极的心态引导消费，创造消费，方能走出销售淡季，提升销售业绩。

14.7 节假日销售促销策略

假日期间的销售，是一个很好的商机，会比平常的交易量高出许多。如何充分利用假日经济带来的契机做好促销，成了摆在广大淘宝卖家面前的重要课题。

14.7.1 提前策划，有备而战

商场如战场，在假日促销之前，要有详细的规划、精密的组织、统筹的安排，这样才能运筹帷幄，占领先机。

针对假日的特点、网上买家的需求以及目前的流行趋势来策划。策划的内容包括假日所针对的人群分析、活动如何宣传、以什么样的形式搞促销、备货的充足量、活动所达到的预期效果等为重点。

14.7.2 做好宣传与推广

还可以到一些人气旺的论坛里做宣传。不过宣传一定要遵守论坛的相关规定，不能乱发宣传帖，不然会被版主删除或引起其他人的反感。

可以针对自己的商品写一些消费指南类的帖子，指导买家如何鉴别商品等。还可以到支

付宝社区发一些免费宣传的帖子，社区有一个优惠商品区和促销活动区，在这里宣传是"合法"的，可大胆发帖。图14-6所示为在服装鞋帽活动版块做的广告。

图 14-6

另外，每逢节日，各大论坛都会推出一系列的活动，例如情人节、淘宝年货在线热卖会等，这些活动都要积极地参与，不但可以提升人气宣传自己的店铺，而且还有机会赚取银子，赚的银子又可再投放广告。

14.7.3 商品促销，让利买家

在圣诞节、春节、情人节等这些节日里，人们都会购买些礼物送人，这时候适时推出购物送礼等活动，就可以进一步刺激买家的购买欲望，也可以作为回馈新老买家一年来的帮助与支持。拉近卖家与买家之间的感情。应注意的是，商品一定是精心挑选的，而且是物美价廉的，让买家看到实惠，这样才会感激你。

活动的方法如推出一些特价商品或者买一送一、买100减20、赠送小礼品或是多件包邮等。这些促销活动可以为店铺聚集人气，提高买家的购买热情。

14.7.4 备货充足，迎接顾客

准备好充足的货品，在节日期间是必然的。在策划活动时，就应考虑好货源问题。一些重要的节日，都是要放长假的，而且物流、快递也不方便。所以要提前备好货品，其间一定要考虑快递、物流所需时间，尽量多预算点。

14.7.5 服务周到，诚信为本

在网上销售中，买家对产品是否满意，不仅仅取决于产品的质量和价格，很大程度上还

取决于服务的质量。

服务应该包括售前、售中、售后,有买家咨询就要快速回复,即便只是询问,没有购买意向,也要耐心解答,他很可能就是店铺的未来顾客。

14.7.6 物流信息,提醒买家

节日期间,特别在长假期间,大部分的物流快递公司都会休息,要及时了解所在地区物流快递公司的休息情况,最好是写在公告栏里,及时通知买家。

皇冠支招

前面给初学者介绍了常规促销的一些方法,下面,给淘宝新手介绍一些大卖家在促销方面的相关技巧分享。

▶ **招式 01:限时限量促销**

所谓"限时限量"促销,就是在网络店铺里,卖家把货物价格定得很低,让所有买家在规定的时间内进行抢购,由于价格优惠商品数量有限,每次很快就被抢光。

这种近似"天上掉馅饼"的促销,能极大吸引买家眼球。如常看到这样一些广告:"圣诞节期间,本商品四折出售""优惠只限于前50名幸运者""2016年2月14日全场六折优惠,数量有限"。

这种限定时间、限定销量的广告宣传,的确很好地抓住了人的心理弱点。因为如果是随处可见、随时都可买到的商品,人们自然不会产生强烈的购买欲。但如果数量上有所限制,就能触发买家的消费欲望,使他们觉得如能抢购到此物,就占了大便宜。有了这种错觉,即使不推销,也会前来抢购。图14-7所示为限时促销商品,上线后不到30天累计出售达300多件。

图 14-7

限时促销是一种非常有效的促销手段。但如果不能系统地把握其中的诀窍，不仅不能取得很好的效果，反而可能会弄巧成拙。那么该如何采取有效的方式去做，尽可能地扬长避短，以达到应有的效果呢？

（1）选择商品

流行商品、应季商品、大众化商品、单价不过高的商品一般是首选。限时促销商品根据不同的种类最好定为原价的4～8折，价格不能太低，太低就有假货、滞销货的嫌疑，会引发顾客失望和生疑。当然，为了考虑吸引力，偶尔拿出一些非常敏感的商品做几次惊爆价格也是可以的，但最好不要频繁地做。

（2）促销时间

很多限时抢购促销失败都与时机选择有关。可以选择节假日、周末，特别是有大型促销活动的时候最好，如换季促销、周年庆、黄金消费周等时间。因为这时网上的人流量大，限时抢购的效果就好。

▶ **招式02：网上赠品促销**

赠品促销就是买家在购物时，以"赠品"的形式向买家提供优惠，吸引其参与该品牌或该产品的购买。赠品促销是最常用的价值促销方式，它把商品作为礼物赠送给买家，以一种实物的方式给买家非价格上的优惠。

这种方式虽然没有价格促销这样直接，但它可以以一种看得见而又实实在在的方式冲击买家、增强品牌观念，并让买家购买产品并长期使用。可以说，赠品促销是一种既能短时间增加销量、又能起到长时间树立品牌的极佳促销方式。

赠品促销有如下优点。

● 可以提升品牌和网店的知名度。

● 鼓励人们经常访问网店以获得更多的优惠信息。

● 能根据买家索取赠品的热情程度，总结分析营销效果和产品本身的反映情况等。

这种方式是消费者在购买的同时就可以获得相应的促销赠品。例如，图14-8所示为购买美的产品所能够获得丰富的赠品，给消费者直接的购买刺激，同时不用降低零售价，可谓效果极佳。

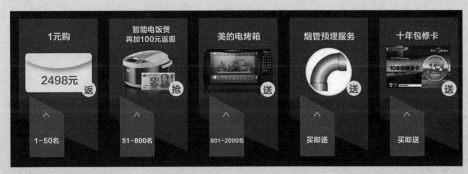

图 14-8

但赠品选择也不是有什么赠什么，关键在于赠品的选择要对产品销售起到积极的促进作用，而选择不适合的赠品只能是成本上升，利润减少，顾客不满意。赠品可以是各种不同的东西，可以是销售的产品样品，也可以是一种标准或特殊产品；可以是一件具有纪念意义的礼物，也可以是一种极具实用价值的生活用品；可以是自己的品牌，也可以是其他品牌。也就是说，只要适合促销目标的东西，都是赠品促销物的选择范围。

在赠品的选择上要注意如下问题。

● 有吸引力，不能因为是赠品就降低了对其质量的要求。赠品要精，要选择质量过硬、实用、档次不算太低但顾客使用频率较高的商品。

● 要有关联，赠品要与预售商品存在一定的关联。如卖厨房燃气灶之类的，可以搭赠小蒸锅、电饭煲等；卖高档名酒，可以赠送精致的酒杯。

● 要实用性，一件赠品如果不能满足顾客对实用性的需求，必然没有吸引力。

● 要有价值，赠品要与促销商品的质量和档次相符，不能拿次品来做赠品，否则无法体现售出商品的价值。如果买家购买了价值几千元的商品，你送其一套价值200元的赠品，买家肯定会很高兴，而如果你选择赠送2元的赠品，买家就会大失所望。

 小二开店经验分享——在派发赠品的过程中，要注意以下几点

一是责任落实到人。要对有关经手人严格要求，做好买家领取赠品登记表，以备回访调查。

二是抽样检查核实赠品发放情况。根据受赠对象在登记表上留下的姓名、住址、电话等个人资料，及时回访了解。

三是尽量采用随货赠送或悬挂醒目提示牌的方式，确保赠品送到买家手上。

搞商品促销活动需要注意的问题很多。选好赠品，做到有效地派发给顾客，才能达到促销目的。

▶ 招式03：购物积分促销

积分制作为一种有效巩固和激励老顾客多次购买的促销手段，在商家促销中得到了广泛应用，如百货、超市、通话积分等。因为这些市场的用户有重复购买产品或者服务的需求，而获得老客户的再次消费的成本要远远低于重新开发新客户的成本，因此，这些商家越来越多采用积分制的方式来留住老客户，也积累了大量的经验。

积分促销在网络上的应用比起传统营销方式要简单和易操作。网上积分活动很容易通过编程和数据库等来实现，并且结果可信度很高，操作起来相对较为简便。

积分促销一般设置价值较高的奖品，买家通过多次购买或多次参加某项活动来增加积分以获得奖品。积分促销可以增加顾客访问网站和参加某项活动的次数；可以增加顾客对网站的忠诚度；可以提高活动的知名度等。

在许多网站里面，都支持虚拟的积分，可以采用积分卡，客户每消费一次，给会员累积积分，这些积分可以兑换小赠品或在以后消费中，可以当成现金使用。

凡在网店购买过商品的顾客，会员不仅可享受购物优惠，同时还可以累计积分，用积分免费兑换商品。此方式的优点是：可吸引买家再次来店购买，以及介绍新买家来店购买，不仅可以巩固老顾客，使其得到更多的优惠，还可以拓展发掘潜在买家。

为了给淘宝卖家可以自己设置积分促销的平台，淘宝官方推出了"集分宝超值送"工具，如图14-9所示。

图 14-9

目前有数百万支付宝用户使用集分宝，70%的集分宝消费在淘宝店铺，帮助店铺爆单的积分促销工具，本工具可便捷地开展多样化的积分营销活动，可大幅提升店铺销量。本工具还可建立客户忠诚度管理和营销管理体系，降低客户流失率，更有获得强大的官方推广资源机会，销售额翻番指日可待。让你开店无后顾之忧，带您迅速成长。

▶ 招式04：打折促销

在日常生活中，促销无处不在。网络促销也是网店的重要策略之一。促销是利用互联网展开的商品营销活动，目的在于加快商品的流通，增加店铺的收入。

价格制胜是网络营销的一个法宝，通过折扣降价而达到增加销量的目的。很多情况下，一个震撼的折扣，往往会有店铺流量的暴涨和抢购一空的情况，因此是目前最常用的一种阶段性促销方式。

折扣促销主要有以下优点。

● 效果明显。价格往往是买家选购商品时的主要决定因素之一，特别是对于那些品牌知名度高的产品。因此，折扣是对买家冲击最大、也最有效的促销方法。由于折扣的促销效果明显，可以处理到期产品、减少库存量、加速资金回笼、配合商家促销等。

● 活动易操作。店主可以根据不同时间，在允许的促销预算范围内，设置不同的折扣率。这种促销方法的工作量少，成本和风险也容易控制。

● 最简单有效的竞争手段。为了抵制竞争品牌产品的销售增长，为了抵制对手新产品的上市或新政策的出台等，及时采用折价方式刺激买家购买本产品，减少顾客对竞争产品的兴趣，并通过促进买家大量购买或者提前购买，来抢占市场份额，打击竞争对手。

● 有利于培养和留住老顾客。直接折价活动能够产生一定的广告效应，塑造质优价低的产品形象，吸引已经使用过本产品的买家重复购买，形成稳定的现有消费群体。

折扣主要采取以下两种方式。

1. 不定期折扣

在重要的节日，如春节、情人节、母亲节、圣诞节等，进行打折优惠，因为在节日期间人们往往更具有购买潜力和购买冲动。店主应选择价格调整空间较大的商品参加活动，并不是全盘打折。这种方式的优点是：符合节日需求，会吸引更多的人前来购买，虽然折扣后可能会造成利润下降，但销售量会提高，总的销售收入不会减少，同时还增加了店内的人气，拥有了更多的顾客，对以后的销售也会起到带动作用。

2. 变相折扣

如采取"捆绑式"销售，以礼盒方式在节假日销售。这种方式的优点是：符合节日气氛，更加人性化。

▶ 招式05：包邮促销

在邮寄时商品的物流费用太高，如果将这笔费用分摊到买家头上，势必会降低买家的购买欲望。包邮一般指的是在网上购买商品，由卖家来承担邮寄费用，不需要买家自己掏腰包。它是卖家的促销手段之一。

包邮对顾客来说是很有吸引力的，例如一个商品1元秒杀，可是邮费要10元，这样可能还不如9元包邮活动更能吸引顾客。大部分顾客都会在选择包邮的商品后，再加购店内其他的商品，因为反正都免邮费了，一次多买点更划算。图14-10所示为包邮促销。

图 14-10

案例分享:"80后"美女开淘宝店

小馨从高中起就喜欢网购。从买家变身为卖家,是在2008年。那年小馨刚大学毕业,而且因为自己对淘宝这种交易模式非常感兴趣,20岁的她决定进军淘宝。

开什么样的店成了问题。现在的小馨是个皮肤白皙的小美女,以前不是这样。小馨是敏感肌,夸张到绝大部分化妆品不能碰。后来逐渐接触到一些偏方,肤质开始改善。

小馨萌生了一个念头——"如果我能找到一些纯天然的配方,分享给敏感肌的朋友,应该是个赚钱的商机。"这个想法开启了小馨的淘宝路。

因此,小馨在淘宝专注只卖纯天然护肤品,她店里销售的护肤品都是纯天然产品。她说,天然手工护肤品不含任何有害物质,纯天然的呵护,手工护肤品其护肤功效不仅可以与大品牌专业级别的护肤品相媲美,更能够避免工业化生产不得不添加的各类有害化学物质。

用她的话说,"用心、用自己的双手,给客户带来一份安心,也给自己带来更多简单的快乐"。这也是她店铺能快速成长的秘诀所在。

"上月的销售额已经突破400万元。"小馨说。从芝麻绿豆大点的小店,到今天能取得这样骄人的成绩,其中少不了艰辛,但小馨觉得最大的秘诀还是做口碑。

"最初我们推这些纯天然的护肤品的时候,障碍很大,因为新进入市场,没多少人知道。"那时,小馨和她的团队每天都会在淘宝论坛发各种护肤普及帖子,同时附加它们的产品介绍,这个举动吸引了许多客户。发展至今,小店已经积累了十几万客户,其中不乏一些网络红人,比如,模特沈忆秋、视频红人兔兔、作家潞浠等。

4年过去了,从前那个懵懂的小馨,在商场上已变得十分老练。小馨觉得,自己的产品是与大家分享的,所以一定要做精。因此每次有新产品研发出来,她都要亲自试用两三个月,确保没有任何副作用,而且要有不错的效果,才会在店铺里上架。

谈起对未来的规划,小馨充满了展望。她说,现在已经有了自己的加工厂,所有产品都是自主研发、自己生产。小馨说,现在新的商标已经重新注册,正在筹备其他手续,"离进驻商城的日子已经不远了"。

延伸阅读…… 淘宝天猫店设计、装修与视觉营销从入门到精通

当今，网店经营产业的快速发展，让更多的传统行业和经营者们都选择在网上开店，而"店铺设计与装修"又是网店经营中最重要的一环。本书从零开始，系统并全面地讲解了店铺设计与装修的相关知识和操作技能，内容包括开网店必学的视觉营销知识、开网店必懂的店铺装修常识、网店装修的视觉影响与设计法则、Photoshop 网店装修的基本技能、网店首页设计、详情页设计、主图设计、推广图设计、特效代码设计、手机淘宝页面设计与装修等相关技能知识。同时，本书精心设计了"皇冠支招"和"案例分享"小模块，帮助读者快速成长为"淘宝美工大师"。

简要目录

第 1 章　开网店必学的视觉营销知识
1.1　什么是视觉营销
1.2　网店视觉营销的意义
1.3　如何做好网店的视觉营销
皇冠支招
案例分享　视觉营销引入庞大流量，让数据流量为我所用

第 2 章　开网店必懂的店铺装修常识
2.1　什么是网店美工
2.2　如何做好网店美工
皇冠支招
案例分享　掌握网店装修的 6 大关键因素，打造明星店铺

第 3 章　网店装修的视觉影响
3.1　视觉化网店装修
3.2　视觉设计要点
皇冠支招
案例分享　视觉营销不简单

第 4 章　网店装修的设计法则
4.1　网店美工的设计思维
4.2　网店美工的设计原理
4.3　网店美工的配色原理
皇冠支招
案例分享　提高网店装修效率的秘密

第 5 章　Photoshop 网店装修的基本技能
5.1　Photoshop 的基础操作
5.2　常用的修图工具
5.3　图层面板的应用
5.4　图像的调整和输出
皇冠支招
案例分享　简约、大气的网店这样设计

第 6 章　网店的首页设计
6.1　网店的首页结构
6.2　网店的店招要素
6.3　网店的导航要素
6.4　网店的首焦要素
6.5　网店的页尾要素
6.6　网店的产品分类
6.7　网店的产品展示
皇冠支招
案例分享　有了好的首页设计就成功了一半

第 7 章　网店的详情页设计
7.1　详情页的设计思路
7.2　详情页的设计内容
7.3　详情页的设计要点
皇冠支招
案例分享　让详情页成为优秀的"导购员"

第 8 章　网店的主图设计
8.1　网店的主图规范
8.2　网店的主图要求
8.3　网店的主图结构
8.4　网店的主图展示
皇冠支招
案例分享　主图设计优化绝招

第 9 章　网店的推广图设计
9.1　直通车广告
9.2　钻展广告
9.3　推广图设计准则
9.4　推广图设计要点
9.5　推广图设计分类
皇冠支招
案例分享　推广图设计的几大要素

第 10 章　网店装修的特效代码
10.1　代码的基础知识
10.2　代码的使用方法
皇冠支招
案例分享　优化页面的代码应用

第 11 章　手机淘宝页面设计与装修
11.1　手机淘宝页面装修基础
11.2　模块的装修实操
皇冠支招
案例分享　正确发布无线端的宝贝详情页

附录　淘宝与天猫开店的区别